新技术应用型人才培养的探索与实践

刘海明　池春阳　罗瑞奎　刘志威　著

基金项目：浙江省哲学社会科学规划课题"高职院校'产学研创'一体化新技术应用型人才培养研究"（22NDJC319YBM）

科 学 出 版 社

北 京

内 容 简 介

本书从产教融合和双创融合的视域探讨了高职院校新技术应用型人才培养的目标、存在的问题、核心价值取向、途径和培养策略等。通过对温州职业技术学院及其他相关单位（地方政府、行业企业、科研院所）的研究，探索产教双创双融合驱动下新技术应用型人才培养模式。

本书共七章，分别为新技术应用型人才培养的意义与目标；新技术应用型人才培养的理论借鉴；新技术应用型人才培养的核心价值取向；新技术应用型创新创业生态系统构建；深化产教融合，打造新技术应用型人才培养的高地；新技术应用型人才培养的实践研究——以温州职业技术学院为例；高职院校新技术应用型人才培养的策略。

本书可供地方本科院校和高职院校开展新技术应用型人才培养教学活动使用。

图书在版编目（CIP）数据

新技术应用型人才培养的探索与实践/刘海明等著. —北京：科学出版社，2023.9
　　ISBN 978-7-03-076373-0

　　Ⅰ. ①新⋯　Ⅱ. ①刘⋯　Ⅲ. ①高等职业教育-新技术应用-人才培养-研究　Ⅳ. ①G718.5

中国国家版本馆 CIP 数据核字（2023）第 179292 号

责任编辑：周春梅　李　海 / 责任校对：赵丽杰
责任印制：吕春珉 / 封面设计：东方人华平面设计部

科学出版社 出版
北京东黄城根北街 16 号
邮政编码：100717
http://www.sciencep.com

北京中科印刷有限公司 印刷
科学出版社发行　各地新华书店经销

*

2023 年 9 月第 一 版　　开本：B5（720×1000）
2023 年 9 月第一次印刷　　印张：11 1/4
　　　　　　　　　字数：226 000

定价：128.00 元
（如有印装质量问题，我社负责调换〈中科〉）
销售部电话 010-62136230　编辑部电话 010-62138978-2040

前　言

当前，我国职业教育正处于转型升级的重大关口，以往传统的教育资源和社会服务优势正在逐步减弱，社会需求与人才培养之间产生了深层次的矛盾。在深化"产教融合"的教育发展新阶段，高职院校需要在人才发展的战略性目标上重新提炼办学理念、找寻专业特色，摆脱传统的技术应用与模仿，深入更高端的新技术应用与创新探索实践，主动对接区域经济发展；要在培养学生掌握专业技能的基础上，强化学生创新创业意识并挖掘学生创新创业基因与潜力，用更先进的技术手段提升办学水平，实现新技术推广与专业建设步调一致、新技术应用与创新创业项目衔接、新技术改造与产业更新及时、新技术创新与技术升级同步，推动产教融合向纵深发展，打造高职院校新技术应用型人才培养教育特色。

本书共七章。前三章主要阐释产教双创双融合与新技术应用型人才培养的意义、目标和目前存在的问题以及新技术应用型人才培养的相关理论和核心价值取向；后四章分别从新技术应用型创新创业生态系统构建、深化产教融合、温州职业技术学院的具体实践以及高职院校新技术应用型人才培养的策略四方面提出了实施路径。

作者通过解读相应文件、政策，结合自己的工作经验及研究成果，与读者一起探讨如何开展新技术应用型人才培养，从社会、政府、学校、教师以及学生个人等多个视角进行分析和总结，希望能够给予正在开展此项研究的人员相应的启示。书中既有对新技术应用型人才培养的理论分析，又有定量实证分析；既有对宏观国家政策的解读，又有微观具体院校的实践做法，语言生动贴切，内容真实有据，这也是本书的特色之一。

在撰写本书的过程中，作者借鉴了很多国内外学者、专家的相关研究成果，在此一并表示感谢。

由于作者水平有限，书中难免存在不足之处，敬请广大读者批评指正。

目　录

第一章　新技术应用型人才培养的意义与目标 ……………………………… 1

　　第一节　高职院校新技术应用型人才培养的时代意义 ………………… 1

　　　　一、国家战略层面需要高职院校加强新技术应用型人才培养 ……… 1

　　　　二、高职院校内涵发展需要培养新技术应用型人才 ………………… 2

　　　　三、学生个性发展需要加强新技术应用型人才培养 ………………… 3

　　第二节　高职院校新技术应用型人才培养目标 ………………………… 4

　　　　一、实施综合技术应用教育 …………………………………………… 4

　　　　二、将人本主义教育思想融入人才培养方案 ………………………… 4

　　　　三、依靠新技术培养新人 ……………………………………………… 5

　　第三节　高职院校新技术应用型人才培养存在的问题和有效途径 …… 6

　　　　一、高职院校新技术应用型人才培养存在的问题 …………………… 6

　　　　二、高职院校新技术应用型人才培养的有效途径 …………………… 7

第二章　新技术应用型人才培养的理论借鉴 …………………………… 11

　　第一节　技术的内涵与特征 …………………………………………… 11

　　　　一、技术的起源与发展历程 ………………………………………… 11

　　　　二、技术与技能的协同演变关系 …………………………………… 12

　　　　三、技术的特征 ……………………………………………………… 15

　　第二节　新技术应用型人才培养的理论基础 ………………………… 16

　　　　一、缄默知识观 ……………………………………………………… 17

　　　　二、内创业理论 ……………………………………………………… 17

　　　　三、社会嵌入理论 …………………………………………………… 18

第三章　新技术应用型人才培养的核心价值取向 ……………………… 20

　　第一节　高职院校新技术应用型人才培养回归技术世界 …………… 20

　　　　一、技术世界内涵 …………………………………………………… 20

　　　　二、教育世界与技术世界的内在演变 ……………………………… 27

　　　　三、技术世界对新技术应用型人才培养的规定性 ………………… 28

　　第二节　新技术应用型人才培养与人性相结合 ……………………… 33

　　　　一、技术的自主性及其弊端 ………………………………………… 34

　　　　二、新技术应用的人文性 …………………………………………… 35

　　　　三、人是新技术应用的主人 ………………………………………… 38

　　第三节　技术知识与新技术应用型人才的互动 ……………………… 41

一、新技术应用与人的四种关系 ·· 41

二、技术知识的建构生成 ·· 44

三、技术的经验学习与应用 ·· 49

第四章　新技术应用型创新创业生态系统构建 ································ 51

第一节　高职院校学生新技术应用型创新创业能力的评价与提升 ········ 51

一、新经济时代对创新创业能力提出战略需求 ······························ 52

二、新技术应用型创新创业能力评价体系的调查设计与实施 ············ 53

三、基于研究结果的新技术应用型创新创业能力的综合分析 ··········· 54

四、与新经济相适应的新技术应用型创业能力提升的建议与对策 ······ 58

第二节　实施双创战略促进区域科技进步——以温州众创空间的发展

为例 ·· 59

一、众创空间的内涵 ··· 60

二、温州众创空间的发展现状及特征 ··· 61

三、温州众创空间发展存在的问题及不足 ····································· 63

四、进一步提升温州众创空间发展的建议 ····································· 65

第三节　高职院校新技术应用型创新创业生态系统构建 ················· 67

一、构建高职院校新技术应用型创新创业生态系统的意义 ··········· 68

二、新技术应用型创新创业生态系统的概念及相关理论 ··············· 69

三、高职院校新技术应用型创新创业生态系统模型的构建 ··········· 72

四、高职院校新技术应用型创新创业生态系统的实践 ················· 75

第五章　深化产教融合，打造新技术应用型人才培养的高地 ············ 81

第一节　产教深度融合：高职院校推进区域产业转型升级的战略选择 ···· 81

一、高职产教融合推进产业转型升级的现实意义 ························· 81

二、高职产教融合推进产业转型升级的逻辑起点 ························· 83

三、高职产教融合推进产业转型升级的实践路径选择 ················· 86

第二节　高职学生参加产业学院意愿及影响因素分析 ···················· 91

一、产业学院研究文献综述 ·· 91

二、研究方法 ·· 94

三、研究结果 ·· 96

四、基于研究结果的分析 ·· 99

五、结论与建议 ·· 101

第三节　高职教育人才转型的战略思考：推进产教融合，服务产业

发展——高职院校"新技术应用"人才培养方略 ·················· 103

一、以新技术应用型人才培养为目标，推进高职院校创新创业教育改革 ··· 103

二、以新技术应用型人才培养为埋念，促进高职院校内涵发展 ·············· 105

三、探索分阶段"产教融合"的实施路径，打造新技术应用型创新创业教育

特色 108

第六章　新技术应用型人才培养的实践研究——以温州职业技术学院为例 112

第一节　温州职业技术学院新技术应用型人才培养思路 112

一、温州职业技术学院基本情况 112

二、新技术应用型人才培养思路 112

第二节　温州职业技术学院新技术应用型人才培养过程 113

一、新技术应用型人才培养教学体系 113

二、新技术应用型人才培养课程架构 114

三、新技术应用型人才培养应用转化 119

第三节　新技术应用型人才培养质量保障 121

一、师资队伍建设 121

二、实践教学体系及基地建设 122

三、新技术应用型人才培养教学环境建设 127

第四节　新技术应用型人才培养综合改革 132

一、整合社会资源，协同培育新技术应用型人才 132

二、探索混合所有制改革，提升新技术应用型人才培养质量 134

第七章　高职院校新技术应用型人才培养的策略 140

第一节　借鉴国内外新技术应用型人才培养理念及经验 140

一、从能力本位转向素质本位 140

二、从阶段教育转向终身教育 141

第二节　探索教学模式 142

一、强化"双师型"师资队伍培育 142

二、构建新技术应用特色课程体系 145

三、营造良好文化环境 149

第三节　完善政策支持 152

一、制定有利于新技术人才培养的制度与政策 152

二、完善新技术应用型人才培养相关的法律法规 156

第四节　搭建外部支持系统 160

一、营造有利于新技术应用型人才培养的舆论环境 160

二、吸纳多方社会资源的投入 163

三、促成学校、社会、家庭的协同合作 167

结语 171

参考文献 172

第一章 新技术应用型人才培养的意义与目标

中国高等职业（以下简称高职）教育经过几十年的发展，形成了鲜明的历史特点、独特的文化氛围、特色的教育模式，不仅为社会经济发展提供了人才和智力支持，而且成为社会经济创新发展的技术应用来源。以新能源、新材料、人工智能广泛应用为主要特征的新一轮科技革命对传统产业，特别是制造业的影响日益深入。把握新一轮科技革命以及经济全球化、产业信息化的机遇，推动传统制造业转型升级和经济结构的调整，是"中国制造"向"中国智造"转变的必由之路。原有产业形态、分工和组织结构的变化势必对高职教育发展产生重大而深远的影响。

因此，构建适应产业发展需求、推动区域经济发展的现代高职教育体系，发挥人力和人才资源的优势，培养深入了解新技术、熟练应用新技术的技术技能创新型人才，对于深入实施创新驱动发展战略、助推"中国制造2025"和"一带一路"建设等都具有十分重要的意义。

第一节 高职院校新技术应用型人才培养的时代意义

在"中国制造2025"和"大众创业、万众创新"背景下，新技术、新产业、新业态扑面而来，以互联网产业化、工业智能化、工业一体化为代表的第四次工业革命已经来临。这种新技术革命的到来，加快了经济发展方式的转变，给我国的产业带来颠覆性的变化，带来产业结构、就业岗位的深刻调整，也必然会给我国人才的需求带来新的变化。

一、国家战略层面需要高职院校加强新技术应用型人才培养

党的二十大报告指出，中国共产党的中心任务就是团结带领全国各族人民全面建成社会主义现代化强国、实现第二个百年奋斗目标，以中国式现代化全面推进中华民族伟大复兴。其中，高质量发展是全面建设社会主义现代化国家的首要任务。教育、科技、人才是全面建设社会主义现代化国家的基础性、战略性支撑。高质量发展离不开现代化建设人才支撑，必须坚持科技是第一生产力、人才是第一资源、创新是第一动力，深入实施科教兴国战略、人才强国战略、创新驱动发展战略，开辟发展新领域新赛道，不断塑造发展新动能新优势。这是完善中国特色社会主义制度体系的宏大设计。

要解决好新时代的基本矛盾，以人民为中心，不断促进人的全面发展是根本

途径。人的全面发展是新时代总布局和总战略的出发点和落脚点，其最根本的内涵是人的劳动能力全面发展，既包括人的才能、志趣和道德品质的多方面发展，又包括人的智力和体力的全面、和谐、充分、统一的发展。人的发展同其所处的社会生活条件联系紧密，进入新时代，中国产业转型升级需求全面释放，资本市场助推的机遇叠加，职业结构和行业领域重组变化明显，国家政策红利凸显，加上国家对知识型、技能型、创新型劳动者培养的高度重视和一系列政策的支持，职业教育迎来了历史空前的发展机遇。职业教育是面向人的教育，以人的全面发展为目标，承担着为每个人终身化学习提供平台和条件，从而实现劳动者优势化、个性化、人职一体和谐化发展的使命。创新型国家建设的目的就是激发社会的创新能力，为人的全面发展找到新动能，从而创造新实业。新时代的创新表现为新的样态：在各个生产领域内努力获得更多的科学发现和重大的技术发明的原始创新；使各相关技术成果融合汇聚，形成具有市场竞争力的技术集成创新；广泛吸收和积极引进国外先进科学技术，实现改良和创造的学习创新等。创新型国家的标志主要体现在创新投入、科技进步贡献率、自主创新能力、创新产出等四个方面。在创新驱动下，我国经济增长动力也发生了相应的转换，开始进入依靠科技创新引领支撑经济发展的新阶段，从改革开放成熟时期的相对平衡逐渐进入新一轮快速发展的"拐点"。当平衡量积累到一定程度后，科技在短时间内获得单点突破，然后新科技全面迸发。新一轮科技革命和产业革命蓄势待发，科学交叉融合加速，新兴学科不断涌现，颠覆性技术层出不穷，催生产业重大变革和新兴产业发展，创新驱动成为许多国家谋求竞争优势的核心战略。

二、高职院校内涵发展需要培养新技术应用型人才

《国务院关于加快发展现代职业教育的决定》（国发〔2014〕19 号）明确提出"专科高等职业院校要密切产学合作，培养服务区域发展的技术技能人才"，对高职人才培养目标做出了明确阐释。同年，习近平总书记在中国科学院第十七次院士大会、中国工程院第十二次院士大会上的讲话中强调，"实施创新驱动发展战略是一个系统工程"，需要"完成从科学研究、实验开发、推广应用的三级跳"。在这"三级跳"中，推广应用领域人才需求量最大，没有推广应用，就不可能实现创新驱动发展。如何把人类所积累的知识、把先进的产业技术、把自主创新的成果转化到生产实践中去，转化到生活实践中去，转化到社会实践中去，转化到文化实践中去，这是职业院校应承担的任务①。高职教育是国家创新体系的一部分，承担着培养技术技能人才的重任，有着独特的时代使命。

2014 年 6 月发布的《现代职业教育体系建设规划（2014—2020 年）》明确提

---

① 陈峰，2014．陈峰：《现代职业教育体系建设规划（2014—2020 年）》解读[EB/OL]．（2014-11-04）[2023-11-13]．http://www.tech.net.cn/news/show-72742.html.

出培养数以亿计的工程师、高级技工和高素质职业人才，传承技术技能，促进就业创业，为建设人力资源强国和创新型国家提供人才支撑。2015 年教育部又印发《高等职业教育创新发展行动计划（2015—2018 年）》，提出要切实推动高职教育朝着发展质量持续提升、服务发展的能力进一步增强、可持续发展的机制更加完善、保障结构更加合理的目标前进。该计划特别就大幅提升技术技能人才培养质量、应用技术研发能力和社会服务水平，深化双创改革服务创新创业以及着力提高服务区域经济社会发展和产业转型升级能力，增强服务"中国制造 2025"的能力等提出了具体要求。

国家层面对职业教育如何围绕国家发展大局，主动对接创新驱动发展战略，适应供给侧结构性改革，服务民生发展，为职业者人生出彩提供更多机会提出了具体要求。但是我国体量大而不强、产教融合不深入、体系不完善、吸引力较弱仍是当前职业教育面临的主要问题。面向新时代新征程，正视职业教育面临的问题，从供给侧和需求侧两端发力解决主要矛盾，加快推进现代化，已经成为职业教育的主要任务，也是高职院校深化内涵发展的焦点问题。随着我国经济发展进入新常态，国内生产总值增速放缓，要继续保持稳中有进的发展态势，需要靠技术进步，提升技术创新能力、加快先进产业技术转移应用。对高职院校而言，服务先进产业技术转移应用是重点，最核心的着力点也是如何加快先进产业技术的转移应用。

三、学生个性发展需要加强新技术应用型人才培养

当前我国有的高职教育实践存在高职教育功能泛化的问题，难以把握高职教育的功能边界，如将高职教育功能扩大化，典型的提法有"零距离上岗""无缝对接"等；有的则对高职教育的功能认识模糊，认为有工就有业，"当作业成为产品时，学生就成了企业员工"；等等。这些观念都没能准确把握高职教育的定位，存在不同程度的误解，甚至助长了高职教育"污名化"的社会风气。

上述种种现象表明，社会上对高职教育培养的人才有"两不像"的微词，表现为：说高职学生是大学生，但专业文化素质又不像；说高职学生是专门技能人才，而技术技能水平欠缺也不像。本研究试图从根本上解决高职学生"像自己"的难题，破解高职学生自我认同的难题。新技术应用型人才培养以新技术应用为手段，以学生兴趣为动力，促使专业教育与专业人才培养的定位落脚于新技术的教与学，力求让高职学生站在专业学科的高点上，同时又在产教融合的环境和产业平台上得到体验与锻炼，学力与技力双馨，保障高职人才培养的质量。在知识教育层面，帮助学生认识到良好的学科基础知识功底与新技术发明发现的新知识拓展的依存关系及教育策略；在能力技术层面，按照知道"是什么""为什么""应该怎么做"的思维逻辑，促进学生知识元认知能力、理解能力、实际应用能力的协调发展。

高职院校学生的培养，之所以要以新技术应用来规定，是因为充分考虑到这类人才不等同于一般的职业培训人才，其系统的专业学习所积淀的职业能力较强，其技术技能的学习不是为了简单的谋生，与专业教育紧密结合的新技术应用型人才培养，不仅是国家办学、人才结构合理的需要，更是学生专业化成长的需要。新技术应用型人才培养就是以就业为导向，以兴趣为动力，激发"产学研创"一体化培养模式的内在需求，增强学生的创新创业能力，全面提高高职院校服务区域经济社会发展和创新驱动发展能力的需要；就是构建中国特色现代职业教育体系的需要。那么如何让新技术的应用性知识真正落到实处，让学生以企业的真实需求为基点研究问题，以推动创新成果的有效应用？高职院校新技术应用型人才培养就是将高校教师的科研与学生的创新创业教育进行深度的有机融合，着力抓好内部的创新型人才培养和外部的科技成果转化为现实生产力，改变传统简单的师生关系，演化为紧密度更高的创业合伙人的关系，以利于提高高职教育人才培养质量，充分满足高职学生就业创业的需要与个性化发展。

第二节　高职院校新技术应用型人才培养目标

一、实施综合技术应用教育

马克思的综合技术教育理论从工业革命后生产对技术的需要出发，将具有时代意义的新技术与教育相结合，认为综合技术应用教育是现代大生产和现代社会的要求。列宁进一步丰富了综合技术教育知识理论，将理解现代科学知识、掌握综合技术应用的讲师和综合技术应用的教育（初步）知识、坚持综合技术应用教育的实践基础作为与当前技术紧密结合的要点，使学生在掌握科学基础和综合技术知识、技能的基础上具备职业技能，而在具体实施过程中，除了需要具备相应的基础支持外，还需要有匹配的实践场所，并且实施的背景必须是在各种技术相互融通的条件下，个人对技术不具有独占性才能更好地完成，而且技术更新越快，向前发展的动力越足，实施综合技术应用教育的体系越完备。虽然职业技术教育的产生有其特定的历史背景，但是其是将职业教育置于技术发展之中，并且技术越先进，能够共享的技术越多，职业技术教育的效果越明显，因此应该依托技术运用的过程，培养具有综合素质和能力的学生，使其能够掌握技术、理解技术、运用技术并且注重技术在实践中的运用。

二、将人本主义教育思想融入人才培养方案

高职教育新技术应用教育的产生背景是机器生产时代，其对于人才培养的定位虽然已经有了综合性的方向，但仍是将人置于机器生产大环境之中，没有将人

的自主性体现出来。新工业革命以人工智能为核心，其在建立人才培养体系结构过程中必须凸显人本主义的价值和意义。只有通过重视自我、发扬理性、充分发挥人性的自由和思维的开拓性，才能对新技术进行改良和革新，才能将人才培养体系赋予动态性。在人本主义理念的引领下，高职院校新技术应用型人才培养目标的基础就是发现人的价值与潜能，尊重人的自然本性与自我实现，培养理性和美德兼具的全面发展的人。从新技术应用型人才培养背景和角度出发，将人本主义教育思想融入人才培养方案应注意以下三个方面：一是在人才培养方案构建过程中，必须尊重教育规律和人本规律，以人对技术的认知和掌握规律作为制订人才培养方案的基础，将新技术应用与人的认知能力和接受能力相结合，尊重学生对知识的掌握和自由运用能力以及自身潜力的挖掘；二是将科学技术规律与理性规律相结合，剔除技术自身发展的自然性，结合高职院校新技术的应用性及服务性，使新技术真正符合高职教育的要求，突出各个环节的应用属性；三是发挥自由属性，体现在知识模块组合的自由以及实践环节参与的自由，充分发挥学生的思维创新能力和天性，对培养方案进行各环节的组织和实施。

综合新工业革命的特点、对人才培养的要求以及相关理论，能够发现高职院校定位于新技术应用型人才培养，不是对新技术的研发与创造等高端知识人才的定位，而是对原有的传统技术进行改造与创新的高端技术人才的定位，这也正是高职教育区别于其他普通高等学校教育的突出特征。

三、依靠新技术培养新人

高职院校要想在以产业变革为大背景的高等教育结构性改革中崭露头角，就必须在"新"字上下功夫，依靠新技术培养新人。创新已成为高职院校在新一轮高等教育改革中实现"弯道超车"的机会，只有依托新技术培养新技术应用型人才才能实现该目标，其具体要求表现在以下三个方面：一是将塑造培养对象良好的职业道德和职业精神与增强培养对象敏锐的创新意识相结合；二是将培养相关职业岗位从事技术性、应用性工作的职业能力和掌握应用新技术的能力与符合区域经济发展特色的创新创业能力及专业素质相结合；三是将提高技术应用技能型人才与适应企业转型升级和满足企业技术创新、创业实践相结合。

因此，构建高职院校新技术应用型人才培养体系，需要能够迅速对接企业需求，提升高职院校学生的岗位适应能力，缩短专业人才培养周期，使学校人才培养目标与企业新需求无缝对接，增强高职教育人才培养目标的针对性和适应性，从而以更先进的技术引领行业发展的未来。随着技术创新和产业升级，社会产业的变革亟须高智能的技术研发人才和技术创新人才做支撑，亟待大量的数据分析、产品营销和企业管理等复合型人才做辅助，亟望新技术被广泛应用和推广的同时能够不断进行更新、升级与改造。因此，高职院校在人才战略规划上，需要根据大学生的智力特点和职业发展目标进行深入的学情分析，让专业融入行情，让技术引领市场，面向成果转化、技术改进、流程再造、管理提升、服务升级等生产一线，为企业培养各领域新的技术应用型人才。

第三节　高职院校新技术应用型人才培养存在的问题和有效途径

随着产业结构的进一步调整，以知识更新、科学技术突破为主导，以高新技术及相关产业升级为基础和支撑的新经济、新业态不断涌现，推动我国从制造大国向制造强国跨越。互联网、人工智能和传统工业行业的整合成为我国制造业转型升级潜在的制高点，基于技术研发和应用的智能制造对现代产业提出了新要求，为高职教育人才培养模式指明了新方向。

一、高职院校新技术应用型人才培养存在的问题

国家高度重视职业教育，把高职教育摆在优先发展的战略地位，以提升质量和效益为核心，走出了一条具有中国特色的高职教育内涵发展道路，高职教育面貌发生了很大的变化，在对接产业需求、人才培养等方面取得了显著的成绩和进步，但是新经济对高职教育发展提出了新挑战，对职业教育高质量、内涵式的建设和发展提出了新要求。就应对新产业新技术发展、促进创新创业、提升就业质量和效率、迎接新技术革命挑战的层面而言，当前高职教育发展过程中仍存在一些问题。

（一）与区域产业发展需求不匹配

当前的高职教育体系建设和发展满足不了产业发展需求，即当前的高职教育停留在产业跟随以及产业合作层面，不能实现产业领跑，需要大批能够控制、调试、维护机器的新技术应用型、新技能创新型人才提升产业质量发展。高职院校对产业变化缺乏敏锐性，缺少对接和研究产业和行业变化的专门机构、人员和能力，导致大部分高职院校专业目录的迭代升级跟不上产业的重新定义，专业设置刚性大于柔性，行业指导委员会由于缺乏具有适应产业变化的空间，难以实施真正的行业指导。有些高职院校与区域经济对接不够紧密，新技术应用型人才培养常限于"坐而论道"，课程考核方式仍是传统的笔试答题，缺少产业资源的参与，在校生创新创业得不到有效保障。有些高职院校甚至没有新技术应用型人才培养的专门课程和教材，或教材落伍，未体现新技术、新业态，出现区域产业人才规格需求与高职院校人才供给的结构性矛盾。很多高职院校专业设置未能紧跟区域产业结构转型升级，未及时调整对新技术应用型人才的大规模培养，劳动力市场急需的创新应用型人才供给不足。

（二）创新创业教育与专业教育"两张皮"现象还不同程度存在

当前高职院校创新创业教育与专业教育"两张皮"现象还不同程度存在，创新创业课程与专业教育课程缺少耦合联动，专业教育缺乏以创新创业能力培养为主线的顶层设计，专业教育与创新创业教育之间的逻辑关系以及课程、实践、项目比例尚未厘清，相关教学资源未得到有效整合，学生缺乏自主构建和应用专业知识的能力。

（三）教师队伍结构不太合理

高职院校师资结构过于单一，原有的师资队伍缺乏与行业企业对接的基础和服务产业的能力，部分教师缺乏行业企业的实际工作背景和经验，而企业师资实践经验丰富，但是相对缺乏理论功底及教学的基本技能和方法，影响了校企深度融合以及新技术应用型人才培养的质量。长期以来，我国高职院校存在技术应用型师资不足和专业性不强的问题。很多从事新技术应用型人才培养的教师教学方法单一，实践和操作能力欠缺，教师指导学生结合专业开展技术创新和对接产业需求进行成果转化的能力仍明显不足，高职院校中同时具备专业素养和实践操作能力的教师并不多，这已成为当下制约高职院校新技术应用型人才培养向纵深发展的主要原因。

（四）缺乏质量保障体系和具体的评估体系

对高职院校实施校企深度融合战略以及服务地方经济的效果缺乏质量保障体系和具体的评估体系，对于专业设置与产业发展融合情况、师资队伍建设、实践环节实施、课堂教学效果等都缺乏与新技术应用型人才培养相适应的质量评估标准和规范，导致产教融合效果难以准确评价，更谈不上保证质量。

二、高职院校新技术应用型人才培养的有效途径

（一）打造产教深度融合的高地

产教融合是职业教育的本质，也是职业教育与其他教育的最大区别，《国务院关于加快发展现代职业教育的决定》明确提出健全企业参与制度，明确企业为重要的办学主体，深化产教融合，鼓励行业和企业举办或参与举办职业教育，更加具体地指出了产教深度融合在职业教育发展过程中的引领性作用。

1. 大力倡导"三位一体"的办学理念

《光明日报》在 2017 年发表了温州职业技术学院时任院长谢志远的文章《"浙江样本"：大战略到哪里，学院布局跟到哪里》，提出应当大力倡导"三位一体"

的办学理念："区域有什么支柱产业，就设置什么专业；区域有什么企业难题，就建立什么服务平台；区域有什么新技术需求，就培养什么新技术应用的创新创业人才"，形成"专业共建—技术研发—人才培养"三位一体的办学实践。

2. 谋划与国家省市重大发展战略融合的布局

基于"国家重大战略到哪里，学院布局就跟进到哪里"的理念，鼓励高职院校在特色小镇、科技城建立创新创业工场、创业学院。在创业学院实施"2+1"①培养模式，有些特色专业，可尝试把创业学院的"1"年培养迁移到特色小镇、科技城联合办学，协同育人。

3. 出台产教深度融合的支持政策

出台校地混合、校企混合所有制办学的指导性意见，进一步激活办学活力；出台企业与学校联合招生政策，真正实施现代学徒制；出台服务企业"走出去"战略的人才培养支持政策，参与"一带一路"建设。

（二）打造新技术应用型人才培养的高地

高职院校要主动适应新形势、拥抱新变化，围绕地方新技术需求的变化，主动培养新技术应用型人才。新技术应用型人才培养应符合高职人才培养规律。一是企业需求。区域产业面临转型升级要求新技术应用，因此它来自企业生产的真实需求。二是起点平等。高职院校与本科院校倡导新技术的应用站在同一起跑线上，因为新技术具有普适性（它的应用不需要掌握很深的理论基础），也就是说，掌握了新技术应用就行，无须研发新技术。三是"弯道超车"。掌握了使用新技术，高职院校不仅可以实现"弯道超车"，也可以实现"变道超车"。谁先掌握了新技术应用，谁就掌握了先机。打造新技术应用型人才培养高地包括以下举措。

1. 大力倡导"用明天的技术，培养今天的学生，为未来服务"的理念

瑞士洛桑国际发展管理学院发布了 2022 年度的世界竞争力排名（World Competitiveness Rankings），中国大陆在参评的 63 个经济体中排名第 17 位。但中国在科技创新领域仍然存在一些瓶颈，如知识产权保护、新技术准备、人才培养等方面，需要加大投入和改革力度，这也是中国未来竞争力提升的重要方面。该报告还提到在疫情下，各政府重返中心舞台，复苏计划将在未来几年对塑造劳动力市场和人才竞争具有重要意义。当今世界，人才已成为衡量一个国家综合国力的重要指标。所以，中国的高职教育一定要用明天的技术培养今天的学生，为未

---

① "2"是指学生在所属系完成前两年专业课程的学习，"1"是指第三学年转入创业学院，进行为期一年的创业课程学习与创业实践。

来服务，打造新技术应用型人才培养的高地，抢占人才培养的制高点。

2. 打造"实训—研发—创新创业"三位一体的实践教学体系

高职院校要构建"以实训为基础，以研发为动力，以创新创业为导向"的实践教学体系，把从原来的"做中学、学中做、探中学"向"做中创、探中创"延伸，把学生专业实训与专业创新、创造有机整合在一个平台内，将创新素质的养成贯穿于学生的知识学习和技能训练的全过程，在参与创造实践中产生乐趣，不仅培养学生的实践动手能力，而且培养学生的创新、创业、创造能力。

3. 探索设置新技术应用的新专业、新课程

高职院校要从供给侧结构性改革大融合的角度，用供给侧、需求侧的科学思维思考谋划高职专业、课程的"加减法"。从新技术相关的培训开始，瞄准市场方向，逐渐积累新技术教学经验和锻炼师资队伍；也可以先建设新技术科研平台，逐渐积累雄厚的教学资源，然后按照"培训—专业—科研"一体化建设，增设新技术资源丰富、社会辐射力强、产业平台大的新专业，开发相应的新技术应用课程，建立相应的教材、案例库、实训基地。

（三）打造"国际化"技术应用的高地

拓宽国际合作办学和跨国产教融合思路，紧跟"一带一路"倡议，将具有特色的高职教育理念作为"软实力"输出。高职院校要拓宽国际化办学途径，需要政府搭建平台、做好顶层设计，"走出去"和"引进来"双举并行。

政府部门要对高职院校的特色和资源配置进行统筹和协调，配合目标国的经济、文化进行有效对接。通过与当地中国大使馆教育部门联合组织深入调研，根据目标国的技术和产业发展需求与相应的高职院校以及在当地建立产业园区和生产基地的企业共同规划合作手段与计划，以在产业园区内开设职业培训班为基础，逐步建立职业培训中心及学校，及时了解当地需求、高效进行技术输出，就地为我国本土企业以及当地相关企业所需要的人才进行技术和职业培训。

在实行技术和技能输出的同时，政府也要做好国际化师资培训，通过培养目标国的本土化人才推动新技术的传播和助推当地的产业发展。目前，我国还没有针对高职外国留学生设立专门的奖学及助学金，建议政府针对"一带一路"共建国家设立高职留学生鼓励计划，并和当地企业进行联合资助，建立当地企业的来华留学基金或者奖学金，推动订单人才培养国际化。

依托现有机制，激发国际合作办学新动力，政府除了出台支持扶持政策外，还需要进一步将国际交流与合作工作重心下移，推行学校宏观把控，合作权力下放，构建运行高效、协调有序、管理规范的二级学院国际化办学体系，依托政府、企业、学校三方合作基础，整合合作资源，借助政府和企业加强对外宣传，充分利用华侨、归侨资源，牵线搭桥，促进国内外院校进行深度产教融合。

（四）打造"立地式"技术应用的高地

我国的企业结构是中小企业众多，许多中小企业缺乏技术提升与改造的能力，急需高职院校提供技术服务。高职院校坚持面向市场的办学方向，强调产教融合、校企合作，了解企业需求，更有利于开展技术应用。

1. 大力倡导"需求—方向—条件"一致设立研发平台

按企业需求，调整研究方向，配备相应的人、财、物，设立研发平台。这种平台的设立，使"立地式"技术应用与区域发展双向互动，解决生产一线急需的一些关键技术难题和技术应用最后一公里的问题；使"立地式"技术应用与教师发展双向互动，为学校进一步锻炼"双师型"师资队伍提供实践平台，打造一支有行业和社会影响力的教师队伍；使"立地式"技术应用与人才培养双向互动，为学校培养学生的创新精神和创新能力提供实践平台，从整体上提升专业群服务产业的能力。

2. 开展"培训—专业—平台"一体化的专业服务产业试点

把专业建设向培训端、研发端延伸，从培训入手对接新兴产业，区域有什么新兴产业就开展什么培训，没有师资可以外聘，在培训的基础上对有发展空间的产业设置相应的专业，在专业发展的基础上设立研发平台，从而实现"培训—专业—平台"一体化发展，打造一批高水平的专业群。

3. 鼓励教师成为行业专家，提升高职"双师素质"的含金量

一方面，出台规定，明确发明专利、专利转让与论文等同，横向课题与纵向课题等同，行业技术难题与项目等同。对于行业与企业难题，学校给以立项，并予以经费支持。引导教师坚持"立地式"研发和科技成果的推广、转化，促进新技术的应用。另一方面，改变传统的校园形态。从传统教室，开展"捣墙运动"①，引企入校，建立生产性实训基地，建立教学工厂；设立研发平台，引项目入校，实行"导师+项目+团队"式培养，打造创新创业工场。做到培养学生有市场、助推企业有办法、服务社会有地位。

---

① 推倒隔在传统教室和学生实训实践的教室之间的墙，即把传统教室和学生实训实践的教室打通，实现"产学研创"一体化。

第二章　新技术应用型人才培养的理论借鉴

2021 年，中共中央办公厅、国务院办公厅印发《关于推动现代职业教育高质量发展的意见》，明确指出"职业教育是国民教育体系和人力资源开发的重要组成部分"，要"坚持产教融合、校企合作"，"培养更多高素质技术技能人才、能工巧匠、大国工匠"，提出"到 2035 年，职业教育整体水平进入世界前列，技能型社会基本建成"。

随着我国经济转向高质量发展阶段，创新成为发展的第一动力。如何加速培养适应产业变革与升级需要的创新创业技术技能复合型人才，成为高职院校高质量发展的重要命题。

第一节　技术的内涵与特征

技术是人类为了满足自身社会实践的需要，在利用自然、改造自然的过程中积累起来，并在生产实践中表现出来的知识、经验、技巧和手段，是解决问题的方法及方法原理。技术是一个历史范畴，其在初期主要依赖劳动者的经验和技能，是人类在长期不断的生产实践中积累起来的知识、经验、技巧和手段。随着社会经济的发展以及自然科学的产生与发展，人类为了满足自身的需求和愿望，利用相关的知识、经验、技巧和手段，对信息、能量和物质进行加工并予以转换，技术主要表现为人类依据自然科学对客观规律进行认识和总结，利用相关的知识、手段和方法，以满足人类自身社会实践的需要。技术在长期的生产实践过程中所形成的知识、经验和技能体系构成了技术应用型人才培养体系的主要内容。

一、技术的起源与发展历程

技术作为人类利用自然和改造自然的手段和方法，与人类的自身历史一样具有悠久的发展历史。在从猿到人的进化过程中，原始人开始使用天然工具，并开始打制石器，还学会用火，发明弓箭对自然界施加作用，这是原始人的生存技术，也可以看作是技术活动。在西方，技术、技艺等相关概念最早源于古希腊。古罗马人在技术上取得了重要的成果，由原始时代萌发的科学技术幼芽，经过了它的幼年时代之后，到古希腊时代形成了特定的形态。阿那克萨哥拉（Anaxagoras，约公元前 500—前 428）、苏格拉底（Socrates，公元前 469—前 399）、亚里士多德（Aristotle，公元前 384—前 322）等哲学家，都对技术或技能有过相关论述。在中国，《考工记》是中国战国时期记述官营手工业各工种规范和制造工艺的文献，"技"

"工"等与现代汉语"技术"具有相近含义。西汉历史学家司马迁（约公元前145—？）的《史记·货殖列传》最早对"技术"进行了记载，记载提到"医方诸食技术之人，焦神极能，为重糈也"。17世纪初，英文单词中出现了technique，意思是应用于各种技术、技艺和技巧的指称。技术的定义不是唯一的，技术可分为广义和狭义，广义的技术除了指自然技术，也包括社会技术、思维技术等，本书所讲的技术主要是指广义的技术。技术的萌发、发展和创新，其根本动力源于社会需求。近代以来，尤其是第一次工业革命后，技术得到了飞速发展，技术的内涵有了新的变化，涵盖了人类生产力发展水平的标志性事物，其社会功能也愈发显得重要。

二、技术与技能的协同演变关系

技术与技能是两个不同的历史性概念，两者的内涵在不断发展与更新，它们在人类的发展史上经历了一个协同演进的过程。为了能够准确地把握高职院校新技术应用型人才，揭示技术、新技术和新技术应用的内涵、本质和特征，需要对技术与技能协同演变的过程进行深入分析。从技术与技能的发展角度来看，整个人类的发展历史大概可以划分为原始技术与原始技能、古代工匠技术与手工技能、近代工业技术与机器操作技能、新技术与新技术应用等四个主要阶段。在不同的历史阶段，人类对技能与技术有着不同的理解，技术与技能也有各自不同的内涵和特征。

（一）原始技术与原始技能

劳动是人与动物的根本区别，人类劳动让人从动物中脱离出来，创造性劳动是人脱离动物的根本力量，是人与动物相区别的根本标志。动物的行为是无意识的、条件反射的活动，人类劳动则是有意识的具有创造性的活动，人类的创造性劳动主要是从使用和制造工具开始的，人类使用和制造工具的过程就是人类创造性劳动的过程，就是开发和利用自身技术与技能的过程。

人类的原始技术与技能是伴随着制造和使用工具开始的。进入石器时代，人类开始更多地使用天然工具，并开始打制石器，还学会用火，发明弓箭。人类在打制石器、制造弓箭时，要根据石头和弓箭的特质和自身的需求，采用不同的制作方法来制作和加工各种类型的石器和弓箭。在这个过程中，人类不仅需要有认识自然的经验知识，而且要有改造自然的生产技术与技能。人类一旦有意识地改造周围的世界，技术的进步就成为必然的前提。人类从使用天然石块、树枝到利用石块、树枝、骨头来制造工具，提高狩猎的效率，从利用天然洞穴到建造巢穴、房屋，以防御大自然的攻击，工具的使用标志着人类创造自身的开始，也是原始技术的萌芽。这一时期的技术没有科学理论的指导，也没有对科学知识的运用，人类在这个阶段所积累的只是一种前理论的经验技能。

在追寻技术的起源时，必须承认技术主要源于人类劳动过程中积累的经验和技能，换句话说，技术是经验和技能的积累和结晶，只是这一时期所展现的经验和技能相对简单粗暴。此外，这一时期的技术往往被视为一种生活方式。因为在那个时候，人类在从自然界获得某种物质或工具，使用某种技术时，往往会进行宗教祭祀活动。因此，原始技术在原始社会的日常生活中往往表现为巫术的形式，或与巫术相结合。虽然原始技术也包含类似于知识形态的东西，但这些"知识"只是日常生活的经验知识和技能，因此仅仅是人类的一种实践知识和生活世界的个人知识。因此，原始技能和原始技术在原始时代就像一对孪生兄弟，它们在内涵、本质、特点和表现形式上没有特别大的区别。应当指出的是，虽然原始社会有技能和技术，但由于原始社会生产力水平不高，当时还不存在专门从事技术工作的人。

（二）古代工匠技术与手工技能

人类文明从原始时代向更高时代的过渡，伴随着技术的巨大变革。制陶瓷、酿酒、制油的工具，军工、农业用铜和铁的工具，风帆船、轮式车辆、砖瓦建筑工艺等都是古代工匠发明的。尤其是公元前 1400 年前后，炼铁技术的发明和推广应用使古代高技能工匠成为一个独立的社会职业，承担着发明、发展和应用古代技术的重要责任。然而，这一时期的工匠技术还处于制作、实践和认识阶段。在实践中，工匠们经常用"尝试"的方法反复练习。在这个过程中，他们不断提高自己的技能，找到改造自然的有效途径，从而产生了技术的发明和创造。虽然在这个时代初期，人类已经发明了文字，并因此产生了可以用文字表达的知识形态技术，然而，这个阶段的工匠并没有学习和掌握系统的义化知识，无法做到像当代高技能工匠那样运用知识、做到先懂得后制作。所以，古代工匠优秀的技术发明和创造，表明当时的技术是生产经验积累的结果，是匠人自身技术经验和技能水平的积累。

综上所述，在古代社会中，技术主要是指劳动者的技能，即劳动者用自己的双手加工、制造物体的能力[①]。

（三）近代工业技术与机器操作技能

近代技术是在古代工匠技术的基础上逐步发展起来的。在 18 世纪工业革命之前，虽然天文学、力学和数学等都有了历史性的突破，但 14 世纪和 15 世纪的工匠技艺仍然广泛应用于生产中。在 16、17 世纪，纺纱和织布、玻璃和玻璃制造、锁具制造和钉子制造仍然是通过手工或传统经验完成的。因此，在大规模工业之前，技术主要是通过工匠的技艺来体现。直到 18 世纪蒸汽机的发明与应用和纺织机械的革新，纺织工业才拉开了精彩的序幕，并开启了技术发展史上的新纪元。

　　然而，工业革命初期的这些新技术大部分是工匠的技术创新，与匠人的自身技能紧密相关，并且大部分技术创新首先是由工匠实现的。例如，哈格里夫斯（Hargreaves）发明的珍妮纺纱机、克朗普顿（Crompton）设计制造的锭子精纺机、瓦特（Watt）发明的蒸汽机是对以往单锭纺纱机、液压纺纱机和纽可门蒸汽机的革新。此外，哈格里夫斯、克朗普顿和瓦特都是工匠。随着工业革命的发展，人类的社会生产方式发生了巨大的变化。随着以机械系统为基础的社会化批量生产的出现，机械工具逐渐取代了手工工具。这样，以手工操作为基础的技能逐渐被以机器操作为基础的技能所取代。列宁认为，从手工作坊到工厂的转变，标志着技术的根本变革，推翻了几百年来积累的手工艺[①]。由于工业革命的兴起和大型机械生产时代的到来，以前长期依赖工匠的经验和技能完成的事情，现代的工具和机器更容易完成，技术活动的物质手段被视为技术的象征。

　　技术从被视为一种人类的技能到被认定为一种客观的物质手段，是现代工业革命带来的技术观的重大变化。这种技术观的改变既是大机器时代的产物，也是机械唯物主义的起源和反映。然而，大型机械工业的兴起并不意味着工匠的技能消失了，只是它的形式发生了改变，也就是说，大型机械工业只是使用劳动工具的技能，连同劳动工具，从工人转移到机器[②]。同时，这种迁移在当时主要表现为动作技能的转移，但是在某种意义上，智力技能的作用变得更加显著了。因此，随着机器和工业应用占据主导地位，技能逐渐成为制造和使用机器的过程。可以看出，虽然现代技术已经逐渐以科学为指导，但技能仍然发挥着重要作用。换言之，技术的发明与创造在一定程度上还是依赖于人类的经验和技能。这一时期技术的显著特征是：技术不仅包括科学，还依赖于人类的技能和经验。例如，伽利略（Galileo）和惠更斯（Huygens）的钟摆钟、居里克（Guericke）和博伊尔（Boyle）的抽风机、胡克（Hooker）的气压计，特别是瓦特对蒸汽机的改进，都充分体现了当时技术的这个特点。

　　（四）新技术与新技术应用

　　从 19 世纪中叶开始，近代工业技术开始向以科学为基础的现代技术进行根本性转变。现代技术既是经验的产物，更是科学物化的结果。在现代技术原理的形成中，科学知识的要素都增加了，科学在整个技术发展中的主导作用明显增强了。以科学为基础的现代技术发生的另一个巨大变化是自动化技术的发展。由机械化向自动化转变是人类技术发展史上的一个非常重要的转折点。通过自动化技术，尤其是计算机，人们开始重新认识到人类知识和智力的重要性。随着各种高新技术的不断出现，计算机、激光、纳米等新技术被应用到生产实践中。与传统机器

①　列宁，1972. 列宁全集：第 4 卷[M]. 2 版. 北京：人民出版社.
②　马克思，1975. 资本论[M]. 中共中央马克思恩格斯列宁斯大林著作编译局，译. 北京：人民出版社.

相比较，现代机器有了质的发展。技术发展的一个重要特点是新工具将不断地替代"旧工具"，而新工具更独立于人类。现代技术的发展促进了人类技术手段的不断更新，技术手段状态的变化和性能的更新一定会对技能产生重大影响。例如，自动控制装置产生了以技术知识为基础的知识技能。现代新技术使人类从生产过程的主体转变为生产过程的辅助，作为监管者和调度者与自动装置建立关系，但这种功能的转变只能建立在以更发达的智力技能为基础和对新技术应用过程的深刻理解上。

因此，在许多发达国家，知识型工业技术人员的数量越来越多。科学知识在技术活动中的地位与日俱增。可以看出，新技术的发明、创造和应用，与近代工业技术时期的技术发生了重大的变化，原来技术活动是由具有实践经验，但缺乏科学文化知识的人独立完成的，而现代新技术主要是由具有科学文化知识的科技工作者共同完成和创造的。随着高科技的快速发展，虽然动作技能越来越简单化，但并不能说明生产活动对技能的要求降低，更不意味着可有可无。在现代高新技术发展过程中，技能虽然已经不再是技术知识的全部，但仍然是技术的重要组成部分。毋庸置疑，新技术的应用必须以科学知识为指导，但要将无形技术转化为有形技术，需要逐步探索过程和操作程序，这些都离不开技能。即使是完全的自动化的技术系统也离不开人工操作，这与技能密不可分。德国的技术创造是世界上比较优秀的，其发展速度在世界上也比较快，但到目前为止，德国仍然高度重视在熟练基础上形成的技能，更加重视新技术应用型人才，社会形成了尊重技术、尊重技术型人才的良好氛围，这也是德国保持先进精密机械和化工技术领先地位的重要原因。当前，我国要实现从世界制造大国向世界智能制造强国的转变，必须依靠一大批既掌握一定的科学理论知识，又熟悉操作原理和程序，更善于整合动作技能和智力技能的新技术应用型人才。

众所周知，没有医学理论，就没有现代医疗技术，没有电磁理论，就没有发电机，这些都表明了科学知识在现代技术中的重要作用。无论多么优秀的工匠，如果不能很好地掌握科学知识，就都无法在现代技术中占据重要位置。同时，我们也应该知道，现代技术发明和生产技术需要被应用于生产实践，而且，在现代条件下，一些原创的技艺还需要不断提高，如雕刻技术。它们虽然不是现代新技术，但仍在现代条件下得以保存和发展。这些技术需要被运用到实践中去，与艺术相结合，这样才能成为高超的技艺和技巧。

三、技术的特征

（一）自然属性与社会属性

技术作为一种实践活动，既有自然属性，也有社会属性，两者是技术必不可少的、缺一不可的和不可分割的两种属性，是辩证统一的，反映了人类实践活动的规律性和目的性。技术的自然属性体现在以下两方面：第一，技术是自然规律的创造性运用，自然规律是可以被利用和运用的，前提是技术的设计与应用不能与自然规律相违背，应该遵循自然规律，对自然规律有所认识；第二，任何技术的应用都会对自然界产生复杂的影响，造成相应的后果。技术的社会属性体现在技术是人类生产实践中的一种劳动方式，能够使人类提高社会生产力，技术的发明和应用必须受到各种社会因素的影响和制约。经济、政治、教育等各种社会因素都会对科技发展的方向、规模、速度和方式产生不同程度的影响。技术的发展水平也受到社会历史条件和发展水平的影响和制约。社会需要和社会后果影响和制约着技术的发展和应用。

（二）主观性与客观性

技术是一种社会实践活动，是主观性和客观性的统一体，既不是纯客观的物质活动，具有主观性，也不是纯主观的思维活动，具有客观性。技术是人类对自然的主动过程。人的知识、技能和经验作为人的主观精神要素，在技术系统中起着不可替代的重要作用。即使在现代技术活动中，经验技能、专门知识和规则仍然不可或缺。但是，仅仅只有主体的能力和知识还不能完全实现技术的功能，技术不能停留在主观领域，技术仍然是主观向客观转化、精神向物质转化、知识向物质手段和实体转化的过程。因此，在技术系统中，客观的物质因素和人的主观精神因素两者相互影响、相互作用和相互结合，两者是统一的，缺一不可。既不能把技术当作纯粹物质手段而忽视人的活动和主观意识，也不能把技术仅当作人的主观精神因素而忽视客观的物质因素。技术是在客观的物质因素和人的主观精神因素相结合的过程中形成和发展的，是两者相互影响、相互作用的结果。

（三）动态性

技术的动态性主要表现为技术是一个从潜在到现实的实现过程，技术系统永远处于运动和发展过程中。技术是从技术思想、发明和方案设计等潜在形式向实际应用中体现的生产技术和工程技术等现实形式转化的过程。科技论文和发明专利可以被视为技术活动的一个重要环节或技术活动的开端，但不一定是在实际应用中发挥作用的技术。某一项新技术要得到推广与应用并成为现实的生产技术和工程技术，需要各种社会条件的保障，并将经历一个动态的过程。技术作为知识形态的生产力，主要通过对劳动者的素质提高和发现新的生产方法和新的生产工艺，对生产力的各个要素产生重大的影响，从而促进现实生产力的发展和提升。

第二节　新技术应用型人才培养的理论基础

高职院校新技术应用型人才培养是以技术应用人才为标准，综合分析行业市场、区域产业和学生学习情况的一项技术人才智库项目，为培养新时代具有新技术应用能力的创新型人才而量身定做，是一项集产业新技术创新、转化和推广于一体的技术开发和成果转化的人才培养系统工程。按照第四次产业革命和产业转型升级的特征，高职院校需要培养学生的专业理论知识、新技术应用能力、创新创业素质和市场分析综合能力，并且要将新技术应用创新理念融入专业建设和课程改革，打破原有技术技能人才培养的单一路径，整合政府、行业企业和市场资源，引入市场竞争机制和企业文化，实现行业内的跨专业交流和跨境合作。

一、缄默知识观

缄默知识（也称作隐性知识、默会知识、内隐知识等）的发现拓宽了知识的边界，它的发现意味着一种全新的、不可见的知识的存在。迈克尔·波兰尼（Michael Polanyi）是英国著名的物理学家和哲学家，他发现了缄默知识。迈克尔·波兰尼认为人类世界有着两类知识：一类是通过文字、数字、公式等表现出的知识，另一类则是无法精确表达出的知识。如果前者可以用显性知识来指代，那后者则可被称作缄默知识。显性知识也可称作名言知识，而后者则可称为非名言知识。"缄默"，即"只可意会，不可言传"，它是含蓄的，不言而喻的。在《缄默的维度》一书中，迈克尔·波兰尼进一步提出"我们所知道的多于我们所能言说的"这一观点，正如大海中的冰山：显性知识是凸显在表层的知识，往往只占据知识的很小一部分，而在表象之下的则是大量不可言说的缄默知识。缄默知识无法借助语言、文字或其他符号来做逻辑说明，传递形式也是非正规、偶然性较强的，不能加以"批判性的反思"，只能通过身体的感官和理性的直觉而获得。缄默知识虽难以用语言表达，对知识交往对象的要求较高，但它一直是推动显性知识丰富及发展的重要来源。缄默知识是自在的知识类型，知识的应用即是从显性转向缄默的过程，如此才是知识被理解和运用的标志。教学则意味着教师通过交互性活动让缄默知识显性化，而学生则可把知识吸收内化，并转化为自身的缄默知识。

新技术应用型人才的培养具有实践特性，因此不能局限于课堂的知识传授，更多的是对知识的应用与转化，且传授的知识不能局限于显性知识，缄默知识的应用是深入学生内心的根本。在新技术应用型人才的培养过程中存在着大量的缄默知识，这些知识的传递和转化对教育者的综合素质提出了更高的要求。如何转识成智，促进显性知识、缄默知识的相互转化，成为高职教育者亟须解决的难题。缄默知识观有力地解释了以新技术应用作为高职院校创业人才培养科学载体的合理性和必然性，也为人们思考教育措施提供了一定的借鉴。

二、内创业理论

内创业理论（intrapreneurship）最早由美国学者戈福德·平肖（Gofford Pinchot）

在其著作《创新者与企业革命》中提出，它被定义为：能够在现行公司体制内，发挥创业精神和革新能力，敢冒风险来促成公司新事物的产生，从而使公司获得利益的管理者。在这个定义中，管理者不仅包含企业创办人，更包括在企业内部与企业共同承担风险的企业执行人。"内创业"概念被提出后，立刻在管理界产生共鸣，有学者指出，内创业是指组织内部成员不顾当前控制的资源而去努力追求创业机会的过程。卡里尔（Carrier）①、赫里奥特（Herriot）等②学者更进一步认为，内创业是在目标驱动下创造新事物的过程，是公司创业精神的一种体现。综合上述概念，内创业主要指的是创业者自我实施岗位创业的一种精神和能力。在人的发展中，内创业活动贯穿一个人整个的创新发展的全过程，它具有个体性和群体性特征。内创业的个体性特征，是指创业主体是由单个人组成的，每个人都在不同的岗位上进行着自我创新、创业活动；在主体的分类上，无论是企业管理者还是技术操作者，都经历了内创业的过程，它主要表现为创业主体以什么样的心态和能力去创造未来。换句话说，内创业是从个体创建事业的高度进行自我完善、自我创造和自我发展的过程。内创业的群体性特征，主要体现在创业成果上，其成果是可以积累的，它亦具有鲜明的群体性。

在当前"大众创业、万众创新"的时代背景下，促进大众进行内创业，就是激发每个人自我超越和自我创新的热情与动力。高职院校新技术应用型人才培养实践必须树立内创业的教育理念，以新技术应用创新为导向，培养学生的创新思维和创业能力，深入开展"引企入教"改革，建立学校、政府、社会三位一体的协同创新机制，通过校企联合的技术项目实践，激发学生内创业的热情和动力，教会学生运用创新方法改革实践。

三、社会嵌入理论

"嵌入"原指一个系统有机结合进另一个系统或一事物内生于其他事物的现象。卡尔·波兰尼（Karl Polanyi）第一次将其引入学术领域并提出"嵌入性"的概念以解释经济行为并非独立存在，需要嵌入政治、宗教和社会关系。马克·格兰诺维特（Mark Granovetter）拓展了卡尔·波兰尼"嵌入性"概念的外延并形成体系化社会嵌入理论。格兰诺维特将经济行为嵌入社会体系进行分析，并将嵌入分为"关系性嵌入"和"结构性嵌入"。"关系性嵌入"是指行动者嵌入其所在关系网络，深受网络其他成员影响，维系关系性嵌入的根本是信任机制，人们的经济行为随信任嵌入社会关系网络，形成组织的"强关系"和"弱关系"；"结构性嵌入"是指许多个体嵌入更大的社会关系网络，行动者所在网络嵌入社会文化传

---

① CARRIER C,1994. Intrapreneurship in lager firms and SMEs: A comparative study[J]. International Small Business Journal, 12(3): 54-61.

② HERRIOT P, MANNING W E G, KIDD J M, 2002. The content of the psychological contract[J]. British Journal of Management, 8(2): 151-162.

统、价值规范等结构。

从生存发展环境看，高职院校生发于特殊的区域土壤，具有既定禀赋，即区域内独特产业资源、文化资源、社会联系等；从未来角度审视，高职院校要根据社会发展趋势和需求反思教育、重塑教学、再定义大学，找到适应未来的办学形态，才可能健康发展。这就要求高职院校在不断审视所承担的真理追求及知识传播等社会责任的特殊性时，要在教育资源稀缺、整体性投入不足的环境中兼顾履行区域创新主体义务、弥合原有人才培养结构性失衡和回应适合经济社会发展的应用型人才培养需求，通过"嵌入"所在区域经济社会环境与相关利益主体建立社会关系网络，促进内部资源与外部创新力量有机融合，创新应用型人才培养体系，以新的建设样态应对区域技术、经济和社会发展挑战。社会行动者不是孤立存在的，而是处于各种关系之中。社会嵌入理论为人工智能和大数据为代表的第二次机器革命提供了理论基础，高职院校通过引入新的生产技术构建自身新的社会技术，实现自我组织方式变革。

高职院校的生存和发展体现了"关系性嵌入"，其自身需要满足所在区域对优质高等教育的期许，期望能招收更多本地生源维系自身声誉、争取更多地方办学资源，同时需要更多途径打破地域局限，获得区域外生源的青睐，但长期以来，高职院校无法用明显的竞争优势和特色人才来形成独特的竞争优势，趋同性和培养惯性导致其长期陷入"渴望突破"与"无法突破"的自我胶着，这需要高职院校打破长期路径和习惯依赖，寻求人才培养新突破。高职院校所在区域特有的产业、文化、社会资源为其提供了难以复制的"结构性嵌入"机会。高职院校创新驱动发展战略带来的产业转换升级机遇更让实验室成果直面现实应用需求，利用区域创新主体优势构建连接政府、企业等利益主体的社会网络，并占据网络的中心位置，在输出优势人力资本和智力资本的同时获得自身发展资源，打破人才培养与产业、技术需求间错配现状，成为构建高职院校资源与社会资源互通的社会网络"中心结点"。

第三章　新技术应用型人才培养的核心价值取向

第一节　高职院校新技术应用型人才培养回归技术世界

一、技术世界内涵

　　人才培养的研究需要正反两方面的方法[①]。一方面，将命题与命题的逻辑联系起来，达到赋予命题意义的人类活动，通过超越这些活动来达到人类熟悉的世界和生活特征；另一方面，从世界的生活形式出发，到达问题特定的具体活动，从而再次回到初始的命题。初始的命题，即新技术应用型人才培养的基本理论问题，如界定新技术应用型人才的概念、确定新技术应用型人才培养的基本过程等，都是按照斯蒂芬·图尔敏所阐述的第一条路径进行设计的。生活形式是产业的技术应用所支撑的生产实践和工作实践，从某种意义上说，这条路径对于以产业为基础的新技术应用型人才的培养更为必要，因为它为新技术应用型人才培养指明了实践方向。胡塞尔认为，高校人才培养和专业课程设计必须回归技术世界的"原初的自明性的领域"[②]，包括我们自己在内的技术世界可以作为培养新技术应用型人才的起点。

　　（一）技术世界的概念

　　西方哲学忽略了存在与存在者的区别，盲目前进所导致的结果是走出了一条遗忘存在而执着于存在者的道路。这条道路对各个领域的研究产生了深远的影响，尤其是在技术教育领域。技术教育研究学者更关注教育本身，却忽视了技术与教育的共同存在，导致了对技术教育存在的遗忘。高职院校的技术应用教育研究受普通教育理论的影响，一直生活在其阴影下，很少有学者思考高职院校的技术应用教育研究的存在问题，基本上是在遗忘中遗忘。技术教育必须回归到技术与教育两者并存的状态。这里的回归指的是某个人通过与环境、他人和文化的反思性互动，形成自我意识的一种方式。回归不存在固定的起点和终点。个体经验在其运作中产生了一种回归性的反思，从而衍生出哲学的审视。苏格拉底认为，没有审视的生活是不值得的。同理，没有经审视技术或教育的存在也不能直接发展为

---

　　① TOULMIN S E, 2003. Uses of argument[M].Cambridge: Cambridge University Press.

　　② 胡塞尔，2005. 欧洲科学危机和超验现象学[M]. 张庆熊，译. 上海：上海译文出版社.

技术教育。现在技术教育研究者面临的问题是，审视的视野在何处？换言之，新技术应用型人才培养的存在和价值在何处？

高职院校新技术应用型人才培养的存在是企业的技术世界。回归技术世界，乃是回归高职院校培养新技术应用型人才的初始形态。技术世界是指劳动者利用技术对生产、服务、管理等产品、过程和系统进行的生产实践和工作实践。在技术世界中，劳动者的知识不属于科学知识连续体，而是技术知识的连续体。技术世界是生活世界和工作世界的结合体，同时也是高职院校新技术应用型人才培养的存在。正是技术世界使高职院校新技术应用型人才的培养独具特色。芒福德将机器系统比作整个技术综合体或技术系统，它既包括一般意义上的机器，也包括各种形式的工具、仪器、设备、设施等，并涵盖工业所获得的或新技术所隐含的所有知识、技能、技巧等。机器由一些非有机物体构成，主要用于能量转换、工作，以提高人的工作能力和感知能力，或使生命过程具有可预测性和规律性。使用机器的第一步是使用人体的一部分作为工具，而自动化是最后一步。工具和机器最本质的区别在于它们依赖于使用者的技能和驱动力的程度不同。工具完全依靠手工操作，而机器则依靠自动操作。不管是工具还是机器，它们都属于技术世界的重要组成部分，是技术世界的物质构成。事实上，我们不能用实在性、实体和因果性等相关概念来定义技术世界，技术世界是一种"相对假设"，虽然很抽象，但可以想象，这是最高相对假设的存在。为了避免和克服经验描述式研究和简单传播国外职业教育理论的研究，就必须"回归事实本身"，研究高职院校新技术应用型人才培养的初始内在逻辑。

高职院校新技术应用型人才培养的存在为什么不是生活世界或工作世界？许多学者主张技术教育应该回归生活世界。生活世界是由胡塞尔针对近代科学已经失去了生活意义和生命意义而提出的。从胡塞尔的观点来看，科学已经被实证主义完全还原为纯粹的事实科学，所以，思维方式要实现从"基于科学世界"向"基于生活世界"的根本转变。回归生活世界倡导思维方式的根本转型，追求科学精神与人文精神的融合，追求科学世界与人文世界的统一。国内学者张华呼吁"是时候构建一个生活世界的教育学了"①。回归生活世界观点对高职院校新技术应用型人才的培养具有重要的哲学意义。在这一理念指导下，高职院校新技术应用型人才培养应该找准自己的生活世界，而不是胡塞尔所理解的一般意义上的生活世界与科学世界相对立的生活世界。杜威在《我的教育信条》中提到"作为一个系统，学校应该把现实社会生活简化到一种初级状态"，高职教育所倡导的不是进步主义教育的生活原则，而是简化技术世界，并将其投射到新技术应用型人才的培养中。

工作世界不能被看作高职院校新技术应用型人才培养的存在，其原因更为复

① 张华，2000．课程与教学论[M]．上海：上海教育出版社．

杂。首先，工作世界的概念过于宽泛，无法界定高职院校新技术应用型人才培养的存在属性。工作是为了谋生，个体成年后需要谋求一份职业。工作世界是所有劳动者的世界，科学家、工程师和技术工人等群体的工作都可以称为工作世界。高等普通教育和高职教育的人才培养都需要反映工作世界。由此可见，工作世界是一个大概念，不属于高职教育所独有。高职教育人才培养注重工作世界主要与以下的事件相关。一是联合国教科文组织于 1997 年在日本东京举办了"推进职业教育与工作世界的联系"专家研讨会。二是德国工作系统化课程建设理念的传播与模仿，倡导高职教育人才培养的本质是：培养就是工作，工作就是培养，提倡从职业取向转向工作世界导向。上述倡导人才培养的总方向是正确的，但工作世界应该向技术世界细化。三是工作世界属于一种企业的实然状态，高职院校新技术应用型人才培养方案是人们希望实现的有价值的事情，属于应然状态。直接从实然推论应然，或者直接把企业的事实转化为学校人才培养的事实，这就是自然主义谬论。还有一种观点认为，工作即是劳动，劳动是人类改造世界和利用世界的过程。这种人与劳动对象的二分法理论，为认识者的本性与知识的本质的二分法奠定了基础。从前，高职院校人才培养将工作视为一种现实，先将其细分为不同的任务或工作项目，再与个体的技术技能进行线性联系，这种做法是一种变相的自然主义谬论。其次，工作世界对人类的生存和发展具有重要意义，但新技术应用型人才培养不能以工作本身为分析对象。在工作世界里，人们通过普遍有效的科学认识来了解工作世界里的情况，但不能超越工作世界本身。只有通过借助技术哲学的洞察力，才能进入技术世界，从而摆脱工作世界的存在状态。人是悬在意义网中的动物，工作世界就是一张意义之网，而技术是支撑这张网的经纬。换句话说，技术世界属于劳动者的核心工作世界。只有通过分析技术和产业中的新技术应用，才能真正地了解真实的工作世界。杰罗姆·布鲁纳在《学习中的结构》一文中指出，"知识具有内在联系和意义，为了识别、理解和记住事实，我们必须把它们融入语境当中去"。新技术在产业中的应用就是高职教育人才培养的现实语境。高职院校新技术应用型人才的培养不仅要在学校本身进行，还要回归人才培养的本真状态，即技术世界，这才是高职院校培养新技术应用型人才的真正开端。

（二）技术世界的特征

1. 专业性

技术世界的专业性是指按技术类型划分的专业领域。技术领域有专业要求，每个技术领域的技术知识是不尽相同的。技术世界的专业领域要求决定了高职教育人才培养的专业性。专业是劳动力市场为从事各种社会职业的劳动者的需要和接受学校教育的可能性而提供的培训和培养类型，大致相当于美国高等教育机构的主修（major）或《国际教育标准分类》的专业课程计划。专业不属于学科范畴，不注重学科分类的学术性；它与社会职业不同，也不是与社会职业一一对应的关系。相近或不相近的专业技术领域很可能形成一种社会职业必备的技术知识。可以将职业理解为专业和技术领域两者之间的不同组合。我国职业教育共设置 19个专业大类、97 个专业类、1349 个专业。在研究过程中，学者们有必要理顺技术世界的专业化、职业化和技能化的关系。技术世界的专业特征是培养新技术应用型人才的专业基点。美国职业教育研究学者认为，职业教育人才培养具有导向性、适应性和针对性等三个特征①。这三个特征是从技术世界的专业性演变而来的。

2. 实践性

生产和社会实践是人才培养的不竭源泉，人才培养离不开人类社会实践。对于高职院校新技术应用型人才培养而言，技术世界的实践性是培养新技术应用型人才的源泉。社会实践是劳动者的行动体系。康德认为，按照自然规律，实践的原理是"技术—实践"的。马克思对生产领域的实践研究更为透彻。他认为，人类的形成和发展是由技术的生产实践性所决定的。劳动者通过使用生产工具生产产品、改造工艺和系统，同时也在改造自己、提升自我。技术世界的社会实践性具有非常重要的教育价值，尤其是职业教育，人类的活动与环境的变化是一致的。希腊文中的实践是指个体在理性反思下的重复性活动，熟能生巧。也就是说，劳动者的新技术应用需要经过反复不断的训练才能熟练。

3. 经验性

从哲学发展史的角度来分析，有一个惨痛的教训，那就是忽视经验的存在，哲学自身也因此受到忽视经验存在的报复。哲学离不开经验，我们应该永远记住这个惨痛的教训。知识必须恢复到被抽象出来的原始经验。新技术应用型人才培养中的新技术知识来源于产业技术代表的生动经验，这些经验主要划分为初级和高级两种形式。新技术的应用离不开社会实践的经验。经验存在于主客体之间，在主客体互动中起着桥梁或线索的作用，是主客体相互作用的线索。康德认为，"虽然我们所有的知识都是从经验开始的，但这并不意味着它们都是从经验中发源的"②。按康德的逻辑分析，个体所有技术的应用都是从经验开始的，但这并不意味着它们都是从经验中发源的。经验本身不是个体欲知的主要目的，它是个体理解绝对真理的前提。经验是知识产生的外在"物质"，并且技术世界的经验性具有积累的特征。人类社会通过不断的实践，在历史发展过程中积累了大量的经验，

---

① FINCH C R, CRUNKILTON J R, 1999. Curriculum development in vocational and technical education-planning, content, and implementation[M]. Boston: Allyn & Bacon Company.

② 康德，2004. 纯粹理性批判[M]. 邓晓芒，译. 北京：人民出版社.

同时，这些经验帮助个体克服了个人直接经验的狭隘视野和数量的不足。

（三）技术世界的分析方法

在从劳动世界到学校世界的转变过程中，人类不断在努力探索合适的分析工具。职业教育的人才培养经历了从学科系统化的人才培养到以劳动技能为导向的传统资历研究，再到职业科学的劳动研究的发展历程。在第一次世界大战时期，需要培训大量的劳动者掌握手工业的技能。旧式学徒制人才培养效率较低，不能满足人才培养的需要。工作分析被广泛应用于训练计划方案的制订，可以加速熟练工人、各类技能人员和技术应用型人才的培养。工作分析包括工作结构、工作内容、工作范围、工作职责、工作技能和技艺、工作环境、工作心理、工作标准及其在工作组织中的运行关系。从本质上讲，工作分析只是针对某一特定领域里的劳动者所从事的各种活动而进行分析的一种手段，它能够使培训计划聚焦于劳动者的关键活动①。工作分析的首要任务是人员评估和薪酬设计，然后才是对工人技术或技能的训练和应用。初始的工作分析并没有直接应用于高职教育技术技能人才培养领域。弗兰克·吉尔布雷斯是比较早的将工作分析作为职业教育工具的美国管理专家。20世纪初，美国管理学家泰勒最早提出了适用于职业教育的工作分析理论。美国新兴的工作分析以准确描述工作过程、确定工作岗位所需的知识和技能、确定标准工作过程模型和实际工作过程的差异为研究对象。工作分析的任务是将工作过程转化为知识结构，而职业科学研究的任务是工作分析。20世纪20年代，德国企业管理协会和德国工程师协会建立了一种劳动方法，这是最早的根据工作分析特征的资格研究理论。为了提高职业指导中的能力诊断和倾向诊断能力，1965年，莫勒继承了职业分析的传统，并创立了职业分析的理念先河。然而，弗雷林的研究结果显示，劳动科学和劳动心理学领域的资格研究并不能为职业教育人才培养提供直接有效的帮助。职业分析仅适用于专业设置或调整，而工作分析的对象是工作，也不完全适用于技术世界的分析。此外，从方法论的角度分析，德国的典型任务分析源于北美洲的 DACUM（developing a curriculum，教学计划开发）工作分析法的发展，其基础是工作分析和专家讨论。它们需要创造一种崭新的技术世界分析方法，技术分析法应运而生。

所谓技术分析法，是指以产品、过程和系统的生产、服务和管理为重点，从技术类型、技术单元、技术结构等方面对产业技术进行详细的客观描述的分析方法。技术分析法将以往的职业分析与工作分析相结合，并吸收了两者的优势，适用于技术含量较高的职业类型。对新技术或产业技术的分析必须在严格的自我否定规范下进行，尽可能避免一切涉及工作过程的迷惑，进行严谨的、科学的、深入的实践技术探索，深刻剖析技术世界的本质。

---

① 泰勒，2008. 课程与教学的基本原理[M]. 罗康，张阆，译. 北京：中国轻工业出版社.

1. 技术分析法从产业技术角度分析人才培养

20 世纪 90 年代，德国出现了以职业劳动、技术与教育培训三者之间的关系为研究对象的职业技术大学研究，研究内容主要包括职业分析、职业教育过程分析、职业劳动过程分析和技术分析等。天津大学、同济大学等国内的一些高校也已经开始研究这方面的内容。职业教育专家海德格尔总结了生产技术、劳动与劳动组织、教育与人力资源开发三者之间的相互关系。我们可以将生产组织方式看作劳动组织的构成部分，将技术人才的培养看作教育和人力资源开发的构成部分，使生产技术、劳动与劳动组织、教育与人力资源开发三者之间的关系调整为生产技术、生产组织方式与人才培养的三者互动关系。这样，产业技术包括生产技术和生产组织方式。

2. 技术分析法的研究对象是产业技术

中国就业培训技术指导中心编著的《职业课程：职业技能课程的开发理论与实务》一书将技术分析法作为一种能力分析方法，与岗位分析法、任务分析法、项目分析法、产品分析法等分析法归为同一类，并认为技术分析法是指列举职业（岗位）生产的主要产品，然后描述生产这些产品所需的知识、技能、态度和素质，进而得出职业能力结构分析的方法。这种观点失之偏颇。技术分析法的分析对象是技术和产业技术，而不是专业能力。技术分析的结果不能直接映射到专业能力分析的结构上，技术分析的目的是为高职院校新技术应用型人才培养提供客观依据或资源，即提供设计的依据。产业技术的研究主要划分为生产技术和生产组织模式两个方面。生产组织模式分析包括岗位组织和劳动组织等模式的分析。在法国，劳动组织及其劳动活动中知识的演变已成为职业教育研究的一个重要领域。

3. 技术分析法包括三个步骤

技术分析法主要分为专业技术分析、技术单元分析和技术结构分析三个步骤。一是专业技术分析，即对职业教育的专业所对应的企业在产业技术中技术和新技术应用的分析，具体可划分为关键技术类、通用技术类和辅助技术类等三类，每个技术门类又划分为不同的技术单元。二是技术单元分析，即主要对每个技术单元进行分析，着重分析生产工具、工艺、方法、程序和应用实例，获取掌握技术所需的知识、技能和态度。三是技术结构分析，即主要对实体技术、规范技术和过程技术等三个方面开展分析。海德格尔认为，新技术是一种先验的东西，它具有先验的操作控制和有序的结构框架，这种结构框架有助于更好地掌握和应用新技术。

4. 技术专家研讨会是技术分析法的运行模式

技术专家研讨会类似于实践专家研讨会。德国不来梅大学技术与教育研究院的技术专家研讨会就是专门为工作分析而开发的。技术专家研讨会的与会者主要包括专家学者、行业协会代表、企业优秀技术人员、企业管理者、政府工作人员和高校教师，这是一个跨界组合团队。奥恩斯坦认为，技术专家研讨会主要由学科顾问、学习理论家、考官、技术专家和社区代表等五种专家组成[①]。这些专家集体决策，共同总结专业技术、技术单元和技术结构。技术专家研讨会重点围绕如表 3.1 所示的引导性问题展开研讨。

表 3.1　技术分析的引导问题

分析要点	引导问题
新技术类型	1. 生产实践中有哪些典型的新技术类型？ 2. 这些技术类型起到何种作用？
新技术应用过程（经营与工作过程）	1. 在哪些工作过程中涉及该技术生产过程？ 2. 生产哪些产品、流程、系统？ 3. 提供哪些产品、流程、系统？ 4. 前期产品、流程、系统来自哪里？ 5. 如何接受新技术任务？ 6. 完成的产品、流程、系统在哪里被继续加工？ 7. 如何交付完成的产品、流程、系统？ 8. 客户/顾客是谁？
工作对象	1. 工作任务中的操作对象是什么？（如技术产品和新技术应用过程、服务、文献、控制程序） 2. 该对象在工作过程中的作用是什么？（如是操作设备还是维修设备）
工具和器材	1. 完成该工作任务用到哪些工具和器材？（如万用电表、扭矩扳手、计算机及应用程序） 2. 如何使用工具和器材？
工作方法	在完成工作任务时有哪些做法？（如故障查找策略、质量保证方法）
生产组织方式	1. 技术岗位有哪些？ 2. 如何组织安排工作？（如单独工作还是团组工作、工作分工） 3. 哪些级别对工作产生影响？ 4. 与其他职业和部门之间有哪些合作及如何分界？ 5. 员工的哪些能力共同发挥作用？ 6. 照明条件如何？ 7. 环境条件对员工有何影响？（如冷暖、辐射、通风、气、雾、烟、尘） 8. 员工在完成技术操作时采取怎样的姿势？
其他	1. 与其他技术工作有何关系？ 2. 与其他已完成的技术工作的分析有何可比之处？ 3. 与企业中其他承担相同任务的工作岗位有何共同或不同之处？ 4. 是否可能对被分析的岗位或部门进行职业培训？

[①] 奥恩斯坦，2009. 当代美国课堂教学[M]. 严文蕃，等译. 南京：江苏教育出版社.

二、教育世界与技术世界的内在演变

技术与学校之间存在很多的不和谐之处。教育世界主要以学校为主导，学校的主要任务是专业人才的培养；在技术或工业技术的支撑下，技术世界生产了不同的产品或服务。教育世界与技术世界的关系经历了整合、分离、再整合的演变过程。

（一）旧式学徒制时代下教育世界与技术世界的关系

在旧式学徒制的职业教育时代，技术本身就是教育的世界，属于职业教育的元状态形式。个体可以潜意识或无意识地跟随师傅接受专业技术教育，学习技术，掌握技能，发明创新。劳动与教育的天然结合孕育了个体的创新创造能力。作为一个教育单位，企业的主要劣势是其适合生产产品而不是学习。企业或工厂里的机器总是被期望在最佳状态下连续运转，生产出尽可能多的高质量产品，而不是合格的学生。

（二）工业革命时代下教育世界与技术世界的关系

随着工业革命的发展，技术世界和教育世界逐渐分化，渐行渐远。起初，为了帮助贫困儿童，人们创办了一些具有扶贫性质的劳动学校，开设了纺织、织造、毛纺等手工艺课程。在这些救济扶贫性质的劳动学校里，教学的重点是简单的手工技能的传授，为救济儿童提供一定的劳作技巧训练。后来，随着工业革命的快速发展，旧式学徒制逐渐瓦解，这直接导致了一种新的职业技术教育形式的诞生，出现了一批以培养个人新技术、新技能为重点的机械工人讲习坊或培训机构。技术世界与教育世界分化最终导致的结果是工作场所的教育属性逐渐丧失，工作成了一种有目的的活动[1]。当劳动的成果在劳动过程之外时，作为一种纯粹的报酬或生计目的，劳动仅是实现这个目的的手段，劳动成为一种被迫的重复活动，劳动乐趣无从谈起。工作本身的教育价值已大大降低，工作场所不再是职业教育培养的主阵地，工作场所学习主阵地逐渐被学校广泛开展正规学习取而代之。这时专门的职业教育机构，即职业学校顺势而生。职业学校一般由国家财政资助，没有经济压力，这就为年轻学生提供了一个工业环境，可以重现成人生活，为未来的劳动世界做准备。教育世界与技术世界的相分离，最终导致的结果是技术知识逐渐脱离具体的工作情境，以编码符号的方式出现在学校职业教育人才培养中。技术知识可以通过正规教育方式获得。教育世界与科技世界的相分离，也暴露出许多问题，如学校的学习内容与企业的工作岗位内容脱节，学校职业教育人才培养规格无法满足企业真实需求等。高职院校学生作为新技术人才的储备，在很大程

---

① 杜威，1990. 民主主义与教育[M]. 王承绪，译. 北京：人民教育出版社.

度上失去了与技术的密切联系。20 世纪 90 年代，美国出现了就业困境，这与人才培养远离职业、学生远离工作岗位需求有着重要联系。

（三）现代职业教育时代下教育世界与技术世界的关系

为了解决教育世界与技术世界分离后出现的问题，各国政府和专家学者都在探索如何将两者深度融合的途径和方法。例如，美国职业教育开始强调个人能力和技能的培养，实施从学校到工作的过渡方案。德国哲学家哈贝马斯所研究的就是如何将可发展的技术知识融入社会生活世界的实践意识中。德国"双元制"是技术世界与教育世界深度融合的典范。从教育世界返回技术世界，认知的目的是消除与我们相对的客观世界的陌生感，使我们在这个世界上有一种"家"的感觉①。新技术应用型人才的"故乡"是技术世界，培养新技术应用型人才要努力营造这种回归"家"的感觉。技术是人类的生存方式，产业技术是劳动者实践的场所。近几十年来，世界工业发展版图和生产方式发生了翻天覆地的变化。新工业革命和产业革命极大地推动了科学在生活中的应用和技术进步，与工业相关的职业在世界上的地位愈发重要，并逐渐集聚了越来越多的优秀人才。杜威曾认为，产业变革的社会重要性大幅度提高，这必然使学校教育与产业生产的关系变得重要。重新关注产业技术的变化，可以使新技术应用型人才培养的主客观关系更加客观。随着世界各国已经或将要发生重大的技术发展，教育的功能就是让人们能够更好地生活在这个科技发展和技术进步的伟大时代。

三、技术世界对新技术应用型人才培养的规定性

只有在技术世界里，我们才能发现什么是新技术应用型人才的培养，为什么培养新技术应用型人才，如何培养新技术应用型人才。庄子曰："命物之化而守其宗也。"对于高职院校新技术应用型人才来讲，技术世界是培养新技术应用型人才的天命所在。

（一）技术世界对新技术应用型人才培养目标的规定性

随着技术世界的发展，高职院校新技术应用型人才培养目标也在不断调整，我国政府出台的一些政策文件对此有明确的阐述。培养发展型、复合型和创新型的技术应用型人才是职业教育的人才培养目标，该目标为确定新技术应用型人才培养目标提供了依据。产业转型升级和企业技术创新对新技术应用型人才培养的目标产生了非常重要的影响。《现代职业教育体系建设规划（2014—2020 年）》中对产业技术与人才培养两者的关系有着重要的阐述：一是建立产业结构调整驱动专业改革机制，二是建立产业技术进步驱动课程改革机制，三是建立真实应用驱

---

① 黑格尔，1980．小逻辑[M]．贺麟，译．北京：商务印书馆．

动教学改革机制。这三条是高职院校新技术应用型人才培养的指导思想。其中，关于建立产业技术进步驱动课程改革机制，文件明确规定："适应经济发展、产业升级和技术进步需要，建立国家职业标准与专业教学标准联动开发机制。按照科技发展水平和职业资格标准设计课程结构和内容。通过用人单位直接参与课程设计、评价和国际先进课程的引进，提高职业教育对技术进步的反应速度。到2020年，基本形成紧密联系、特色鲜明、动态调整的职业教育课程体系。"《国务院关于加快发展现代职业教育的决定》提出了五个对接，要求职业教育人才培养与产业技术深度融合，即"推进专业设置与产业需求对接，课程内容与职业标准对接，教学过程与生产过程对接，毕业证书与职业资格证书的对接，职业教育与终身学习对接"。上述国家职业教育相关政策和文件传递出一个明确的信息：高职院校新技术应用型人才培养必须适应产业技术变革的需要，探索以产业技术进步为动力的新技术应用型人才培养机制，是未来很长一段时间高职院校技术应用型人才培养的重要任务。

（二）技术世界对新技术应用型人才培养内容及其组织的规定性

1. 技术世界关于理论与实践相结合的新技术应用型人才培养内容的规定性

技术世界开发的新技术应用型人才培养内容属于理论与实践相结合的知识连续体，它上承科学知识，下聚实践经验，具有理论与实践的双向互动性，即一体化的学习内容。产业技术的实践性决定了新技术应用型人才培养理论与实践相结合的特点。高职院校新技术应用型人才培养包括理论环节和实践环节。理论环节内容在普通教室讲授，实践环节内容借助实训项目在实训室或合作企业开展。理论与实践的二分法人为地将理论与实践原有的双向互动的技术知识连续体割裂开来，不符合产业技术的实践性特征。我们可以继续区分新技术的理论知识和新技术的实践知识，但需要把它们统一在技术知识的整体形式上，统一在概念、设计、实施和操作四个运行环节中。

2. 技术世界对新技术应用型人才培养实践的规定性

实践是主体与客体的双向互动，技术中的主体与客体的双向互动过程应纳入新技术应用型人才培养的影响因素之中。从产业技术的哲学蕴涵进行分析，产业技术的本质就是实践的。现代技术具有规模化、程式化、企业化的特点，它以一种完全不同于自然思维的方式建构个体行为，无意中疏远了人与自然的"自然和谐关系"。同时，新技术的应用使个体成为技术专业化过程中的留守者，也就是说，新技术的应用主要是产业技术内在包含了人，内在包含人与物的相互作用。这就需要体现在将产业技术转化为新技术应用型人才的培养上。

3. 技术世界的实践逻辑对新技术应用型人才培养内容组织逻辑的规定性

在技术世界的实践中有一种逻辑,一种并非逻辑的逻辑,我们应该尽量避免从实践中要求某种连贯性,或对技术世界强加牵强的连贯性。这种逻辑既不是学科知识的内容组织逻辑,也不是强调工作任务联系的工作逻辑。它存在于主体与客体的双向互动过程中,作为一个场域的存在,它构成了人才培养存在的场所,并能够满足人才培养内容组织的多样化需求。

(三)产业技术空间发展体孕育新技术应用型人才

产业技术的界定是由生产技术与生产组织模式的相互作用下的转化规律所决定的。产业技术可以用以下三个指标来描述。

1. 结构技术指标

结构技术指标主要包括四个标准:基础技术、主体技术、常用技术和相关技术。也有人将其分为实验技术、共性技术、应用技术和专有技术等四个指标,这种划分以技术需求者的数量特征为标志,实验技术是少数个体的需求,共性技术是多数个体的需求,应用技术是部分个体在相应领域的需求,专有技术是单个个体的需求。

2. 技术发展指标

技术发展指标分为五个层次:前沿技术、先进技术、中间技术、初级技术和原始技术。美国社会哲学家芒福德将机器系统和机器文明划分为始生代技术时期、古生代技术时期和新生代技术时期三个连续但又相互重叠、相互渗透的阶段[①]。每个阶段都是不同的技术系统。在能源和典型材料的使用方面,始生代技术时期主要以"水能—木材"系统为主,古生代技术时期主要以"煤炭—钢铁"系统为主,新生代技术时期主要以"电力—合金"系统为主。每个技术时期成长的核心都在系统内。

3. 技术装备水平指标

为了反映人类社会工艺装备技术水平的差异,世界上从手工操作到自动化共有17个层次。一般来说,用自动化、半自动化、机械化、半机械化和手工工具等五个层次来表达技术装备的程度。例如,数控机床、计算机辅助设计、计算机辅助制造、柔性加工系统、计算机集成制造系统等,都是自动化技术的体现。在技术体系的历史演进过程中,先后有古代技术体系或人工技术体系、蒸汽技术体系、

---

① 刘易斯·芒福德,2009. 技术与文明[M]. 陈允明,王克仁,李华山,译. 北京:中国建筑工业出版社.

电力技术体系、自动化技术体系，以及正在形成中的信息技术体系。结构技术指标、技术发展指标和技术装备水平指标等三个指标也是产业技术识别的三个维度，这三个指标构成了产业技术空间的体量，我们称之为产业技术空间发展体。

在特定的历史时期，产业技术空间发展体不仅是一个没有分离的、连续存在的整体性空间，而且是一个连续性的客体。历史经验告诉我们，产业技术空间发展体不能仅单纯地追求越大越好。企业必须结合自身实际需求，构建适合自己的产业技术发展空间，以突显企业的最大竞争力。因此，不同企业的产业技术存在差异和不连续性，这些空间形态大多转变为碎片化空间，这在服务外包型企业中表现得尤为明显。产业技术结构是高职院校新技术应用型人才培养的矩阵，它内在地规定了新技术应用型人才培养的内容、横向和纵向的组织边界。产业技术空间发展体是一种普遍化的唯物主义，它总是随着技术的进步和新技术的应用而动态调整，赋予新技术应用型人才足够的深度、广度和动态调整性。泰勒认为，探索学习经验的组织，可以从一个领域到另一个领域的角度来分析学习经验之间的关系。其中，一个领域是产业技术空间发展体，另一个领域是人才培养。这种跨领域的设计思维使新技术应用型人才培养不同于学科系统化的静态人才培养，而是一种生态系统的技术应用型人才培养范式。

产业技术由工作岗位（群）和工作过程组成。工作岗位（群）具有动态调整的功能，是企业生产组织方式的重要组成部分。工作过程主要由对象、工具、工作方法、劳动组织和要求等五个要素组成。这五个要素是对产业技术组成要素的划分、提炼和整合，并存在于产业技术中。因此，对工作岗位（群）和工作过程的分析无法揭示新技术应用型人才的真正来源。产业技术发展体是新技术应用型人才培养的母体，还要对产业技术发展主体和产业结构进行区分。产业结构一般是指第一、二、三产业的比重组成。产业结构调整不仅是专业课程建设，而且推动了新技术应用型人才培养改革，这在我国相关文件中有明确规定。例如，《教育部 财政部关于进一步推进"国家示范性高等院校建设计划"实施工作的通知》（教高〔2010〕8 号）指出，积极适应区域产业结构升级的需要，适时调整专业结构。《教育部关于充分发挥行业指导作用推进职业教育改革发展的意见》（教职成〔2011〕6 号）指出，根据行业企业的产业发展和岗位职业能力标准所涵盖的技能和专业精神，按照知识要求，指导制定相关试点专业人才培养方案。《现代职业教育体系建设规划（2014—2020 年》也提出要建立产业结构调整机制，驱动技术技能人才培养专业改革。2021 年 10 月，中共中央办公厅、国务院办公厅印发《关于推动现代职业教育高质量发展的意见》，明确提出要围绕国家重大战略，紧密对接产业升级和技术变革趋势，优先发展先进制造、新能源、新材料、现代农业、现代信息技术、生物技术、人工智能等产业需要的一批新兴专业，鼓励学校开设更多紧缺的、符合市场需求的专业，形成紧密对接产业链、创新链的专业体系。2022 年 12 月，中共中央办公厅 国务院办公厅印发《关于深化现代职业教育体系建设改革的意见》，提出坚持以教促产、以产助教、产教融合、产学合作，延伸教育链、服务产业链、支撑供应链、打造人才链、提升价值链，推动形成同市场需求相适应、同产业结构相匹配的现代职业教育结构和区域布局。

（四）产业技术模块化决定新技术应用型人才培养模块化

1. 新技术应用型人才培养的横向和纵向的组织边界

产业技术空间的体量自然提供了新技术应用型人才培养的横向和纵向的组织边界。横向组织是指新技术应用型人才培养内容的广度和深度；纵向组织是序列，是指学习内容的有机描述顺序。这两个组织维度都具有整合性的特点，使得新技术应用型人才培养体系具有深度与平面的视域融合。学科体系、能力本位和系统的工作流程的人才培养，这三种新技术应用型人才培养体系需要人们自觉建构横向和纵向的组织边界，并容易出现深而窄或宽而浅的臃肿症状。新技术应用型人才培养体系脱胎于产业技术空间的体量，其边界有着天然的参照物，一般不会发生偏离。

2. 新技术应用型人才培养的四个层次

产业技术结构指标决定了新技术应用型人才培养的基础技术、主体技术、常用技术和相关技术等构成的四个层次。新技术应用型人才培养体系包含专业基础、专业核心、专业支撑和专业发展等四个模块。产业技术结构的四个层次不是简单的物理累积关系，而是复杂的、相互联系的多元领域构成，它们彼此相互重叠、相互交叉、相互阻碍、相互强化。因此，新技术应用型人才培养的四个层次实际上是纵向深度与横向深度的场域关系。这四个层次与产业技术模块化所确定的新技术应用型人才培养过程模块是一致的。

3. 新技术应用型人才培养内容的广度和深度

技术发展指标影响新技术应用型人才培养内容的广度和深度。先进性、前沿性和应用性是选择新技术应用型人才培养内容的具体标准。学生的学习内容和学习时间应该更多地投入到前沿技术和技术应用方面。原始技术和初级技术涉及较少，基本可以作为概论内容。需要指出的是，受各种因素影响，企业采用的技术并不是同一个时代最先进的技术，而是次优的技术。

4. 新技术应用型人才培养的专业化水平

技术装备水平指标影响新技术应用型人才培养内容的顺序，直接反映新技术应用型人才培养的专业化水平。例如，根据工作岗位任务分析，数控技术专业的人才培养主要包括绘图、手工加工、普通机床加工、数控机床加工等工作任务，以这些工作任务为中心，划分相应的课程类别，如开设绘图、钳工操作、普通机床加工和数控机床加工等专业课程。在分析工作任务的基础上，构建新技术应用型人才培养体系。通过深入研究发现，上述新技术应用型人才培养方案的逻辑主线不是工作任务，而是根据技术装备水平指标进行的序化。此外，技术装备水平指标决定了新技术应用型人才实习实训的硬件配置标准。

通过技术模块分解和技术模块集中的过程，将复杂的产业技术系统分解为各独立的组件，再将各独立的组件通过即插即用接口联结成一个完整的系统。这个过程是企业内部各要素之间经过长期博弈而形成的。对应关键技术模块、通用技术模块和系统技术模块等产业技术模块，应该设置相应的专业核心模块、专业基础模块和专业支撑模块。此外，结合产业技术的快速发展和创新性，还应该相应设置专业拓展模块。同时，还要把公共基础课设置为人才培养的通用模块。综上，新技术应用型人才培养的课程模块主要包括以下五个：新技术应用通识课程模块、新技术应用专业基础课程模块、新技术应用专业核心课程模块、新技术应用专业支撑课程模块、新技术应用专业拓展课程模块。这些模块以产业技术为支撑，以产品生产活动为主线，指向个体新技术应用的培养。每个人才培养模块包含一个或多个专业。学生每完成一个人才培养模块的学习，就能掌握相应的技术技能，养成一定的技术应用能力。产业技术的接口决定了新技术应用型人才培养各人才培养模块的接口。新技术应用型人才培养的模块界面不再完全按照知识的难度和内在逻辑来排序。流水生产线的工序过程同步（接口）技术对新技术应用型人才培养的接口具有重要的启示。不同的新技术应用型人才培养专业模块可以并行设置，节点融合，这种安排是非常好的选择，但也存在一个很大的不足，即不同的新技术应用型人才培养专业模块通过双向接口连接起来，并指向一个方向的单向流动。此外，还要探究并行模块之间的接口以及每个模块之间的双向交互。新技术应用型人才培养的专业模块匹配与整合具有不确定性、有限的可预测性、多重选择性和张力性，最终形成新技术应用型人才培养的系统化整合体。

第二节　新技术应用型人才培养与人性相结合

德国教育家克拉夫基认为，教育是客观世界和主观世界的双重发展，即物质现实和精神现实的双重发展。这一观点真正体现了高职院校新技术应用型人才培养的精髓，也是新技术应用型人才培养的核心价值取向。高职院校新技术应用型人才培养价值取向的基本趋势主要体现为科学与人文相结合、社会需求与学生需求相统一。科学主义控制下的人才培养价值取向，主要注重学科自身逻辑体系的科学作用；人文主义控制下的人才培养价值取向，主要注重培养学生的情感、意志和价值观。高职院校新技术应用型人才培养的"人文"是指技术知识和技术本身所蕴藏的人文性，并不是要专门开设人文专业或相关课程。高职院校新技术应用型人才培养的客观世界就是技术世界，主观世界是新技术应用型人才的个体世界；前者是技术知识的物质存在，后者是人文知识的精神存在。高职院校新技术应用型人才培养的价值取向主要体现为个体发展与技术世界的融合。

一、技术的自主性及其弊端

技术中藏匿着非人性的要素，此种非人性的要素是技术自主性的附属品。对于技术，歌德曾发出这样的感慨："啊，进攻！技术还是精神？"技术属于物质的，而并非精神的。物质的技术具备自主性的特征。法国技术哲学家埃吕尔（Ellul）在其著作《技术的社会》和《技术的规则》中系统地阐释了技术自主性的理念。所谓技术自主性，是指技术从一般应用情境中分离出来，各种技术的自由组合构成某种相对独立的力量，各自的独立性很强。现代社会的主导力量是技术，不再是资本。由技术进步到生产技术再到产业技术是技术自主性的具体演进路径。产业技术自主性倘若获得，就会按照自身内在逻辑转化为外部影响，形成影响新技术应用型人才培养的决定性力量。技术已经成为现代社会最重要的社会现象，并相对独立于人类与社会的干预而自我决定。在社会中，技术活动开展得越多，人的自主性就越少。所以，技术自主性也存在一些弊端。

（一）单向度的人

技术自主性的两极分化发展使整个工业社会成为一个单向度的极权主义社会，企业也成为单向度的企业。技术理性对人的自由的剥夺，压制了劳动者内心的消极、批判和创造性向度，使劳动者成为单向度的人。技术的世界构成了劳动世界，而非劳动者世界。技术和产业技术的自主性使自身逐渐变得强大，而物性方面也越来越凶猛。在强大的压力下，劳动者逐渐被机器控制，成为机器设备的小零部件。技术的应用将人类简化为一种技术动物，并被技术所奴役。劳动者被自己生产的机器奴役，并成为自己物品的奴隶。劳动者在本应属于自己事业的劳动中，不是快乐地肯定自己，而是忧愤地否定自己，他们感受不到劳动的快乐，却常常自我否定。18世纪，技术哲学家拉美特利从机械唯物主义的立场出发，坚持认为物质是唯一的实体，提出了"人是机器"的论断。在技术世界里，个体被机器奴役，并成为社会这个巨大机器的一个零件。也正是技术进步及其应用导致了极权主义性质的工业社会的形成，使得个人逐渐成为单向度的人。

（二）人性缺失

埃吕尔认为：技术社会不是也不可能是一个真正的合乎人性的社会，因为技术社会将物质放在首位而不是人，技术社会阻碍了劳动者价值的形成，禁止我们追求道德精神；再者，有了技术的地位，就意味着文明无法发展[1]。刘易斯·芒福

---

① ELLUL J, 1970. Technological society[M]. New York: Vintage Books.

德认为，由于技术社会那不断发展的特性，技术社会倾向于成为剥夺人性的最尖锐的形态①。企业依靠生产物质产品或服务来追求经济效益，劳动者、机器和设备都要围绕经济效益这一核心来运转。技术对企业经济效益的贡献度越来越高，逐渐蚕食了企业对劳动者的重视，技术的应用相较于个体劳动者有着压倒性的优势。随着企业成为技术主导的场所，劳动者不得不抹去锋芒，以适应技术主导的工作世界，从而逐渐丧失个性，成为普通的一员。现代职业教育顺应技术世界的强烈要求，以订单式、学徒制等方式培养人才，进一步加重了个体人性的缺失。

（三）束缚创新性

"新技术"一词具有"揭示自身发展"的含义。然而，当新技术应用与程序化生产活动相结合时，容易忽略学生经验的本质，更注重学生个体的工作行为，导致工作任务主导的新技术应用型人才培养越来越僵化，培养的人才创新能力不足。技术脱离了人性，束缚了劳动者个体的创新性。按米切姆的观点分析，劳动者成为"生产的人"，而不是创新的人，这是高职院校技术应用型人才培养中普遍存在的现象，尤其是在注重效益的市场经济体制下特别明显。长井对日本的大学进行批判，认为日本的经济发展了，大学也发展了，然而日本的大学既没有产生技术创新，也没有刺激日本的经济发展。美国高校协会在《高校人才培养体系的完整性：致学术团体的一份报告》中总结认为，人才培养体系要让位于市场规则：在教室的超市里，学生是购物者，而教师只是知识零售商。

二、新技术应用的人文性

德国哲学家海德格尔虽然坚持悲观主义的技术观点，但他仍然不承认技术是人类时代的"天命"，"天命"一词所指的是一个不可违背的过程，即必然选择。哪里有压迫，哪里就有反抗。面对被技术奴役的劳动者的命运，人类是否失去了反抗的机会而变得绝望？不言而喻，答案是否定的。新技术应用的人文性为劳动者打开了另一扇充满阳光的窗户。从技术价值的角度分析，它经历了从强调效益到关注人情等人文因素的回归过程。新技术应用的人文性回归可以分为文化嵌入、文化资本和文化再生产三个过程。

（一）文化嵌入

回归技术世界的理念，可以保证高职院校新技术应用型人才培养中所固有的技术客观性。然而，从人才培养内容分析，新技术应用型人才培养不包含人文知识。有学者研究发现，新技术应用型人才培养体系建设需要增设人文类学科，这种观点是片面的。技术和产业技术都有自己的人文性。

---

① 刘易斯·芒福德，2009. 技术与文明[M]. 陈允明，王克人，李华山，译. 北京：中国建筑工业出版社.

1. 技术作为一种文化载体具有嵌入性

不同社会形态、不同历史时期承载着不同的文化知识。文字、音乐、建筑都承载着具体的文化。技术作为一种文化载体，区别于其他一般的文化载体，它既可以是具体的，也可以是抽象的。这项充满文化气息的新技术锐利如刀，轻而易举地切入其他社会层面的落后水平，势如破竹般地扫除旧势力、旧文化。

2. 技术就是文化，其自身具有文化的嵌入性

技术总是承载着不同的文化格式塔，承担历史的、社会的、价值的设计。技术不是一种完全冰冷的物理属性，它本身就承载了时代的人文气息。如何在新技术应用型人才的形成过程中凝聚文化知识与人文气息？这与技术本身的不确定性紧密相关。技术是一种在不同可能性之间发展的双重性的过程[①]。有必要考虑新技术作为一种服务手段的用途。一是新技术一定要服务于企业生产过程，服务于产品的设计、生产、流通和使用。二是文化的内容在新技术的形成过程中沉淀，社会文化在技术的形成中发挥作用。一旦来自社会文化的内容内化为技术的固有组成部分，这些技术将服务于特定的目的。上述两点技术的用途，费恩伯格称之为技术的二重性，都源于技术的不确定性。新技术应用或产业技术的文化到底意味着什么？主要与人的敬业精神、创新意识等因素有关。新技术应用中蕴含的精神因素又称为职业技术或工匠技术，即与相关人员的职业活动紧密相关的技术。对新技术应用型人才的文化性探讨并不是对技术进行机械主义的精神化，而是为文化性与人性相结合的新技术的应用提供坚实的基础。德国科学家基默尔提出，应用技术的目的是使人类摆脱自然的限制，通过奴役物质获得自由。新技术应用的本质是服务于人类的精神创造活动。此外，技术发展成为产业技术，其主要作用就是一种文化反映，可以直接反映个体的内心世界。亚里士多德曾经说过："很明显，应该教学生一些有用的东西……然而一味地追求实用性往往无法创造自由、高尚的灵魂。"[②]

3. 技术的文化嵌入让人类对未来充满期盼

目前，主要包括技术乐观主义、技术悲观主义和技术批判主义等三种技术观点。虽然技术世界呈现出冷酷和不人道的一面，但它也呈现出积极的一面。人类应该积极乐观地看待技术世界，并对技术世界充满期盼。法国哲学家福柯研究发现，技术对人类具有很强的塑造性[③]。人是技术规训的产物。人性是在各个不同历

---

① FEENBERG A, 2002. Transforming technology:a critical theory revisited[M]. New York: Oxford University Press

② 亚里士多德, 1959. 形而上学[M]. 吴寿彭, 译. 北京：商务印书馆.

③ 福柯, 2015. 自我技术：福柯文选 Ⅲ[M]. 北京：北京大学出版社.

史时期的知识类型中建构的。产业技术进步与新技术的应用内在蕴含着劳动者角色和不同技术知识体系的演进脉络。当技术成为一种竞争因素时，实践性职业教育从自由教育传统中赢得了一席之地①。这样，新技术应用背景下的劳动才能更好地实现自身的价值，在工作实践中自我发展。

（二）文化资本

产业技术是一种文化。技术向产业技术内生演进的过程是一个文化嵌入性逐步深化和提升的过程，是技术文化嵌入的资本化过程。文化嵌入产生了文化资本，并最终演进为一种文化霸权。产业技术同样也是一种资本，与布迪厄的"文化资本"概念有着异曲同工之妙。正如经济资本可以积累一样，产业技术作为资本，在内部影响企业的再生产，从而产生经济效益；对外依存的象征性暴力影响着高职院校新技术应用型人才的培养。产业技术资本在积累过程中形成了一种霸权，这种霸权使个体权力更加细化。产业技术霸权是无形存在的。人们通常选择性地对它视而不见，只把它的存在看作一种生产技术。在某种程度上，产业技术霸权是"隐，故不自隐"。安德鲁·芬伯格认为，实体理论赋予技术以独立的文化力量，技术构成了一种新的文化体系，它优于一切传统价值观或竞争价值观②。技术的焦点已经由自然控制转向社会控制③。因此，这种文化系统已经把整个社会世界重构为一种控制对象。批判性课程理论学者提出，知识属于文化资本的一部分。对他们而言，新技术应用型人才的培养不仅是一个技术问题，更是一个政治问题。新技术应用型人才的培养作为"政治问题"的一门专业课，产业技术只能起到第一位的作用，这是由产业技术的内在资本决定的。劳耐尔认为，不同利益集团（如劳资双方）在决定技术发展能力时，权力最终起着决定性的作用。

（三）文化再生产

根据泰勒的人才培养方案编制的四个经典问题，美国批判教育研究专家阿普尔相应提出了四个有针对性的问题：其一，这是谁的知识？其二，由谁选择知识？其三，为什么要这样组织，并以这种方式来传授知识？其四，对这个特殊群体有利吗？针对这四个问题，特别是前两个问题示意大家，学校和其他社会机构相同，已变成经济文化再生产的机构，是不同权力的文化的经济群体相互竞争、相互争夺的场所。当代马克思主义者提出，知识是文化资本的重要构成部分。学习者拥有了知识，就拥有了资本，这在一定程度上决定了他们在社会阶层结构中的作用和地位。企业作为经济再生产单位，在新技术应用型人才培养的过程中具有决定

① 徐平利，2010. 职业教育的历史逻辑和哲学基础[M]. 桂林：广西师范大学出版社.

② FEENBERG A, 2002. Transforming technology:a critical theory revisited[M]. New York: Oxford University Press.

③ 莱斯利·A.豪，2014. 哈贝马斯[M]. 陈志刚，译. 北京：中华书局.

性的话语权和绝对的权力，而学校则相对处于弱势地位。更准确地说，企业的产业技术是最有价值的知识和一种绝对权力的象征性暴力。高职院校新技术应用型人才培养是一种社会管理体制，组织培养新技术应用型人才，必须符合其在社会系统中应有的职责与功能，必须能够体现产业技术的文化霸权。这是高职院校新技术应用型人才培养过程中必须面对的事实。

1. 新技术应用的文化再生产以技术建构主义为基础

新技术应用的文化再生产以技术建构主义为基础，它主要注重社会性和人文性的相关介入，注重建构的生成性。新技术应用不是简单的手段，而是一种展示。技术限制和强迫自然，同样也限制和迫使个体。德国科学家德韶尔提出，技术的本质不是工业制造或商品本身，而是一种创造性的行为①。新技术的应用可以帮助人们与事物本身建立积极的联系，这是以康德思想为基础，最终超越康德思想的前卫观点。新技术的应用过程就是文化再生产的过程。

2. 产业技术的文化再生产与其生成性紧密联系、不可分割

虽然产业技术是以满足社会需求为出发点，但是产业技术一旦产生，就有其独特的发展逻辑和脱离周围环境的结构组织。从某种角度分析，产业技术是一个自组织体系。根据自组织理论，系统从无序到有序的演化是通过随机波动实现的，自组织的机制是波动的顺序。产业技术的发展呈现出明显的随机波动，在湍流中最终实现超循环，对外与环境进行物质、能量和信息的交替互换，对内不断解构和生成。产业技术的生产过程本身就蕴含着"表现"，即它能使自身感性化，给自身可能的结构。产业技术这个过程也称为配置过程。产业技术发展体不是简单的空间划分，而是具有一定文化特征的、相对独立的和指向产品生产的并具有社会属性的场域，其主观的东西也包括在内。

教育的基本原则是以现有世界中的所有文化引导人类灵魂的源头和根基。将新技术应用型人才培养作为复杂问题来处理，这是教育专家必须意识到并加以推动的，教育专家应该有意识地将经济逻辑与技术逻辑、社会逻辑与文化逻辑有机结合。综上所述，人才培养是社会文化的再生产，高职院校新技术应用型人才培养是产业技术的再生产过程，也是广义的文化再生产。

三、人是新技术应用的主人

（一）新技术应用与人性的相互作用

新技术应用的本质是物质的和劳动的。人性的根本是精神的和自由的。两者

---

① 王飞，2007. 德韶尔的技术王国思想[M]. 北京：人民出版社.

分别属于德国教育家克拉夫基所倡导的物质现实和精神现实。但在本质上，每一个现实都具有物质的和精神的两极性[①]。新技术应用型人才培养亦是如此，它应该包含由技术构成的物质极和由人性支配的精神极，以及两者之间的相互作用。新技术应用与人性的相互作用，根本上是物质现实与精神现实的相互作用，或者说是客体与主体之间的相互作用，这种相互作用是一种合成过程与自我形成过程。技术是人类赖以生存的基础。马克思和恩格斯指出，人与动物最本质的区别在于劳动。这里的劳动主要是指以技术为基础的生产实践活动。马克思站在历史唯物主义的立场上，把技术与人的本质密切相连。马克思认为，技术是人与自然的动态关系，是劳动对象化的过程，也是人的物质性生产活动过程。技术的本质与人的本质是内在统一的，即技术实践的观点。

我们采用牛顿第三定律来解释新技术应用与人性的相互作用。牛顿第三定律指出，每一个作用总是有一个相等的反作用与它对抗。在力学中，作用者和受影响者都处于一个具有相同性质的系统，两者在相互作用中互为因果关系。然而，牛顿第三定律在技术行为上也有例外。主体不受客体的影响，并逐渐独立化。安德鲁·芬伯格指出，技术是辩证的统一体，在更高层次的技术情境中，主体与客体的关系得以恢复。新技术的应用从"硬"和"软"两个方面对主体的发展起着重要作用。首先，作为主体的技术融合与凝练的技术能力，有助于主体在征服和改造自然的过程中拥有"硬"武器。其次，新技术应用的人性化渗透并滋养着主体的内心世界，使主体的精神世界得以自由发展，并使主体成为具有现代性的自由人。技术具有极其重要的认识论特征，使人性逐渐被"软"化。事实上，在新技术应用与人性的相互作用中，技术与个体人性的建构相互生成，两者呈现出明显的自主性成长。新技术应用不仅仅是人工制品的原材料或物质，更是将自身转化为目的的技术手段。新技术应用为人类社会的发展提供了发展机遇，人类个体的发展逐渐成为一个目标。因此，在新技术应用与人性的相互作用中，两者逐渐趋于统一。雅斯贝尔斯认为，"真正的超越意味着离开客体进入非客体"[②]。新技术应用和产业技术不再是一个简单的"对象之物"，它推进人性发展实现了自我超越。

（二）新技术应用服务于人性的发展

技术是人类智力的实际应用，这个定义是美国著名技术哲学家费雷从技术与人性两者互动的角度分析而得出的。费雷认为，技术主要存在于人类文化活动中，技术对推动人类智力的应用和发展起着重要作用。在这里，费雷阐述的智力主要是指个体的技术技能。费雷将技术定义为一种主体性思维，它标志着技术认知的

---

① 怀特海，2012. 过程与实在[M]. 李步楼，译. 北京：商务印书馆.

② 卡尔·雅斯贝尔斯，2018. 论历史的起源与目标[M]. 李雪涛，译. 上海：华东师范大学出版社.

思维转向。主体性和人文性的发展是终极目标，而技术则是为这一目标服务的。马克斯·韦伯认为，"我们想要的不是因为它本身的价值，而是作为一种手段来服务于我们最终想要的"①。技术和由技术发展而来的新技术应用型人才培养方案是"我们想要的东西"，可以看作培养新技术应用型人才的手段。新技术应用型人才培养的目标是寻求手段的目的性，即解决新技术如何服务于人性发展的问题。

强调新技术的应用并揭示个人发展的可能性，这是技术哲学的历史使命。技术哲学包括两个独立的传统：工程技术哲学（或称技术哲学）和人文主义技术哲学。工程技术哲学主要论述技术的本质和认识论、方法论的特征，主要反映工程技术人员的思维特点。人文主义技术哲学主要从技术之外的社会和人文视域下采用非技术的或超技术的观点来阐释技术的含义，体现了人文社会哲学家的思维特征。20 世纪六七十年代，工程技术哲学和人文主义技术哲学开始相融合，共同关注人的发展。德国存在主义哲学家雅斯贝尔斯也发现了技术对人类发展的可能性，并提出人类社会已经处于科学技术时代。在这个时代，我们不仅要看到科技给人类带来的威胁，更需要看到科技给人类带来的重大发展机遇。技术是一种手段，需要人的引导，于是，人成为技术应用的主人②。雅斯贝尔斯认为，"技术的局限性在于它不能脱离自身而存在，其自始至终就是一种手段"③。技术是威胁到人类，还是给人类带来机遇，主要取决于人类自身。技术既能给人类带来危险，也能给人类带来机遇。职业教育的运行中心不是学校或企业，而是经过培训的劳动者自身。新技术应用型人才培养的最终目标是通过专业人才培养方案把学习者培养成为新技术应用型人才。在主体性思维方面，个体在实施新技术应用型人才培养方案实施过程中再生产自己。

（三）新技术应用型人才的人文主义

新技术应用型人才的人文主义是考察新技术应用与人性相互关系的理论，它融合了技术主义和人文主义两种不同的观点。从历史的角度分析上，技术主义与人文主义的论争和力量不分彼此。人文主义者的基本态度是提倡回归自然，他们排斥科学技术，排斥工业文明。历史人文主义理论存在非常大的缺陷，它对人的本质和人的发展是由社会的物质生产条件决定的视而不见，只是用抽象的文化概念来探讨个体的需要。在人文主义培育下发展起来的个体，毫无反抗之力，在职场上显得非常弱小，难以符合现代企业对人才需求的标准。因此，我们应该为人文主义寻找一个牢靠的客观性物质基础，这个坚实的基础就是新技术应用。技术主义强调科学技术对人类发展的决定性作用。但是新技术应用具有一定的危险性，

---

① 马克斯·韦伯，1999. 社会科学方法论[M]. 李秋零，田薇，译. 北京：中国人民大学出版社.

② 叔斯勒，2008. 雅斯贝尔斯[M]. 鲁路，译. 北京：中国人民大学出版社.

③ 同②.

因为技术使个体在存在中产生异化。1955 年 7 月 15 日，包括玻恩·海森堡和居里夫人在内的 52 位诺贝尔奖获得者在《迈瑙宣言》中指出，科学技术是人类迈向幸福生活的道路，同时也向人类提供自杀的手段。技术在人类面前是一把咄咄逼人的双刃剑，它不仅可以将学习者武装成新技术应用型人才，也可以使工人沦为技术工具下的奴隶或工具。因为新技术应用与企业生产的实际利益息息相关，在高职院校新技术应用型人才培养方案的设计中，经济效益很容易取代教育规律，从而放弃培养创新型、发展型新技术应用型人才的初衷，滑向单纯的订单型、工具型劳动者的培训。这就引起了许多人文主义者对这一倾向的批判。在新技术应用型人才培养中如何正确对待和协调好技术主义和人文主义两者的关系？联合国教科文组织在《学会生存》中的基本观点是将技术主义与人文主义两者紧密融合，即技术的人文主义观点。

为什么技术主义和人文主义能够相融合？技术创造了我们无与伦比的世界，它创造了我们的财富，推进了社会经济发展，创新了我们的生存方式。新技术应用内在蕴含着人与劳动对象，实现了主体与客体的统一。技术和产业技术构成了现代人的生存状况。在物质生产与文明进步相互促进、互相融合的漫长历史中，产业技术与人类生存是相互统一的。产业技术内在本质上具有物质实在和精神实在，因此，以产业技术为根本的技术世界是客观世界和主观世界的交汇点。对产业技术的分析，不仅包括那些掌握新技术应用和工作的人，也包括那些在技术上不断发展进步的人。纯粹的职业分析和工作分析主要针对客观世界，而职业能力分析针对主观世界，两者都失之偏颇，难免左支右绌。本书通过对产业技术的分析进而对新技术应用型人才培养主体进行分析，避免了以往新技术应用型人才培养过程中主客体分离的现象，将技术主义与人文主义相结合。此外，美国社会哲学家芒福德还将技术划分为综合技术和单一技术两种类型。综合技术主要来源于生活，不注重具体工作或权力运作，符合人性；单一技术直接指向特定物质资料的生产，指向权力，与人性的发展不一致。现代技术一般以生产某种产品为目的，属于单一技术。在技术人文主义的指导下，新技术应用型人才的培养不仅要考虑单一技术，还要考虑综合技术。

第三节　技术知识与新技术应用型人才的互动

杜威提出，人才培养是人与人之间的互动和活动，把人才培养看作学习者与世界两者之间的互动。高职院校新技术应用型人才培养必须审视技术知识与新技术应用型人才的互动关系，这是由职业教育的实践性价值取向所决定的。

一、新技术应用与人的四种关系

技术哲学家唐·伊德从现象学的角度探讨了人与技术的具身关系、解释关系、他异关系和背景关系等四种关系①。唐·伊德的理论为研究新技术应用型人才与技术知识体系的相互作用提供了科学的审视视角。

（一）具身关系

具身关系是指人与新技术应用之间最基本的关系，即依托新技术的应用将实践具身化，以实现人与技术的完全融合。在古代，人类认为技术就是工艺和技能。技术这时候更多的是蕴含于人性中的一种工艺和技能，尽管也存在着外在化的工具，而技术与人两者处于一种和谐的状态，这一状态自然存在于个体之中。技术主要依靠感觉运动技能、技术规范和描述性规律的指导。传统哲学总是觉得这种从经验中获得的技术是没有思想的，其获得过程是自然的过程。唐·伊德认为，技术的应用是具身的。技能体现在自我存在中，那作为外化而存在的技术如何具身呢？技术哲学家卡普研究发现，人类可以通过使用技术工具继续生产自己。卡普提出了人体器官投影理论，即工具是人体器官的投影，或者说工具是人体器官的外化。工具来源于人体器官并由人体器官使用。例如，高速公路系统是人体循环系统的外化。技术进步和应用促进了人体器官组织的进化，技术与人体器官之间存在着联动性。卡普的理论表明，新技术应用的具身性是自然的。

一技之长反映的正是一种具身的关系。新技术应用型人才培养所追求的目标，就是将企业的产业技术通过一系列的转化应用，最后具身为新技术应用型人才的职业能力，与个体的身体深度融合，并随时存在、适时存在。具身技术不是一种可以被原生态或完好无损地在人与人之间相互传递的物品，具身技术具有个体性、体验性和情境性等特征。个体经过多年的专业学习和培训，其具身技术不易被其他人所模仿或复制，并有利于个体职业的可持续发展。

（二）解释关系

解释关系是指技术被作为学习者语言表达能力和逻辑思维能力的延伸。新技术应用型人才与工作世界之间存在一种不透明性，世界就像一个文本，必须通过技术变革来解释。新技术应用型人才的学习过程，就是借助仪器等技术工具诠释技术世界的过程。诠释的核心功能是提高个体的认知效率和学习者对新技术的应用能力。正如车里霍姆斯所分析的，专业课程是学习者有契机研习的文本。产业技术视域下的新技术应用型人才培养首先是文本，新技术应用的符号化、文本化。因此，新技术应用型人才培养也具有可读性。新技术应用型人才的培养使研究者能够在任何可能的缺失中解读技术世界，并获得一定的指导或透明性。在主体、技术和客体三者之间，技术应用是解释学意义上的传递，而技术工具定义的核心则是因果关系内涵。

---

① 刘大椿，刘劲杨，2011．科学技术哲学经典研读[M]．北京：中国人民大学出版社．

（三）他异关系

他异关系是指技术在应用过程中成为一种完全独立于人的存在，技术成为另一种存在的他者。他异关系体现了新技术应用的客观性和自主性。客观性是指技术是一种独立于主体的实体。由此可以推断，技术生成的产业技术是企业中存在的客观实体，产业技术生成的新技术应用型人才是学校中存在的客观实体。产业技术和新技术应用型人才都是客观实体的存在。新技术应用型人才培养是用一种客观实体来解释另一种客观实体，这是一种典型的实证主义观点。作为另一种存在的他者技术为实证主义提供了稳固的客观性。技术的自主性是指技术与一般使用情形相分离，各种不同技术自由组合，形成一种独立的力量。技术的自主性价值是人们在与自然接触时自身能够得以重建再造的主要原因。企业的各种自动化设备是他异关系的典型代表，它们最典型的特征就是能够自主地进行自动控制和自行决策。生产一线的技术劳动者对其产生质的影响微乎其微，只能把其当作他者的生产工具予以利用。

我国许多的政府部门规划注重我国要从制造大国迈向制造强国，其最本质的核心是"智造"。政府鼓励使用机器人、机械臂和其他自动化设备取代廉价劳动力。随着新技术、新产业、新业态层出不穷，企业的自动化生产流水线越来越智能化。产业技术的广泛应用创造了人类与工作、学习对象之间的新接口。他异关系的另一个典型代表是人与机器之间的自动操作接口，包括各种网络接口、应用软件等。为了在新技术应用型人才培养过程中体现这种新型的关系，高职院校应建立财务专业企业资源计划实训室和信息技术专业可编程序控制器实训室等。新的接口对高职院校的教学内容、教学过程等人才培养过程产生了深刻的影响。其中必须注意的是，技术作为一种独立的力量，其异化了人类的劳动。新技术的进步与广泛应用已成为一股具有自身逻辑和发展目的的"独立力量"，它不再是弥补人类缺陷的良方，也不再是人类征服自然世界的简单工具。新技术应用存在"自身所是"的重要价值，并逐渐成为劳动力的异化力量。技术在人性中越来越外化，让社会逐渐成为单向度极权社会，个体也逐渐成为单向度的人。这在新技术应用型人才培养的过程中需要引起足够的关注。

（四）背景关系

背景关系是一种在技术中的关系，是指技术处于某种背景位置，而此时该位置处于不在场的显现，它后退到一边。但作为技术的背景，它逐渐渗透到人类生活的各个方面，并变得越来越必不可少。在自动化程度相对较高的生产企业里，技术按照设置的流程规范在生产产品，人类只要简单地操作仪器的开关，即可实现人与技术之间的瞬时操作关系。劳动者所感知的是新技术应用的部分或全部的场域。背景技术也因此改变了人类经验的格式塔结构，潜移默化地影响着个体的学习心理，改变着人类直接体验的世界。

技术的应用起着中介作用，并不是中立的。起着中介作用的技术应用是高职院校新技术应用型人才培养的出发点，而不是一个独立的主客体。新技术应用与人的四种关系相互作用、相互渗透和相互依存，使客观事物呈现出新的特征。高职院校在培养新技术应用型人才的过程中应体现这四种关系类型，同时还需要考虑这四种关系类型的混合比例情况。

二、技术知识的建构生成

对于以技术为核心的新技术应用型人才来讲，不能只注重对知识的片面复制或机械记忆，简单地复制知识使学习者逐渐失去批判性思维能力。新技术应用型人才培养应注重知识的建构和生成。对于知识的来源和性质的认识，将会产生不一样的人才培养模式[①]。知识观是新技术应用型人才培养的重要源泉，它决定了新技术应用型人才培养的方向，进而影响到新技术应用型人才培养的实施和评价。基于产业技术的新技术应用型人才培养坚持建构主义知识观，在新技术应用型人才培养过程中需要体现技术知识建构的过程。

（一）建构主义知识观

作为知识建构的学习理念，它开始于 20 世纪 80 年代，以皮亚杰、科恩伯格、斯坦伯格、卡茨和维果茨基·迈耶等学者为代表。建构主义知识观指出，世界是客观存在的，而对于世界的理解和赋予的意义是由个体的主观意愿决定的。个人根据自身的实践经验建构现实。建构主义知识观主要概括为以下两方面：首先，知识并不是被动接受的，而是个体主动地建构的，知识是某种感知的存在，与其他感知类似，具有独特性和主观性；其次，认知的作用是适应性的，是为了组织个体的经验世界而存在，并不是在本体上寻找客观实体。领悟建构主义要义，需要从以下两个连续体着手。第一个连续体是通过外部向内部输入而产生的连续体。知识是在个体心灵与外部事物互动的过程中产生的。第二个连续体是通过个体向社会延伸而生成的连续体。知识的建构具有非常明显的个体性，只有在个体与环境的互动中，我们才能形成自己的知识观。建构主义知识观的核心思想主要概括为：以学生为本，注重学生的主动学习、主动发现和对所学知识的意义及所探索的知识领域主动建构。个体知识观的形成和发展，既不是外在事物的简单复制，也不是主体内部预备构造的展示，而是主体与客体相互作用的过程和产生的结果。在建构主义知识观形成过程中，主体既建构了自身，也建构了客体。个体越主观，世界就越客观。

建构主义知识观为新技术的广泛应用和学习者学习、掌握产业技术知识提供

---

① 施良方，1996. 课程理论：课程的基础、原理与问题[M]. 北京：教育科学出版社.

了理论基础，创造了一种高水平的知识转换模式。知识转换模式是理性概念与感性直觉的结合体。概念和直觉组成了人类全部知识的两个基本要素。概念是指新技术应用的理论知识，倾向于为新技术应用型人才提供原理和概念；直觉关注的是新技术的应用经验和知识，注重的是围绕产品生产的一系列感性直觉。在技术知识的建构生成过程中，我们不能仅凭自己的知识本身来判断，因为它只有概念，如果概念没有感性的材料，就只是一种思维的可能性。只有让概念加上感知材料，认知才能成为现实。基于技术知识的问题解决方案的构思和设计依赖于知识的概念，而问题解决方案的实施和操作依赖于感性直觉。

（二）技术知识生成的动力

桑新民教授指出，大学的细胞结构某一层次的范围产生了基础性的改变：在工业时代，大学形态主要以教师传授知识的传统课堂为主，到信息时代，大学形态逐渐向以激发学习者内在动力为目的的学习工场转型①。当前，技术飞速发展，新技术层出不穷，这种转变显得必要且重要。学习者的学习动机由外部因素和内部因素构成。外部因素体现在技术进步对劳动者技能的要求越来越高，内部因素是劳动者自身感知和认知结构的建构能力。知识按照基本功能主要划分为社会工具主义、形式主义和发展工具主义等三种观点。社会工具主义指出，知识的作用和地位主要由其生产实践价值决定，知识应该为人类生存的需要服务。这一理论获得了实用主义哲学的拥护。形式主义指出，一定的知识具有本质性价值，这种知识并不关心它的实践性或实用价值，而是人类将其作为自身的基本素质。发展工具主义始于 20 世纪末，其本质上是社会工具主义的一部分，这一理论认为知识是协助个体开发智慧的工具。可以看出，社会工具主义可以从外因方面阐释个体学习的动机，形式主义可以帮助解释科学家对客观知识本身的追求，发展工具主义可以从内因方面阐释个体知识产生的动机。知识的目的是针对个体的内部，以心智能力的发展为目标，并不是针对外部，用来调节个体在社会中的生活和工作等相关活动。发展工具主义依赖于知识，通过知识激发先天的智力，并使之聪慧。发展工具主义认为，知识是实现个体潜能和创造力的重要工具。

个体建构主义的代表人物皮亚杰从发生认识论的角度阐释了知识生成的动机。他指出，任何知识的产生都是通过将客体提供的经验移植到主体先前的图式中而生成的，这种移植是通过同化和适应两种路径来达成的。图式是初始的认知结构，认知结构是图式的进一步演化，也是知识生成的内在因素。认知结构发展的最初动力实际上源于主体本身，即个体的积极推进作用。皮亚杰强烈反对行为主义者 S→R 公式，其中，S 代表刺激，R 代表反应。他指出那是错误的，S→R 应改成 S(A)R，其中，A 代表主体对刺激的同化，也可以称为主体对客体的感知

———————————

① 桑新民，2014. Moocs 热潮中的冷思考[J]. 中国高教研究（6）：5-10.

性，A 关系到知识生成的初始动机。皮亚杰极力支持康德把所有知识都归于主体之源。"假如我们把重点放在康德论证的精神实质上，而不是仅仅在字面上理解，康德的理念无疑是正确的，因为他认为知觉从最初始就是有组织的，同样的主体来源也是知觉组织的基础。"①主体吸收客体提供的相关动作刺激，并将其组织成一种接受性（A），为双向循环的相互作用知识产生提供初始动力。这是个体在知识生成中主动性的初步表现。然后，个体的主观能动性更多地体现在建构认知结构的能力上。个体主动建构知识，以与外界互动所获取的相关经验为线索，对认知结构进行补充、提炼或复杂化，并自发形成、拓展和深化自身的知识体系。"人们一旦把某一领域的知识归纳为具有自身调节性质的结构，就会感到自己掌握了这个体系的内在引擎。"②从某种意义上说，认知结构是一个主动建构知识的自组织系统。

（三）技术知识生成的过程

1. 初始知识动作的内化生成

技术知识发源于主客体两者之间的操作行为，"知识不是源于客体，也不是源于主体，而是源于主客体之间的相互作用，两者在一开始就纠缠得密不可分"③。行为的本质在于主体对客体的适应性。主体通过行为对客体的适应是知识生成的真正根源和出发点。内化是知识根源的逻辑起点。在个体出生后的最初几个月，动作是个体获得知识的基本路径。个体内部动作图式（心理层面）是有意识地去熟悉和掌握外部动作的结果。或者说，原始知识是从"手艺"到"心灵"的动作内化而产生的。认知涉及心理具身性存在，总是与具身的结构和活动图式紧密有关。"认知是具身参与的，具体化的，也就是说，认知主要根源于我们的身体和我们身体所处的世界之间的相互作用。"④皮亚杰在动作本身中发现了因果关系的存在，把知识放在物质活动的真实客观领域，而不仅仅局限于康德纯粹主观的活动领域。皮亚杰的真理性在于把主体的"我"和"生活经验"分离开来，让主体去计算，这是从主体动作的一般协调中通过反应抽象出来的。主体与客体的协调可以从动作中看到，逻辑可以从协调中看到，知识可以从逻辑中看到。知识生成的主线可以简单归纳为"动作内化"，这是知识产生的初始状态，这在很大程度上与汤普森的具身认知的动力学耦合机制论题相吻合⑤。某些职业的技术工人亦是如

① PIAGET J, 1969. The mechanisms of perception[M]. New York: Basic Books.

② 皮亚杰，1984. 结构主义[M]. 倪连生，王琳，译. 北京：商务印书馆.

③ 皮亚杰，1991. 皮亚杰发生认识论文选[M]. 左任侠，李其维，主编. 上海：华东师范大学出版社.

④ THELEN E, SCHONER G, SCHEIER C, et al, 2001. The dynamics of embodiment: A field theory of infant preservative reaching[J]. Behavioral and Brain Sciences, 24: 1-86.

⑤ 刘丽红，2014. 皮亚杰发生认识论中的具身认知思想[J]. 科学技术哲学研究（1）：51-55.

此。技术工人的具体操作行为可以内化为初始专业技术知识的应用。从"手巧"到"心灵"的行为内化无疑揭示了初级阶段知识生成的本质，但仅仅从图式（认知结构）与动作两者之间的关系来阐释高级阶段知识生成的机制是不够的。

2. 高级阶段的知识认知结构双向建构的生成

"手巧"与"心灵"两者之间的相互作用是从属于主体、认知结构和客体之间复杂的相互作用的，它们之间属于两对双向建构关系。每一对双向建构关系都具有内化和外化两种形式。

首先，建构关系。认知结构与客体之间相互作用。皮亚杰指出，平衡是指主体与客体（环境）之间的双向同化或适应过程。这一双向过程指的是主体自身图式与外部经验之间相互作用产生的关系，即同化与顺应，这在前文中已经阐述过。在这里有必要提出的是，内化主要导致认知结构上的转变，而外化主要包括客体的建构和个体内部关于知识的意义建构。客观现实是建立在主体根据现有的认知结构基础上对环境信息的建构。学习是一种与众不同的建构。学习者需要将新收集的信息与大脑现有的认知结构相互结合起来。外化产生的结果主要以经验为特征。从"手巧"到"心灵"、从"心灵"到"手巧"的互动，主要展示的是第一对建构关系。

其次，建构人际关系。认知结构与主体之间相互作用。认知结构内化的产物是抽象思维。皮亚杰把思维分为形象思维和运算思维（又称逻辑思维）。形象思维是对客体"一刹那"状态的模仿，其中包含模仿性动作、主观感知和表征等。运算思维指的是转化现实的主体活动，其中包括外在的物质动作系统和内化到思维中的概念操作。后来，运算思维又可以分为抽象逻辑思维和辩证逻辑思维两种。不管是什么样的思维形式，思维的结果都是知识，它可以分为物理知识、逻辑数学知识和社会知识或风俗知识。其中，社会知识是社会传统或约定俗成的知识，社会知识的获取主要依赖于社会的传播，而无法通过自身的行为来发现。这三种知识在一定程度上对应着经验的类型，但物理知识和逻辑数学知识是认知结构向主体内化的产生结果，社会知识或风俗知识是认知结构向客体外化产生的结果。主体作用于认知结构，即反思，是元认知层面上的智力活动，也会导致认知结构的变化与复杂化。

认知结构的双向互动是循环变化的。皮亚杰认为，康德"将领域当成是固定的，认为以固定的方式并一次性地对个体心灵和物体予以影响的，这种假设在心理学上是有偏颇的"。①认知结构是在主客体两者之间的互动中形成的，是在主客体之间循环、动态地存在的。认知源于主客体之间的相互作用，这种作用发生在

① PIAGET J, 1964. Judgement and reasoning in the child[M]. New Jersey: Littlefield Adams & Company.

主客体之间的过程中间，所以它既包含主体，同时又包含客体。[①] 这种认知结构特征决定了知识的两个统一性：一是知识属于主客体两者的统一，二是知识属于静态存在与动态生成两者的统一。知识的客观性起源于两者相结合的统一性。知识主要表现为持续建构与相对稳定结构的结合，是不同层次、不同阶段的结合。其实，所有已知的结构都是转换系统。正是借助于"转换系统"，经验与图式、主体与客体才得以转换，知识得以生成。考虑到知识静态存在的客观性，如果保留知识产生模型的静态部分，知识的表征主要由思维结果、认知结构和经验三个部分构成。认知结构本质就是知识；认知结构对主体的内化是思维，思维的最终结果指向的是知识；认知结构对客体的外化是经验，经验的本身也是知识。综上所述，皮亚杰的知识生成理论既属于"内生理论"，又属于"外生理论"，它主要反映了皮亚杰对知识生成问题的关系思维方式，从事物的互动中找寻出路，而不是从结构实在论中找寻答案。皮亚杰强调他的知识生成理论的核心精髓就是事物始终相互作用。[②]

3. 技术知识的发展历程

就技术知识系统来讲，技术知识历史经历了从简单到复杂、从低级到高级、从人工制品到自动化的发展过程。企业的信息化、智能化程度越来越高，生产技术越来越先进。从人类个体角度分析，学习、掌握和应用技术知识的过程与人类认知结构的发展紧密相关。无论是从系统发展的角度还是从个体发展的角度，随着时间的推移，个体都会逐渐产生一系列由低级到高级的认知结构。双向互动的双向循环不仅建构了知识，而且建构了主体和客体。结构的形成离不开构造过程。人们通常只关注知识对客体的建构意义，并不关心知识对主体本身的意义。持续建构的主客体反过来又推动了它们之间认知结构的转换层次，并促使知识在更高层次、更有效地生成，使知识从混沌走向清晰，从零散走向系统，从无序走向逻辑。以上发生的一切都在个体知识的成长经历过程中，也进一步地体现了生成建构主义是知识的唯一本质。技术知识的建构生成理念，是不同于理性主义和经验主义的中间路线。技术知识的建构生成理念与康德的知识理念有许多类似的地方。康德试图把经验主义与理性主义统一起来，并在经验主义与理性主义之间创设一条新的路径，即先天综合判断。康德提出，知识不是来自感性经验，也不存在于理性之中，知识是个体复杂的感性经验的产物，它是由内在的形式所分类、综合和统一的。康德将人类认识史上的"先天综合判断"等同"哥白尼革命"，完成了从"以客体为中心"到"以主体为中心"的转变，这为知识生成理念的现代发展确立了基础和初步的理论架构。从技术知识的建构生成理念分析，康德的"先天

---

① 皮亚杰，1985. 发生认识论原理[M]. 王宪钿，等译. 北京：商务印书馆.

② 同①.

综合判断"被改良为认知结构双向建构现实性，为知识的生成理念开创了一条新的中间路线。这使知识生成理念找到了客观现实，进一步排除了理性先验理论，并防止滑入唯心主义的"泥潭"。

三、技术的经验学习与应用

（一）经验学习的内涵

技术知识的建构和生成，使学生掌握了新技术的应用，脱离了无经验的学习和应用过程。经验学习中的"经验"不是个体对周围环境的感知，它体现的是人与环境的互动。当它强调由感官获取的经验时，很容易犯经验主义错误，即一切真实的事物都一定在现实世界中被感官感知[①]。经验学习所注重的互动包含两方面的含义：一方面，人主动地对环境做出反应；另一方面，人的活动对环境产生的影响又反过来影响着人自身。经验的含义主要包括人（经验的主体）和环境（经验的客体）两部分。通过论述人与环境的持续相互作用，人与环境之间僵硬的对立被逐渐消除。杜威曾从"经验自然主义"的哲学立场论述过同样的观点。除了坚持经验是个体与环境两者之间的互动以外，经验自然主义者认为实在不是精神的，也不是物质的，而是经验。这种理念中的经验不是一种心理学解释，而是一种哲学命题。

（二）经验学习的内容与作用

经验学习是指通过创造经验并将所创造的经验转变为知识、能力、态度和价值观的一种过程。库伯提出，"经验学习理论不是行为主义学习理论和认知主义学习理论之外的第三种理论，而是用有机的、统一的理念来审视学习中经验、感知、认知和行为等四个相互关联的因素"[②]。经验学习理论以杜威、勒温和皮亚杰等的思想为基础，植根于建构主义和认知发展理论。通常情况下，经验学习整合了具体体验、反思性观察、抽象概念化和主动实践等四个适应性学习阶段，并形成一个系统的学习循环。个体每次经历一个系统的学习周期，都能获得相应系统的学习经验，并保证经验的连续性。在库伯看来，无论什么样的设计，都需要包含一个能够自始至终促进个人经验成长的相关活动。经验的连续性和成长性离不开直觉中的感知、想象中的再生综合和概念中的认知综合，直觉中的感知综合是指在每个学习环节中孤立的、特殊的意象的组合。初始的经验来源于完成项目或任务的实际行动，并不是纯粹的虚拟想象。想象中的再生综合是指想象再生感知的表

---

① 黑格尔，1980. 小逻辑[M]. 贺麟，译. 北京：商务印书馆.

② 库伯，2008. 体验学习：让体验成为学习与发展的源泉[M]. 王灿明，朱水萍，等译，上海：华东师范大学出版社.

征，连接前后的经验感知。概念中的认知综合主要是指经验的使用范畴。高级经验本质上是一个实践概念或前概念，它与认知结构有着直接的联系。经验的三重综合相互作用，在初级学习阶段起重要作用的是自下而上的经验综合；在高级学习阶段起重要作用的是自上而下的经验综合。以交互作用为依托，以经验的三重综合为主要内容，从根本上解决了经验的连续性和成长性，主客体相联系，为克服认识论中主客体二元对立创造了契机。此外，经验学习理论主要包括做中学、学中做、做中探、探中创、模拟学习和案例分析等，这些都是技术知识的具体学习方法。这些方法使学习者在学习过程中拥有发现问题的兴奋感，在课堂内外获得有趣的自主学习体验。

（三）经验学习的应用

在这里，必须提到领域特殊性理论对新技术应用型人才培养的理论贡献。领域特殊性理论是认知心理学的一种理论，其核心理念是认知能力具有领域特殊性，并随着具体内容的变化而变化。人的很多精力和能力都被用来解决一定类型的相关信息。不同的内容领域，在推理方式、知识结构和知识获取机制上存在显著差异。领域特殊性理论可以划分为模块论、理论和专家技能论三大流派。根据专家技能论的观点，新技术应用能力的学习不是必然建立在理论知识的基础上。新技术应用能力的培养有其自身的发展规律和运行机制，可以独立进行。领域特殊性理论为新技术应用型人才培养提供了可行性的理论依据。个体技术知识的生成过程和新技术应用能力的掌握与运用是领域特殊化的成效。

第四章　新技术应用型创新创业生态系统构建

党的二十大报告提出，必须坚持创新是第一动力，坚持创新在我国现代化建设全局中的核心地位。加快实施创新驱动发展战略，加快实现高水平科技自立自强。创新与创业活动作为科学技术转化为现实生产力的桥梁，能够更新现有组织并增强市场竞争力，正日益成为经济发展的引擎和重要推动力。2018 年 9 月，《国务院关于推动创新创业高质量发展打造"双创"升级版的意见》提出，推进大众创业万众创新是深入实施创新驱动发展战略的重要支撑、深入推进供给侧结构性改革的重要途径。随着产业转型升级和国际分工的高端化，建设创新型国家成为我国当前和今后一个时期内的战略目标。如何贯彻落实《中共中央 国务院关于深化体制机制改革加快实施创新驱动发展战略的若干意见》，助力中国经济蓬勃发展，是我国高职院校需要思考并回答的问题。毋庸置疑，培养掌握高端制造、精品制造和富于创业的新技术应用型人才对于促进国家创新驱动发展战略的实施与落地具有不言而喻的重要意义。

在这样的背景下，双创战略为高职院校培养新技术应用型人才提供了重要的时代机遇，同时新技术应用型人才培养成为高职院校践行双创战略的具体行动。新技术应用型人才培养体系以新技术为重要手段，以实践应用为导向，以培养创新创业人才为主要目标。高职教育的主要任务是培育适应生产、建设、管理、服务等一线需要的，德、智、体、美等方面全面发展的技术应用型专门人才，这就规定了高职院校培养学生的目标导向，规定了人才培养在知识、技能、素质等方面的要求。培养新技术应用型人才的关键环节是提升学生运用技术技能解决生产中切实出现的问题的能力。高职院校新技术应用型创新创业能力培养以学生为主体，问需产业、企业，激发学生创新创业兴趣，突出技术应用的实践手段，通过掌握新技术，对接社会、用户需求，提供新的产品或服务。

第一节　高职院校学生新技术应用型创新创业能力的
评价与提升

对创新创业能力的重视与培养是新技术应用型人才区别以往高职院校人才培养的一大重要方面。新经济时代对创新创业能力提出了战略需求，但现实中却存在创新创业能力较弱的困境，本节以高职院校为例，通过问卷调查、文献资料和专家访谈等方法，以"要素—过程—结果"思路构建学生创新创业能力评价体系，探讨控制变量的创新创业能力的差异性，并进行比较分析；在此基础上，有针对性地提出丰富课堂教学、加强实践实训、完善竞赛机制、统筹社会资源等有效策略，以提升高职院校学生的创新创业能力。

一、新经济时代对创新创业能力提出战略需求

党的二十大报告中明确提出："建设现代化产业体系。坚持把发展经济的着力点放在实体经济上，推进新型工业化，加快建设制造强国、质量强国、航天强国、交通强国、网络强国、数字中国。实施产业基础再造工程和重大技术装备攻关工程，支持专精特新企业发展，推动制造业高端化、智能化、绿色化发展。巩固优势产业领先地位，在关系安全发展的领域加快补齐短板，提升战略性资源供应保障能力。推动战略性新兴产业融合集群发展，构建新一代信息技术、人工智能、生物技术、新能源、新材料、高端装备、绿色环保等一批新的增长引擎。"新经济的气息跃然纸上。新经济是指以重大技术突破和重大发展需求为基础，以高技术产业为先导，以互联网和大数据技术为支撑，以技术创新和业态创新为核心的经济活动。

在新经济时代，创新创业生态是一个区域新经济发展的基础，而创新创业能力是构建创新创业生态的关键因素。但是目前高职院校创业教育和高职学生创业存在很大的困境，主要表现为大学生创业意向低于社会人员的创业意向，并且仅有一小部分拥有创业意向的大学生采取了创业行动，大学生创业失败率非常高。根据安利（Amway）2017 年发起的跨国性的全球创业报告，对于"你认为创业是好的职业生涯发展吗？"，中国人答"是"的比例达 70%，远高于全球平均值（56%）；对于"你是否有承受创业压力的决心？"，中国人回答"是"的比例只剩 32%，低于 35 岁的人口更剩下 27%，远低于全球平均的 49%。伦敦商学院 2015 年全球创业观察报告（Global Entrepreneurship Monitor）指出，在全球 60 国中，中国创业意图排名 19，但创业能力却倒数第一。《2016 年中国大学生就业报告》也指出，2015 届高职高专毕业生自主创业的比例为 3.9%，高于本科毕业生（2.1%），但远低于美国大学生创业率 20%的水平。即便是创新创业氛围浓厚的浙江省，其高校毕业生的创业率也仅为 4.82%，且中国大学生自主创业企业的存活率仅为 1%，低于中国青年创业 3%和欧洲青年自主创业 5%的存活率。三份结论相近的报告令人既喜又忧。喜的是，中国人创业意愿浓厚；忧的是，在百花齐放的创业资源背后，大部分人特别是大学生似乎还差最后一公里付诸实现。

因此，本节将构建高职院校学生新技术应用型创新创业能力评价体系，着重分析高职院校学生对待新技术应用创业的态度及其影响因素，通过专家访谈，借鉴已有相关研究资料，编制适合高职院校学生新技术应用型创新创业实践调查问卷，然后通过问卷调查收集温州 5 所高职院校 1000 余名高职学生的有效样本数据，最后通过 SPSS 等软件对温州地区高职院校学生新技术应用型创新创业能力展开

实证分析。

二、新技术应用型创新创业能力评价体系的调查设计与实施

（一）问卷设计

问卷分为个人资料和新技术应用型创新创业能力评价体系两个部分。其中，个人资料包括基本信息、创业因素、创业资金来源、经营管理经验、参与过的创业项目、人脉关系等方面，共有 37 个题项。新技术应用型创新创业能力评价体系是针对个人创新创业的各类影响要素进行指标化评判的体系，主要通过建立"评价、能力再培养、再评价、再培养"的循环不断优化创新创业教育质量，来提升大学生的创新创业能力，提高创业成功率，降低创业风险①。通过问卷调查与专家访谈、文献分析及比较研究，最终认为机会识别力、创业意志力、人际关系力、创业原动力、创新创造力、实践学习力、资源整合力是影响高职院校学生新技术应用创业的主要因素，并从这 7 个方面构建创新创业能力评价体系的 7 个维度、28 个题项，采用"李克特五级评分量表"开展问卷调查，得出高职院校学生新技术应用型创新创业能力评价的维度及其内涵，具体见表 4.1。

表 4.1　新技术应用型创新创业能力评价的维度及其内涵

序号	维度	内涵
1	机会识别力	发掘潜在的市场机会并做出客观评估的能力
2	创业意志力	创业愿望非常强烈，坚忍不拔的意志，坚持不懈地完成目标的能力
3	人际关系力	妥善处理组织内外关系的能力，主要包括与周边环境建立广泛联系和对外界信息的吸收及转化能力，以及正确处理各方面关系的能力
4	创业原动力	对创业生活方式及其成果的期望和追求能力
5	创新创造力	在社会实践活动中能产生新奇独特的想法，不断提供具有经济价值、社会价值的新产品、新方法的能力或特性
6	实践学习力	不断在实践中学习创业所需要的知识和技能的能力
7	资源整合力	获取和组织各种所需资源的能力

（二）数据来源

为深入了解在新经济驱动下高职院校学生新技术应用型创新创业情况，客观分析高职院校学生的新技术应用型创新创业能力，本研究专门建立新技术应用型创新创业情况调查项目组，采用邮箱调查的方式，于 2018 年 1 月面向温州地区 5 所高职院校开展新技术应用型创新创业情况问卷调查，本次发放问卷 1000 份，收回有效问卷 965 份，其中，男生 444 人，女生 521 人；所获样本中大学一年级占

---

① 陆晓莉，2014. 高职院校大学生创业能力的评价与提升机制[J]. 高等工程教育研究（3）：152-156.

64.18%，大学二年级占 20.52%，大学三年级占 15.29%；所获样本中理工科类专业占 49.02%，文科类占 50.98%，其中主要包括电气自动化、机械设计与制造、商务英语、会计等专业。

三、基于研究结果的新技术应用型创新创业能力的综合分析

（一）学生新技术应用型创新创业能力的维度比较分析

通过 Excel 公式分析样本的新技术应用型创新创业能力维度，可得出表 4.2 所示的均值。从表 4.2 中可以看出，温州高职院校学生新技术应用型创新创业能力的维度均值从高到低依次为创业意志力、实践学习力、创业原动力、资源整合力、人际关系力、创新创造力、机会识别力。这一维度的排序基本符合高职院校在校学生的特点。①创业热情高。随着高职院校创业学院的成立，学校鼓励更多的学生参与到创业浪潮中，且高职院校的学生受其个性特征、专业背景等多方面因素影响，更希望能通过创业解决就业问题，更快获得财富、实现梦想，因此，渴望创业、渴望获得成功使得他们拥有较强的创业意志力和创业原动力。②学习能力强。正处于人生黄金学习期的大学生，容易接受新事物，且一直在学校接受教育，比较善于倾听和借鉴、吸收别人的优点。③实践经验弱。学生大部分时间在学校学习技能，没有太多的时间走出去实践，从而体现了学生的机会识别力、创新创造力较弱，这些能力的培养需要长时间实践过程中的积累。

从 7 个维度的二级指标均值分析看，主要发现以下几点问题。①学生渴望去创业，渴望得到认可，但是能力有限。从表 4.2 中可以看出，"渴望过上成功创业人士的生活方式"这一项的均值高达 3.36，反映了高职院校的学生渴望成功的迫切心理，但是"寻找各种途径评估商业机会的价值""通过各种渠道尝试评估商业机会"这两项的均值仅分别为 2.94 和 2.95，这从另一方面说明了学生创业的专业素质欠缺，有待提升。②学生善于倾听，但是人际关系力仍然薄弱。从数据分析的结果中可以看到，"善于倾听与学习他人的好想法"这一项的均值高达 3.51，这说明高职院校的学生具备与人沟通的良好素质，但人际关系力并没有较强优势，特别是与陌生人沟通交流的技巧有待加强，这可能跟学生接触的环境比较狭窄、朋友圈的范围不够广有关。③信息资源丰富，但是创新意识不够。由表 4.2 可知，资源整合力的样本总体均值为 3.25，处于中间水平，这可能是因为互联网发展迅速、畅通无阻的信息为学生提供了充足的获取资源的渠道，同时学生也认为自己运作团队及整合资源的能力尚可，但是在面对实际问题或处理事务时，却缺乏把握机会应对自如的能力，这个问题在创新创造力的"喜欢突破常规的方式和方法""喜欢用创新的方式处理问题"这两项均值中得到反映。

表 4.2　温州高职院校学生新技术应用型创新创业能力各维度均值

维度	项目细分	均值	总体均值
机会识别力	通过各种渠道尝试评估商业机会	2.95	3.02
	寻找各种途径评估商业机会的价值	2.94	
	向行业人士请教商业机会的可行性	3.09	
	通过与人交流评估商业机会	3.08	
创业意志力	若遇困境，经常自我鼓励和自我激励	3.41	3.37
	会根据自己的目标坚持到底直至完成	3.30	
	过程中遇到困难，不会轻易放弃	3.38	
	能以积极的心态面对当下困境	3.39	
人际关系力	通过各种渠道去结识新朋友	3.26	3.22
	主动和陌生人建立朋友关系	3.18	
	喜欢结识各式朋友	3.30	
	和新朋友保持良好的关系	3.12	
创业原动力	渴望过上成功创业人士的生活	3.36	3.32
	喜欢自主创业的生活方式	3.24	
	期望成功的创业经历能带给社会正能量	3.35	
	希望通过创业更好地回馈社会	3.31	
创新创造力	经常思考和关注如何创新	3.23	3.20
	做事情总带有很强的创新意识	3.20	
	喜欢用创新的方式处理问题	3.19	
	喜欢突破常规的方式和方法	3.18	
实践学习力	善于学习他人的成功经验	3.33	3.36
	善于倾听与学习他人的好想法	3.51	
	能有效地学习各种知识和技能	3.27	
	善于在实践中总结学习	3.33	
资源整合力	善于整合资源去完成一个项目	3.22	3.25
	善于配置和发挥好团队成员的能力	3.31	
	善于发现并利用潜在资源	3.24	
	能充分利用获取资源的渠道	3.23	

（二）学生资金筹措能力分析

本问卷主要通过 4 个问题来对大学生资金筹措能力进行分析。对于学生资金筹措的方向，通过"如果目前有一个很好的创业项目，但是缺少足够的启动资金，您觉得您会从哪个方向筹措资金"这一题项的回答可知，有 47.77% 的学生通过家里筹集资金，另有 36.26% 的学生向银行等金融机构贷款，其余的学生主要通过学校、朋友、同学、老师等方面筹集资金，这说明学生创业启动资金主要倾向于家里支持。认识到家庭对个人刚开始创业的重要性，在"您的家庭是否支持您创业"这一题项中，31.37%的学生认为其家庭支持创业；65.75%的学生认为其家庭会保留意见；2.88%的学生认为其家庭会反对他们创业，这说明大多数学生家庭对待创业的态度比较谨慎，这是由于大多数学生家庭的收入并不是非常高。在"您的家庭月人均收入多少"这一题项的回答中可以看出，有73.2%的学生认为其家庭月人均收入在5000元以内，其中36.73%的学生家庭月人均收入在3000元以内，这也说明大多数学生家庭在自给自足后，并没有太多的资金支持子女创业，这一点在"如果目前有一个很好的创业项目，但是缺少足够的启动资金，您觉得您能够筹措到多少可投入资金（仅限通过合法途径）"这个问题的回答中可得到间接证明（有52.35%的学生认为其筹措资金数额少于1万元，超过5万元的仅占11.76%）。

（三）学生创业因素分析

影响高职院校学生创业的因素非常多，抓住创业成功要点，提出解决方案，对推动学生创业会产生良好效果。"目前您是否有创业的愿望"这一题项的回答结果显示，仅30.37%的学生表达了创业愿望；45.55%的学生保留意见；22.51%的学生表示目前还没有创业愿望；1.57%的学生选择其他项，提出开咖啡厅、成立工作室、贩卖商品、做微商等想法，这说明大多数学生对创业保持谨慎的态度。在"影响您创业的主要因素有哪些（选择最重要的一项）"这一题项中，选项占比从高到低依次为创业资金不足、能力不足、缺乏经营管理经验、缺少好的项目、缺乏人脉关系、其他，这说明创业资金不足是制约学生创业的最主要因素。具体结果见图4.1。

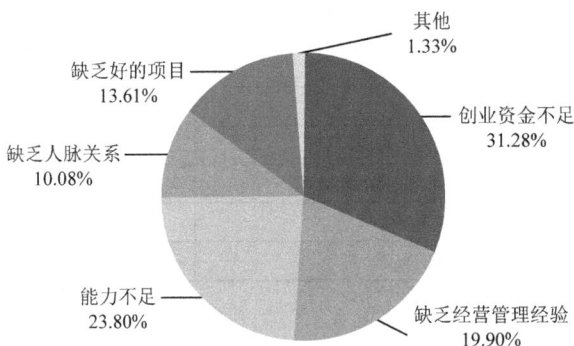

图4.1　高职院校影响学生创业的最主要因素各选项分布

在"您觉得一个创业项目能否取得成功最主要的因素是"这一题项中，学生认为能吸引庞大的客户群体、拥有核心技术、创新运营模式这三个方面比较重要。具体结果见表4.3。

表 4.3 "您觉得一个创业项目能否取得成功最主要的因素是"各选项占比

选项	占比/%
拥有核心技术	29.67
专利发明	1.83
能吸引庞大的客户群体	37.91
创新运营模式	23.79
极强盈利能力	5.62
其他	1.18
合计	100.00

对"如果您选择创业,那么您的创业目的和动机是什么"这一题项的回答结果显示,49.67%的学生是为了改善家庭经济和生活环境,29.41%的学生是为了实现对就业自主的渴望,10.33%的学生选择其他,7.19%的学生选择强烈的创业愿望,3.4%的学生是为社会经济发展做贡献,这说明大多数学生创业的目的是赚钱和解决就业。

（四）学生新技术应用型创新创业教育分析

学生接受创新创业教育,能激发思维、开阔眼界、提高技能和自身素质,而学校对创新创业教育的重视也会在一定程度上影响学生的创业氛围。鉴于此,我们进一步分析学生对温州地区 5 所高职院校创新创业教育的了解情况。

对"您认为学校是否有必要开展创新创业教育"这一题项的回答结果显示,62.03%的学生表示非常有必要,35.88%的学生选择中立意见,仅 2.09%的学生觉得没有必要,这说明学生愿意接受创业教育,为自己在以后的工作中打下良好的基础。

对"您认为学校所开设的课程是否有利于学生创业"这一题项的回答结果显示,49.87%的学生表示有利于学生创业,46.78%的学生表示作用不大,仅有 3.35%的学生表示非常有利于学生创业,这说明学校开设的课程对学生创业有一定的作用,但有待优化,更具针对性。

对"您是否了解本校的相关创业情况"这一题项的回答结果显示,57.39%的学生表示了解一点,30.46%的学生表示不了解;9.41%的学生表示基本了解,2.35%的学生表示比较了解,仅有 0.39%的学生表示非常了解,这说明大多数学生对本校的创业情况有所了解,但是不够深入。

在"如果您想创业,您希望得到学校什么帮助"这一题项中,34.42%的学生希望得到学校创业知识和技能培训,26.57%的学生希望参加创业实践活动,18.32%的学生希望校企合作开设创业基地,15.05%的学生希望放宽贷款政策,3.27%的学生希望成立校内创业协会等,2.36%的学生选择其他,这说明学生希望从学校得到创业方面的知识辅导和技能培训,希望有机会参加创业实践活动,丰富自己的工作经验，为以后的就业创业打下良好的基础，同时也希望得到创业资金支持。

四、与新经济相适应的新技术应用型创业能力提升的建议与对策

（一）丰富课堂教学，提升创业原动力和创新创造力

随着信息经济、知识经济向智慧经济的演进，创业教育也需要不断转型发展。一是树立新常态的创新创业教育理念。高职院校的创新创业教育要在培养企业创办者的基础上，提升到培育具备新经济时代下所要求的创新创业人才。以改革与新常态相适应的课程体系、教学内容和教学方法为主要手段，实现学生的创新创业能力在理论和实践上的同步提升，以及内在创新精神和创业意识的树立。二是建立多层次、立体化的课程体系。高职院校创新创业教育的课程体系应注重基础性、宽广性和实用性问题。在课程体系设计上要分层分类、由浅入深、相互融合，分设理论性课程和实践性课程两大主体，分为未创业、想创业、已创业三个层次，形成涵盖创业全过程的课程体系①。在全体学生中开设创业教育基础课程必修课和选修课，让学生具备创业基本能力和素质，培养学生创新创业意识。对有创业意愿的学生开设创业指导及实训类课程，培养学生的创新创业能力。对已经开展创业实践的学生，开展企业经营管理类培训课程和项目路演、运营培训，实现创新创业项目溢出。

（二）加强实践实训，提升创业意志力和实践学习力

在新经济背景下，创业教育已不仅仅是简单的技能培训，它是通过系列课程和实践操作来全面提升大学生各方面的素质。一是增加对创新创业教育的支持活动。大力开展各种形式的创新创业教育相关支持活动，学术讲座、沙龙讨论、专题报告、比赛竞赛、社团活动等都是可供选择的形式。二是加强校内配套基础设施建设。除了创业课程、创业培训指导等软件，学校还要提供免费创业场地，创造便利化条件、全要素融合、开放式服务，建立大学生创业的全方位、阶梯形的服务平台，提供苗圃培育、项目推介和跟踪帮扶等创业"一条龙"服务。三是产学合作搭建创业合作平台。遴选行业内具有代表性且参与意识强烈的企业人员参加专业教学指导委员会，根据企业和产业需要修改教学大纲、调整课程内容、开展创业项目、担任兼职讲师教授，将企业资源引入学校②，建立校企合作实训室，利用企业现有资源在企业内建立实训基地，提升学生的实践学习力。

---

① 谢志远，2016. 高职院校培养新技术应用创业型创新人才的研究[J]. 教育研究（11）：112.

② 夏亚莉，2008. 校企合作委员会：高等工程教育校企合作的新尝试[D]. 上海：华东师范大学.

（三）完善竞赛机制，提升机会识别力和团队抗风险力

努力在强化创新创业竞赛上开辟新途径。一是引入企业资源合作创业竞赛。学校应该积极与企业合作，共同为高职院校大学生举办综合或专项创业竞赛。与来自企业、工程技术领域、管理领域的专业人士在一起合作式地讨论竞赛，可以极大地提升学生机会识别力、科技工程能力、商业能力、创业管理能力水平[①]。二是组建竞赛指导专家委员会。成员应包括在创新创业教育、企业管理、市场营销、财务分析、产品包装、企业组织与经营等方面有研究的教师，并邀请校外相关行业专家和企业家，对创新创业竞赛的参赛队伍进行专业化的评审与指导。三是力促创新创业大赛成果转化。搭建创新创业项目团队与投资机构对接的桥梁，建立科技信贷、创新创业奖励、天使投资补偿等机制，为初创企业提供"首投""首贷"，积极引导社会资本对学生的创业项目给予赞助或提供风险投资。

（四）统筹社会资源，提升资源整合力和人际关系力

新经济背景下引领大学生成功创业，不仅是一项系统工程，更是一个社会工程，需要各机构和部门协同创新。一是整合创新创业导师队伍。建立优秀创新创业导师人才库，采用校内、校外聘用相结合的方式，构建一支"双师"素质的导师队伍，建立由成功创业者、天使投资人和技术专家组成的高素质、多元化专兼职创业导师队伍。鼓励专业教师与学生共同创办企业，教师可以技术作价入股，成为企业的经营者与管理者。二是家庭方面的支持。大学生创业者大多需要家庭支持，家长首先要转变思想，支持鼓励有一定创新创业素质的子女自主创业，不仅要在物质上提供帮助，更要在精神上给予支持，培养创业者处理组织内外关系的能力，做他们坚强的精神和经济后盾。三是社会方面的支持。建立政校行企合作的良性运行机制，积极利用各级政府、大学科技园和企业孵化器，建设校外创业教育基地、创业实训基地和创业孵化园，为创业学生与政府、学校、行业、企业以及基于国际合作建立良好的人际关系力。

第二节　实施双创战略促进区域科技进步——以温州众创空间的发展为例

本节以双创战略在民营经济相对发达的温州地区的实施及其效果为研究对象，分别从国家政策的解读与众创空间的内涵着手，通过调研，以翔实的数据展示温州地区创客空间的发展历程和特征，并就存在的问题，结合产业特色、人才聚焦和投资文化等方面，提出对策和建议，以促进该地区的科技进步。

---

① 韩晨光，2015. 理工科大学生创业能力评价研究[D]. 北京：北京科技大学.

一、众创空间的内涵

（一）政策导向与引导层面

在 2015 年 3 月李克强总理发出"大众创业、万众创新"的号召后，众创空间作为我国实施创新驱动发展战略的新型载体应运而生，成为推动"大众创业、万众创新"的驱动力以及激发创新潜能、创业行动的有力推手。《国务院办公厅关于发展众创空间推进大众创新创业的指导意见》（国办发〔2015〕9 号）对创新创业提出明确要求，即营造良好的创新创业生态环境、激发亿万群众创造活力、打造经济发展新引擎。众创空间的出现是顺应新一轮科技革命和产业革命的必然，成为有效满足"互联网+"时代以共享经济、社区分享为基础的"大众创业、万众创新"的服务平台。随着"大众创业、万众创新"战略的进一步深入以及市场对众创空间需求的提升、创业者追求便利化意愿的增强以及知识溢出和成果聚集效应的凸显，众创空间作为连接国家政策与创业者的平台和纽带，其重要性更加不可忽视。2016 年，《国务院办公厅关于加快众创空间发展服务实体经济转型升级的指导意见》（国办发〔2016〕7 号）出台，倡导通过龙头企业、中小微企业、科研院所、高校、创客等多方协同打造产学研用紧密结合的众创空间，吸引更多科技人员投身科技型创新创业，促进人才、技术、资本等各类创新要素的高效配置和有效集成，推进产业链创新链深度融合，不断提升创新创业的能力和水平。由国家政策的层层推进可以看出，在政策层面，随着全球新一轮科技革命和产业革命对社会经济影响的深入和我国"大众创业、万众创新"战略的不断深化，创客空间已经由单纯的为初创者提供服务的载体、低成本的创业空间演变成由科技成果孵化器、社交集群、知识分享社区、网络共享团体、加速器、产业园区的多层次、多空间、多对象型的链接各创业过程、支撑成果孵化的综合性的平台。为了进一步发挥众创空间创新集聚、成果聚合、知识溢出的作用，营造良好的运营环境、降低运营成本，各地方政府纷纷出台相关实施意见，力求提供有力的机制保障。《浙江省人民政府办公厅关于加快发展众创空间促进创业创新的实施意见》明确指出构建健康发展的众创空间生态体系，坚持以市场化、集成化、专业化、网络化为发展方向，提供开放性资源、融资服务，培育发展众创空间等新型创业服务平台[①]。温州市政府则立足于区域特点和产业特色，积极响应国家和省政府积极发展众创空间的号召，提出围绕五大支柱产业和十大新兴产业的创新链产业链，发挥政府产业引导基金作用，培育发展创新服务机构，建设一批集孵化、服务、科研于一体的众创空间，充分发挥众创空间服务地方、创新地方的作用。

---

① 浙江省人民政府，2015. 浙江省人民政府办公厅关于加快发展众创空间促进创业创新的实施意见[EB/OL]. （2015-06-26）[2023-11-13]. https://www.zj.gov.cn/art/2015/7/7/art_1229017139_57152.html.

（二）功能实现与发展层面

众创空间的概念起源于美国，其兴起与"创客风潮"有密切的关系。从众创空间的功能角度分析，其主要目的是提升创业者的创新能力，通过资源聚集、知识聚集、技术聚集实现溢出效应。《创客杂志》（2005 年创刊于美国）曾对创客空间下过定义，作为真实存在的物理场所，众创空间必须具备开放的实验室、交互的硬件加工等条件，将创意转化为产品，如德国的混沌计算机俱乐部（Chaos Computer Club）具有加工车间、工作室等功能，利用空间的激光切割机、3D 打印机等硬件设备实现创新创业[1]。Boylea 等在研究澳大利亚公共图书馆在创客空间中的作用后指出，成功的创客空间需要具备一些共性，包括具有聚集共同创新意愿的团体、激发同一创客社区内的合作与创新、在同一空间中形成更大的用户群、实现代际之间的学习和社会联系、促进知识的快速传播和传递、培养终身学习的理念等功能[2]。除此以外，众创空间还应该具备成果商业化、知识专业化、资源集成化的特点[3]，实现运行方面的创新与创业相结合、线上与线下相结合、孵化与投资功能相结合[4]，并具有工作空间、社交空间、网络空间、资源共享空间的功能[5]。

二、温州众创空间的发展现状及特征

（一）众创空间数量呈爆发式增长、跨越式发展

为了切实贯彻执行国家创新创业战略区域化，实现与产业对接、促进产业发展的地方化战略需求相对接，温州各级政府、各类高校和企业充分发挥协同创新精神，协力建设更加符合实际发展需求的众创空间。2015 年，温州仅有实体化众创空间 15 家，而截至 2016 年 6 月底，温州全市共有众创空间（含孵化器）59 家、创业服务机构 6 家，其中具有市级以上资格的科技企业孵化器 14 家、市级众创空间 8 家，与 2015 年同期相比，以平均每个月 7 家的建设规模快速增长，形成了综合性众创空间与专业性创客服务中心互补的发展格局。全市众创空间呈爆发式增长趋势，充分体现了双创战略温州本土化实施的效率。截至 2017 年底，温州市级众创空间更是呈现爆发式增长，市级众创空间增加 29 家，孵化器增加 2 家，增加

① 潘冬，严登才，2018. 新常态下众创空间建设的结症及其优化策略研究[J]. 城市发展研究（5）：65-73.

② BOYLE E, COLLINS M, KINSEY R, et al., 2016. Making the case for creative spaces in Australian libraries [J]. The Australian Library Journal, 1: 30-40.

③ 杨艳娟，应向伟，叶灵杰，2017. 众创空间生态体系：理论检视、系统建构与发展策略——以浙江省为研究视域[J]. 科技通报（1）：254-258.

④ 桂晓璐，张巍巍，王有志，2016. 苏州"众创空间"的发展现状与对策研究[J]. 甘肃科技（22）：8-11.

⑤ 李泽众，2015. "众创空间"发展的浙江路径[J]. 浙江经济（16）：25-26.

量同比增长近 30%;已建成投入使用的各类科技创新创业孵化平台共计 120 多家,同比增长 49.38%。

截至 2022 年 8 月,温州市级及以上备案众创空间 83 家,其中,国家级备案 18 家、省级备案 36 家、市级备案 29 家。2022 年上半年,温州新增初步具备"七个一"标准导向的孵化基地 22 个,孵化面积达 60 万平方米,新入驻科创企业(项目)83 个。与此同时,创客人才还呈现出年轻化的特点,据不完全统计,在温州的创客中,以企业技术人员、高校教师、大学生为主,创客平均年龄不到 30 岁,人才构成上也较为合理,梯度鲜明,整体上从事的行业领域集中于工业设计、信息技术、电子商务、文化创意等产业,呈现以"互联网+"发展为契机,实现新模式、新业态、新技术带动传统产业发展、与传统产业融合的趋势。

(二)众创空间覆盖面广,基本实现温州全区域覆盖

温州市级及以上备案的 83 家众创空间在温州各个县市区均得到一定发展,市级以上的众创空间,鹿城区占 17%、龙湾区占 15%、瓯海区占 19%、瑞安市占 22%、乐清市占 9%、平阳县、苍南县和洞头区各占 4%、经济开发区、永嘉县和文成县各占 2%,见图 4.2。这些众创空间分布在各个市辖区,聚落了各区域内的孵化平台,整合、增强了各区域内的创新创业能力。

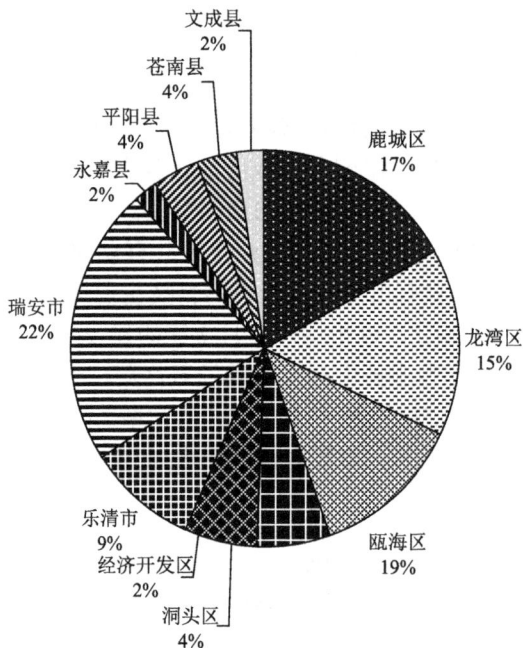

图 4.2 温州众创空间分布

（三）众创空间等孵化平台活动多样、聚集性强

截至 2022 年 8 月，温州的孵化平台已吸纳入驻创业企业（团队）共计 4500 多家（支），带动了近 30000 人的就业，其中更是促成温州市应届大学生就业数 7000 人次以上。此外，众创空间在 2021 年温州各区举办了 2000 场以上各类创新创业活动，辅助了温州各区县的双创建设，且从实际调研情况来看，各县（市）区都建立了至少 1 家众创空间，平均集聚创客人才 20 名以上，初步形成了政府引导下的根植地方产业的，功能全、类型多、主体多元的众创空间发展格局，这种格局以综合性众创空间为主体，以专业众创空间为特色，在发展温州众创经济的过程中发挥了作用。

（四）依托众创空间形成全方位、全链条式扶持体系

经过多年的建设和发展，温州的众创空间已经初具规模。基于为创客提供服务、为自主创业建设平台、为创客交流打造归处、为项目孵化成就去处的理念和定位，温州区域内的众创空间已经形成了全方位、全链条式的创客创新创业扶持体系[①]。例如，温州红连薪火工坊不仅利用其自身平台优势为创客提供了 100 多个创业岗位，而且通过不断探索构建出适合温州本土创客发展的全新的创业创新生态系统。

三、温州众创空间发展存在的问题及不足

（一）温州创新创业环境欠佳，不能有效地吸引外来人才

从政府层面上看，温州支持众创空间发展的力度相较于北京、深圳、杭州等地明显偏弱，政府服务方式和效率滞后于经济发展要求，政策门槛高，很多企业并不能很好地享受到政策。从空间布局看，温州的众创空间大多分布在企业旧厂区等区域，这类区域往往缺乏与人才相适应的生活配套设施，创业者的生活环境处于相对劣势[②]。这些问题导致温州市外的创业团队和人才难以长期驻守温州，本土优秀的创业资源也相继转战上海、杭州等地，出现创客人才"空巢化"的现象。相关数据显示，温籍高校毕业生回温州就业的比例在 63%左右，但是具有明显的专业倾向，技术型、高新产业对接的专业基本无人愿意回到或者留在温州工作，如温州大学计算机软件应届毕业生留在温州的比例几乎为零。这些因素造成了创客队伍在专业知识和技能结构上的失衡，同时，温州众创空间总体上高质量的创

① 林聪伶，台新民，2017. 温州市众创空间发展现状、问题及对策研究[J]. 浙江工贸职业技术学院学报（2）：46-50.

② 范海霞，2015. 各地众创空间发展政策比较及启示[J]. 杭州科技（3）：53-57.

业项目不多,部分众创空间"有店无客",如国智 9 号乐创汇的入驻率在 10%左右。

（二）众创空间观念模糊，界定不一致

众创空间的兴起，政府的支持，民间投资力度的加大，使得众创空间已经演变为一种新兴的产业，越来越多的人想要通过众创空间来实现自己的创业想法①。可是，很多团队或者组织对于众创空间的概念并未界定清晰，将众创空间仅仅看作一个各类团队的集聚地或者理解为传统的孵化器等，也有将众创空间简单地等同于电商园、文创园、时尚产业街区等。温州众创空间的负责人表示：就目前温州的具体情况来看，大多数人群对于众创空间的认识其实存在一定的偏差，对于众创空间的定义太过于广泛，以上这种情况的发生不利于众创空间的发展，更不利于资源要素集聚发展。为此，如何对众创空间这一概念进行更为精准化、细致化的界定，则变得尤为重要，清晰地界定概念能更好地实现政策的分类指导和精准对接。

（三）创业团队参差不齐，素质亟待提升

在温州众创空间吸纳的项目中，50%来自大学生创业，这类项目团队虽然活力强，但是由于其缺乏实际的经验，多数项目呈现出疲软的态势，缺乏较高的科技含量，市场竞争力颇弱，发展前景偏弱。与此同时，由于温州相对杭州而言，吸引力远远不足，故对于海外项目及科技人员创业项目的吸收较少，不足 30%，公司高管离职创业的项目更是不到 10%，而这类创业项目恰恰具有一定的技术含量或创新能力，在市场上颇具竞争优势。因此，对于温州目前的发展状态而言，温州众创空间的项目整体在市场化发展中的能力仍然较弱。

（四）众创空间职能不明、功能滞后

温州的众创空间在爆发式增长方式发展过程中也带来了功能不强、氛围不浓、专业管理人才缺乏等并发问题。与其他大中城市相比，温州的众创空间大多位于城市边缘地带，创新创业资源不集聚，创新创业氛围不佳，人气稍显不足，甚至部分众创空间仅有物理空间而未能提供创业辅导、投融资、社交、中介等服务。众创空间在目前阶段可能存在空间资源浪费问题。随着众创空间的数量不断增加，运营的人才队伍和服务能力跟不上，拉低了整体创业服务能力。

（五）创业投资增长缓慢、主体缺乏热情

2013 年，温州设立了创业投资引导基金，旨在通过引导社会资本的投资来实现健全创业投资体系的目的。从实际运营情况看，雄厚的温州民间资本对高风险、

---

① 陈章旺，柯玉珍，孙湘湘，2018. 我国众创空间产业政策评价与改进策略[J]. 科技管理研究（6）：18-24.

高回报的创业投资比重虽有增加，但总体而言，仍偏重于投资见效快的行业，但是相较而言还是处于一个较低的比例，创业投资引导基金在此过程中也未能发挥应有的作用。同时，温州本土的投资资源稀缺，截至 2017 年底，全市仅有 3 家众创空间营运服务商拥有天使基金。市场资金的难以维持容易导致优秀的初创团队和项目外流的情况。

（六）众创空间类型单一，缺乏专业性和多元化的发展要素

温州的众创空间以综合性为主，专业性和多元化的众创空间数量少，对实体经济及产业发展缺乏带动力。就目前而言，温州的众创空间大部分仍为综合性众创空间，因此入驻的创业团队类型多样，多样的类型导致孵化平台项目同质化、低端化的现象明显，同时使得众创空间资源无法得到有效配置。温州的专业性众创空间相对较少，集中的领域呈现过度的专一化，主要在"互联网+"技术和文化创意领域等几个方面较为突出，缺少围绕温州产业发展需求或由温州龙头骨干企业和科研院所主导的众创空间，这使得温州的众创空间整体与本市经济、产业发展结合的能力偏弱，无法带动实体经济与产业的新发展、新升级。

四、进一步提升温州众创空间发展的建议

（一）通过政策落地，提高现有平台的资源利用率

高端性不足、转化性不够流畅、能级不高等问题在温州众创空间发展过程中逐渐显露，面对如此窘境，温州应整合社会资源，允分利用传统的孵化器、大学科技园等创新创业载体，优化和完善当前的运营机制和业务模式并加快推广。同时，在浙南科技城、温州高新区等地新辟创新创业资源较为积极的区域，加大众创社区的投入建设，如创客小镇等，辅以引进各类高级人才，充分发挥人才在学科、研发等方面的资源优势，以人才引人才，吸引更多、更优质的科研人才，形成规模效应，引导国内外创客来温州创业。也可通过鼓励多元化的创业主体进行创业，如高校师生、科技人员、连续创业者等通过企业法人、创业社区等多元化组织形式，建设不同于现有创新创业平台的新载体。

（二）集聚各类储备人才，培育集聚化的创客群体

温州对于储备人才需要采取更适宜的方式、方法。增强创客大赛项目在温州举办的可能性，以举办各类创客创业创新活动为契机，多形式、全方位地积聚各类人才，为温州储备更多的创客人才，也可进一步通过完善人才项目的扶持机制，更大程度上实现创客从众创空间到市场的成功转变。在创客人才的数据统计、收集之上，也要进一步加大力度，将重点放在强化创客人才作用发挥的机制研究之上，做好人才、创业项目储备工作，搭建创新人才、创业项目与众创空间的桥梁，

采用学徒—导师制的方式，建立导师资源库、项目信息库等，通过搭建人才、导师及潜力项目三者之间的桥梁来实现全方位的人才储备工作。对于本土创新人才资源，也要通过培训、讲座等各类方式，将人才转变为创业人才，而这类人才的发掘，需要不断挖掘高校、科研院所和大型上市企业的人才资源，使之转变为众创空间的人才储备。另外，众创空间等孵化平台可开设"人才讲堂""创业培训"等类型的活动，加强其与人才之间的情感及支持服务维系，引进创新人才及优质潜力创新项目。同时，也要注重引进国内其他城市的高层次创新创业人才，可以通过提供项目孵化保障以及资金支持等条件来吸引海外人才的流入。

（三）以效能促氛围，实现"众创生态"的进一步优化

通过各类创业创新大赛培育全国知名创业青年典型或者挖掘各类竞赛中脱颖而出的优胜者，鼓励其留在温州创业。典型代表的树立有利于营造出良好的氛围，扩大温州在全省乃至全国的创业创新影响力。为此，温州在后续的众创空间的发展过程中，要加强对众创空间进行整体宣传推介，通过发布"温州众创空间地图""温州创客指数"，引导更多人才和团队。同时，利用好线上、线下双线资源，构建完善的创业宣传传播体系，塑造独具温州特色的众创空间整体面貌，利用新媒体、自媒体等传播渠道搭建多元的创业活动发布平台[①]。与此同时，要出台相关政策，支持跨界之间的相互合作，鼓励各种社会力量举办创业沙龙、创客大讲堂、创业训练营等活动；学习北京、深圳等地可取经验，丰富众创空间的建设类型。

（四）秉承政府引导、市场主导的理念，做到各尽其能

当前活跃的各类众创空间大多是市场主导下自发成立的，如北京中关村创业大街如此大规模的众创空间，也是政府回应市场主体需求的结果[②]。在市场主导的大背景下，政府仍然扮演着不可忽视的重要角色。众创空间的发展在尊重创业者群体需求的同时，还需要政府部门对相关政策进行解读，在温州普及众创空间相关专业知识，让众创空间的概念界定更加清晰化。与此同时，需要通过举办各类培训讲座来更好地发挥市场导向的作用，在遵循创新创业规律的前提之下，鼓励形式多样的创新业态，但在需要上要严格把关，以精求质量，切不可一味地追求数量上的激增，而忽略质量上的要求。此外，还需要充分利用好建立起来的众创空间联盟，及时掌握众创空间发展动态，建立众创空间信息管理系统等，帮助众创空间及时有效地对接相应资源，通过以上种种方式来共同构建良好的创业生态环境。

---

① 陈夙，项丽瑶，俞荣建，2015. 众创空间创业生态系统：特征、结构、机制与策略——以杭州梦想小镇为例[J]. 商业经济与管理（11）：35-43.

② 彼得·马什，2013. 新工业革命[M]. 赛迪研究员专家组，译. 北京：中信出版社.

（五）加大创业风险投资发展力度，倡导投资文化

对于创业风险投资优惠政策，温州相对于其他拥有处于前列企业的城市而言是处于相对劣势的。为此，温州需要建立更加完善的风险投资、创业投资发展优惠政策，通过阶段参股、跟进投资等多种方式，引导金融资本和民间资本的投入，更要明确做好引导培育创业投资群体的工作，形成独具温州特色的投资文化。吸引更多成功的创业家投身天使投资，使后续创业者能够获得有效的启动资金、创业经验等，加快实现从创业者到企业家的转变，积极引入国内外优秀投资机构来温州创业投资，通过引入创投人才，更新创投理念、管理方式以及对成长企业的服务模式，进一步助推创业投资环境的发展①。

（六）完善创业创新公共服务，形成产业导向

发展众创空间，核心在于体制改革、公共服务、社会环境三个方面。为此，温州应做好以下几个方面。首先，要简政放权，深化行政管理体制改革，在部分地区推行集中办公区登记制度，破除体制机制束缚，试行"先照后证""一照多址"等多种方式。其次，要积极推动科技创新，完善创新创业公共服务，引导和激励科技创新平台向创客开放仪器设备，促进公共科技资源和信息资源开放共享②。再次，要实现服务体系网络化，营造鼓励创新、宽容失败的社会环境，构筑起创业创新公共服务网络体系。最后，要积极鼓励支持建立温州龙头企业创建孵化平台。平台的建立可以使更多的众创空间借助创办企业的自身资源，减缓自身的压力，同时也可以为创办企业减少支出，调动众创空间中人员的积极性，辅助创办企业的发展，在一定程度上能够刺激该行业领域的创新创业发展。

第三节 高职院校新技术应用型创新创业生态系统构建

构建高职院校新技术应用型创新创业生态系统是在新一轮科技革命与产业变革下实现高职教育人才培养目标、助推国家实施创新驱动发展战略和地方促进产业升级的重要选择和途径。本节分析了新技术应用型创新创业教育理念，并在此基础上构建新技术应用型创新创业生态系统模型，探讨该创新创业生态系统的基本要素构成和各构成要素之间的相互关系；最后以温州职业技术学院为个案，归纳总结以新技术应用为导向的创新创业实践成效，并从专业集群、课程体系、管理机制、社团活动、全球化战略和竞赛体系等六方面提出思考与建议。

---

① 池春阳，2018. 创新集群理论视角下长三角众创空间优化策略研究[J]. 科技管理研究（12）：135-139.

② 王占仁，刘海滨，李中原，2016. 众创空间在高校创新创业教育中的作用研究：基于全国6个城市25个众创空间的实地走访调查[J]. 思想理论教育（2）：85-91.

一、构建高职院校新技术应用型创新创业生态系统的意义

随着新一轮科技革命的到来,人工智能、大数据、智能机器人、3D 打印机等新技术使工作岗位发生了极大改变,新技术、新产业、新业态扑面而来,高等学校被寄予以科技创新与成果产业化等提升经济竞争力的厚望。2015 年国务院办公厅出台《关于深化高等学校创新创业教育改革的实施意见》(国发办〔2015〕36号),强调集聚创新创业教育要素与资源,统一领导、齐抓共管、开放合作、全员参与,形成全社会关心支持创新创业教育和学生创新创业的良好生态环境。经济和社会发展需要高职院校与区域经济社会发展深度融合,为区域产业转型升级提供高素质技术技能人才;需要高职院校开展创新创业教育,培养创新创业人才;需要高职院校创造、创新并进行成果转化,创建"产学研创"一体化的人才培养体系,培养以新技术应用为特质的创新创业人才。因此,构建高职院校新技术应用型创新创业生态系统已成为国家深化创新创业教育改革的趋势。

(一)有利于高水平高职院校人才培养目标的实现

根据《国家创新驱动发展战略纲要》,我国的战略目标分三步,其中第二步是到 2030 年跻身创新型国家前列,发展驱动力实现根本转换,经济社会发展水平和国际竞争力大幅提升,为建成经济强国和共同富裕社会奠定坚实基础。这一目标的重要前提就是一定要重视各类应用型创新人才的培养。相比较于其他类型的人才,应用型创新人才是将高职院校科技成果转化为现实生产力的重要基础,是把高职院校科技成果运用到生产与实践中的重要核心,也是整个国家经济社会发展稳定和产业转型升级的重要前提。相比传统的高职院校人才培养模式而言,新时期的高职院校作为高素质技术技能人才培养的摇篮,不仅仅要求在人才培养上要具备传统高职教育教学的性质,更需要培养出的人才具备创新意识与创新精神,成为应用型创新人才,构建以新技术应用为特质的高职院校创新创业生态系统,有利于培养学生的创新意识与创业精神,有利于实现新时期高水平高职教育人才培养目标。

(二)有利于培养技术创新型创业者

目前大学生创业实践可以归为两类。一类是生存式创业,很多地方本科院校与高职院校为学生提供校内创业场所和平台,大部分学生的创业项目也主要是面向校内学生市场。这种成本低、技术含量低、管理运营水平低的创业实践缺乏稳定性和成长性。另一类是双一流类高水平大学主导的科技含量高的学生创业。这种创业实践对学科科研的依附度高、投入高、风险高,虽然具有一定的成长性,但成功率不到 5%。与这两类创业实践相比,高职院校新技术应用型创新创业恰恰实现了取两者之长、补两者之短,即只要掌握新技术,对接社会发展、客户需求,

提供新的产品与服务，就能够最大限度地减弱创新创业对学科科研的依附度。新技术应用型创新创业模式不仅具有技术含量，而且具备投入少、见效快、周期短等特征，符合高水平高职院校创新创业人才培养的发展趋势，有利于培养技术创新型创业者。

（三）有利于高职院校践行国家双创战略

目前，我国已步入众创时代，"大众创业、万众创新"既阐明了发展问题，更突出了民生问题。国家层面通过政策提到多种创新创业的组织形态，越来越清晰地表达了以创新促进创业的战略思路和发展路径，也准确地表达了双创战略的主体性、群众性和活力性。以新技术应用为导向的高职创新创业生态系统恰恰体现了这几个特性，既强调个体的创新创业，又强调具有技术含量的创新创业。可以说，构建以新技术应用为科学载体的高职院校创新创业生态系统、培养应用型创新创业人才是高职院校践行双创的具体行动。

二、新技术应用型创新创业生态系统的概念及相关理论

（一）创业生态系统理论

创业生态系统是商业生态系统衍生出的子系统之一。普拉哈拉德（Prahalad）认为，创业生态系统中的个体具备共生关系，能够使具有不同动机、文化背景、规模、影响力的社会主体协同发展并共同创造出社会财富[①]。麻省理工学院的杜恩（Dunn）教授利用麻省理工学院在进行创业教育过程中形成的十几个项目对学生进行有目的的组织并且在学院专门成立的创业中心内对这些项目进行孵化以及对学生进行专门的培训，构建以培养创业精神为目的的麻省理工式的创业生态系统[②]。以艾森伯格（Isenberg）为代表的学者将商业系统与创业行为进行关联，将创业生态系统和政府政策的影响相结合，提出政府制定相应的保护政策能够进一步促进创业的成功和可持续发展，进而创造更多的社会和经济价值[③]。科恩（Cohen）则认为，创业生态系统必须基于特定区域的资源而存在，是特定区域内各种相关主体相互作用形成的群落，这些资源能够对新创企业的成长和持续性发展起到关键的支撑作用[④]。维吉尔（Vogel）指出，创业生态系统由一个地理区域内的各种具

---

① PRAHALAD C K, 2005. The fortune at the bottom of the pyramid: Eradicating poverty through profits[M]. Upper Saddle River, NJ: Wharton School Publishing.

② DUNN K, 2005. The entrepreneurship ecosystem[J]. MIT Technology Review,9:1-17.

③ ISENBERG D J, 2011. The entrepreneurship ecosystem strategy as a new paradigm for economic policy: Principles for cultivating entrepreneurship[R]. Presentation at the Institute of International and European Affairs.

④ COHEN B, 2006. Sustainable valley entrepreneurial ecosystems[J].Business Strategy and the Environment,1: 1-14.

有交叉关系的群组组成，它们之间相互依存，这些群组包括创业主体和资源环境要素①。梅森（Mason）和布朗（Brown）认为，创业生态系统由不同的创业主体（包括创业企业、投资主体、高校）和创业环境（政治、文化）组成，通过正式和非正式的关系提高创业活动的绩效②。林嵩则将研究焦点放在创业生态系统内的企业中，认为创业生态系统是由创业主体和其所处的外部环境统一构成的有机整体，它们相互依赖、彼此影响，通过共同作用使整个系统达到平衡的状态③。

（二）创业教育生态系统理论

创业教育生态系统是教育生态系统的组成部分，教育生态系统是由教育的参与主体以及主体依存的环境共同组成的复杂与多元化的整体系统。教育生态系统与其周围环境的联系，以及教育生态系统内部各种参与主体和内部环境的相互作用，通过教育系统内的各种角色，尤其是教育机构内的各种角色进行联结，使得生态系统内的主体和环境处于彼此联系中，并且这种联系是动态和发展的，处于"平衡—不平衡—重新平衡"的动态演进过程④。吴林富指出，在教育生态系统中，实施教育者、接受教育者以及各级教育组织机构共同构成了教育生态系统的主体，教育管理者、教师以及学生通过管理机构、授课和指导、相关服务以及科研项目进行结合，构成教育生态系统中的利益共同体，并具有相同的目标，其中的主体、活动、目标、成果都受到其所处的生态环境的影响⑤。

创业教育生态系统则是在教育生态系统中将系统内不同主体的定位、活动以及目标进行进一步细分，与自然生态系统中物种与外部环境之间的关系相同，创业教育生态系统内部环境与外部环境之间、不同行为主体之间的变化和演进过程也是由彼此间的平衡到不平衡，进而通过政策调整、环境整合再完成平衡的过程⑥。完善的创业教育生态系统由已经进行创业行为或者有相关资源的校友、具有创业理论和实践经验的教师、企业人员、项目团队以及竞赛团队、为创业活动提供物质支持的基础配套设施、能够进行项目孵化和提供创新条件的创业园和孵化器、各种资源聚合的创新创业网络，甚至跨国范围的资源等构成。

（三）新技术应用型创新创业生态系统理论

新技术应用型创新创业是在综合新技术、技术应用、创新型创业者和创业教

① VOGEL P, 2013. The employment outlook for youth: Building entrepreneurship ecosystems as a way forward[C]. Conference Proceeding of the G20 Youth Forum.

② MASON C, BROWN R, 2014. Entrepreneurial ecosystems and growth oriented entrepreneurship[R]. Final Report to OECD, Paris.

③ 林嵩, 2011. 创业生态系统：概念发展与运行机制[J]. 中央财经大学学报（4）：58-62.

④ 范国睿, 2000. 教育生态学[M]. 北京：人民教育出版社.

⑤ 吴林富, 2009. 教育生态管理[M]. 天津：天津教育出版社.

⑥ 贺祖斌, 2005. 高等教育生态论[M]. 桂林：广西师范大学出版社.

育等多个概念的基础上构成的复合性概念。新技术一般是指在原有的技术基础之上经过改革或改良的技术，"不但包括各种新产品、新设备、新材料及新的工艺操作方法，还涵盖了与之关联的新管理方法、新系统"①。技术创新一般包括两个阶段："第一阶段是科技人员开展创新研发，发明新技术；第二阶段是开展技术转化，将新技术转化成新工艺、新产品和新服务等"②。高职院校新技术应用属于第二阶段，新技术应用不是发明新技术，而是利用新技术开展创业，是将现有的技术转化成现实的新产品、新服务和现实的生产力，是能够与教育相结合形成新的人才培养模式的创新性理念。研究者强调，当高素质技术技能人才培养体系以工作过程为参照时，实际上是被看作知识应用的工作过程。新技术应用是有计划、有目的、系统地传授新理念、新方法、新技巧，从而有效地提高学生专业应用能力的教育③。

新技术应用型创新创业区别于已有的创新创业概念，主要包括以下三个特征：一是新技术应用型创新创业人才主要由高职院校来培养，属于创新型创业人才的范畴，与企业家不同，其所有权属性比较低、知识技术含量比较高；二是新技术应用型创新创业人才拥有新技术，具有创新精神和创业意识，并具备将科学技术成果转化为现实生产力并推向市场的能力；三是新技术应用型创新创业人才利用新技术开展创业，通过统筹相关要素和资源，为市场提供创新产品、创新技术和创新服务，从而推动新技术实现商业化价值。新技术应用型创新创业立足产业，与专业深度融合，以新技术应用为导向，面向全体学生分层分类开展人才培养活动，其特点是面向人的、基础性和普及性的教育。

高职院校新技术应用型创新创业主要是基于经济新常态、双创新环境和"互联网+"新科技等多元背景相结合而产生的新概念，是符合高职教育规律并凸显高职创新创业教育特色的一种人才培养新模式。高职院校在新技术应用型创新创业人才培养过程中，以推进区域产业转型升级为立足点，以技术革新和技术应用为手段，以学生的兴趣和需求为动力，通过利用新技术、提供创新服务来实现技术产业化的综合性创新创业实践活动，培养具有创业者特质的新技术应用复合型人才。这种创业教育理念强调建立以需求为导向、以新技术应用为手段、以课程为依托、以团队为支撑的"产学研创"一体化人才培养模式，而且培养出的人才能够以自身掌握的技术为基础，发起并组建创业团队，实现技术向生产力转化。基于新技术学习与应用是高职院校学生创新创业最重要的资本，其理论逻辑也反映出"教育链"与"产业链"的对应关系，"链"的接点实际上就是新技术应用的平台和人才培养的支点，由此构成了高职人才培养的两大生态系统，使以新技术应

① 刘海明，谢志远，刘燕楠，2018. 高职教育人才转型的战略思考：推进产教融合，服务产业发展——兼谈高职院校"新技术应用"人才培养方略[J]. 高等工程教育研究（2）：182-188.
② 鄂甜，2015. 论新常态下我国职业教育转型发展策略[J]. 职业技术教育（22）：8-12.
③ 谢志远，2016. 高职院校培养新技术应用创业型创新人才的研究[J]. 教育研究（11）：107-112.

用为导向的人才培养系统化。高职院校创新创业教育，要在技术人才培养上精耕细作，依托产教融合，提升人才社会服务与创新能力，利用人才优势为产业输出新技术应用"最后一公里"的技术源①。

三、高职院校新技术应用型创新创业生态系统模型的构建

新技术应用型创新创业同样是一个具有多因素、多环节、多层次、多阶段等特征的复杂的生态系统。高职院校新技术应用型创新创业生态系统可以归纳为：在特定的时间和空间范畴内，高职院校作为新技术应用型创新创业生态系统的运行主体，与关联的政府、企业、家庭等生态环境因子之间不断进行信息互通传递、资源互补共享和物质交换循环而形成统一整体。在理想状态下，主体与生态因子之间优势互补、互利互惠、双向受益，整体推进生态系统向结构多元化和功能齐全化的趋势发展，最终达到一种稳定的平衡的状态。健康的生态系统应体现开放性、循环性、永续性、整体性等特征。依据系统差与要素类型及系统功能，高职院校新技术应用型创新创业生态系核心的内部生态因子构成主要包括学校主体、教育客体、教育载体，核心的外部生态因子构成主要包括政府、市场、平台，如图 4.3 所示。

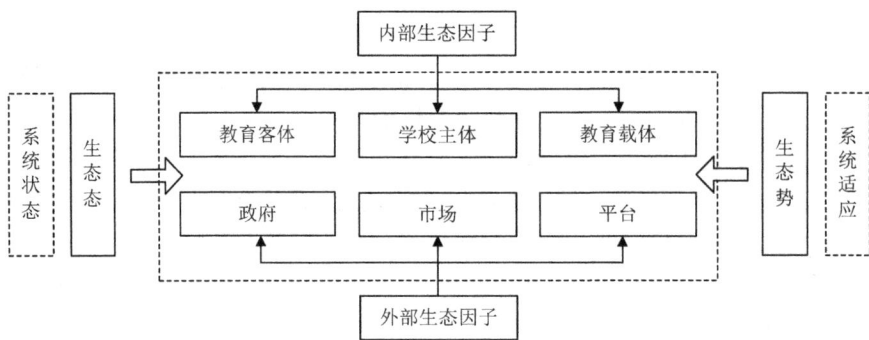

图 4.3 高职院校新技术应用型创新创业生态因子构成

"态"主要是指作为生态系统主体的高职院校在进行新技术应用型创新创业人才培养时所呈现出的一种状态，是在一定时间和空间范围内每个生态因子在服务整个新技术应用型创新创业教育结构中所占的比例及作用的发挥水平，它深层次地反映出高职院校新技术应用型创新创业人才培养在整个社会创新创业生态系统中所占据的空间位置和所担任的服务角色。

"势"主要是指政府对高职院校新技术应用型创新创业相关支持性政策、区域

① 谢志远,刘燕楠,2018.深化产教融合推动职业教育技术革命：高职院校新技术应用人才发展战略思考[J].中国高教研究（3）：103-108.

经济社会发展相对应的区域产业转型升级和高素质技术技能人才需求及创新创业资源、初创企业发展需求及协同科技创新服务平台的适应度，它要反映的是对社会、政府、行业、企业等外部环境的主动适应性，特别是对初创企业社会服务与创新能力提升的现实影响力和作用力。

作为一个与生物相类似的复杂系统工程，从生态位理论基础看，高职院校新技术应用型创新创业在实施过程中同样需要配备充足的资源并占据有利的空间，在有效控制新技术应用型创新创业资源重叠度的基础上，避免产生创业教育服务内容相互排斥的现象，并从不同维度和方向来施展新技术应用型创新创业。由生态位的内涵可知，新技术应用型创新创业生态系统也是由多个生态因子组合而成的，但每个因子的作用程度和影响效用都不一样，因此，从高职院校创新创业教育实际出发，需要从新技术应用型创新创业教育生态环境的测度出发，调配不同生态因子在不同阶段、不同层次、不同类型、不同环境的教育资源体系中的构成比例。其中，高职院校新技术应用型创新创业生态环境测评用于分析各生态因子的影响效力及开发利用程度，对其进行评估和监控，诊断新技术应用型创新创业教育在创新创业项目孵化的不同阶段下，其教育服务能力和教育载体因子的使用状况的适应程度，从而根据新技术应用型创新创业项目孵化需求而有针对性地进行教育服务方向及内容的调整，整合有效资源网络，吸收稀缺资源要素，确保高职院校新技术应用型创新创业有序、高质量运行。

高职院校新技术应用型创新创业生态系统是根据高职院校定位、创新创业人才培养理念以及与职业和岗位深度对接的特点，以新工业革命过程中兴起的、切实符合地方企业需要的新技术在生产过程中的应用为培养理念，以当前教育技术与生产技术相结合的教育手段和组织形式为载体，以来自企业和学校的"双师型"师资为实施主体，以理论知识和社会实践相融合来构建新技术应用课程的创新创业教育生态系统。高职院校新技术应用型创新创业生态系统模型的构建，以生态位的动态演化机理分析各构成要素间的交互作用，探讨生态位理论指导下新技术应用型创新创业生态系统的战略定位、竞争谋略和资源配置，寻求最适合自身生存和可持续发展的教育生态位，如图 4.4 所示。

高职院校新技术应用型创新创业教育生态既需要具有创新创业生态系统的一般特性，也需要具有自身的特色和特点。一般特性是指系统内各要素的复杂性、理论实践统一性、实践操作的必要性以及可实施性。从限定在高职院校创新创业人才培养范围来看，主要体现在人才培养的目标具有面向职业和行业的"点"的针对性，通过细化培养目标满足社会具体需求。从主体的能动性来看，高职教育体系从出现伊始就与产业发展有着密不可分的关系，随着技术进步和三次工业革命的发生，高职这种教育形式逐渐从培养与机器、生产线一体化的机械化的操作人才转变为培养具有创新意识、新技术应用理念的高素质技术技能人才，因此高职院校新技术应用型创新创业生态系统在构建过程中，要从本体论出发，充分考

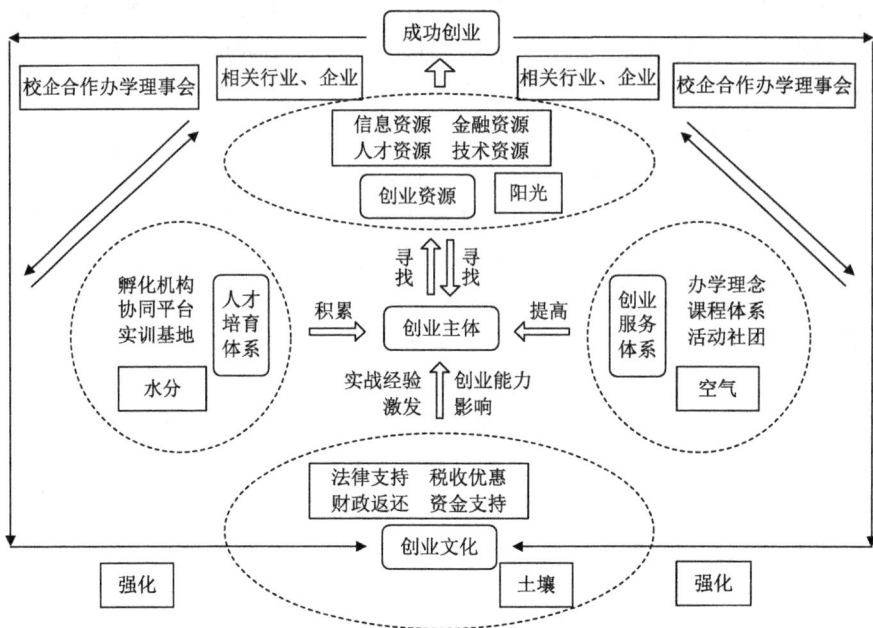

图 4.4　新技术应用型创新创业生态系统模型

虑体系内各个层面主体的人本规律，充分发挥高职教育的社会性，在进行专业和课程设置时，充分将政府、行业、企业、学校、教师、学生等各方面的需求和发展规律一同纳入。建立高职院校新技术应用型创新创业生态系统需要注重双重规律性，即技术发展的规律和与之相适应的整个体系的发展规律，技术发展的规律需要通过对产业、行业、企业的深入调研以及紧密合作获得，而整个体系的规律则需要遵循高等教育的发展规律、社会发展规律和高职学生共性及个性规律、教师职业生涯发展规律。高职院校新技术应用型创新创业生态系统的构建必须有相应的保障机制做支撑，尤其是师资的保障、企业实践保障、校企合作程度的保障。

构建高职院校新技术应用型创新创业生态系统需要从上述维度入手，聚集优势资源、对接国家对新时代高职专业人才个性化需求，以"产学研创"为核心构建实践平台，立足区域独特地域文化，以大学生创新创业能力发展为核心，以创业教育与专业教育、区域产业结构深度融合为主线，弘扬本土传统及现代的创新创业精神，充分整合区域的创新创业教育资源，以创新新技术应用型人才培养模式、优化新技术应用型课程体系、贯通新技术应用型人才培养环节为重点，构建立足区域、分层分类、深度融合、协同递进的专业、创业、产业"三业"融合式创新创业教育生态体系。

四、高职院校新技术应用型创新创业生态系统的实践

温州民营经济发达、产业特色鲜明，培育了一大批全国知名的民营企业，温州人"商行天下，敢为天下先"的创新创业精神闻名海内外，这些称谓和荣誉充分体现了温州有着长期的"产学研创"协同创新传统。作为温州地区唯一一所国家高水平高职院校，温州职业技术学院依托区域创新优势环境，构建了新型创新创业生态系统（图 4.5），提出以新技术应用为导向，根植温州，依托专业，"产学研创"相结合，培养新技术应用型创新创业人才。

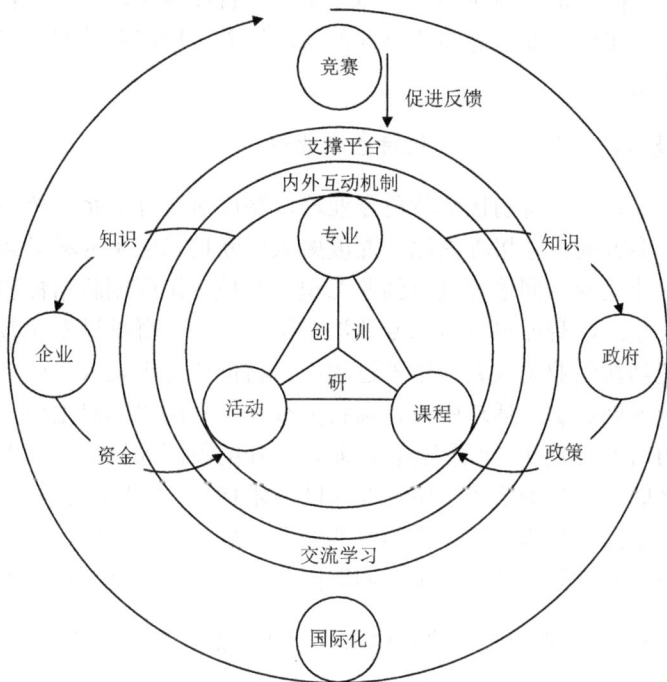

图 4.5 温州职业技术学院新技术应用型创新创业生态系统

该生态系统以高职院校为系统内核，包含"生产者"（如新技术应用的专业集群、创新创业教育课程体系）、"分解者"（如教务处、创业学院）、"催化剂"（如学生创业社团、创新创业活动、创新创业竞赛体系）和"消费者"（如产业、行业、企业、投资者）等因子，具有开放性、多样性和调控性等特性。具体而言，该生态系统由六大块相互支撑的开放模块组成，即专业集群、课程体系、管理机制、社团活动、全球化战略、竞赛体系，专业、课程和活动是贯穿于整个生态系统中的关键要素。

（一）构建新技术应用专业集群，形成生态系统的核心因子

1. 契合区域经济社会发展需求，布局专业集群

学校对接浙江省七大万亿级产业和温州支柱产业，构建"以智能制造为主体，以时尚设计为特色，现代服务协调发展"的三大专业集群。以智能制造专业集群为例，该专业集群对接浙江省高端装备制造和信息产业以及温州的阀门、汽摩配、电气等支柱产业发展，由先进装备制造、智能电气技术和信息技术应用三个专业群组成，建立智能制造"训研创"一体化实践平台和浙南轻工装备智能制造技术协同创新中心，实现专业群之间的协同创新，培养区域产业转型升级需要的新技术应用型创新创业人才。

2. 以新技术应用为导向，深化特色专业群

高职院校要发挥自身的优势特色专业群，深度对接行业企业核心岗位需求，深化双层次、多方向人才培养内涵，深度融入以新技术应用为科学载体的创新创业教育，与行业企业共同培养具有创业意识及新技术协同创新精神和能力的高素质技术技能人才。以智能电气技术专业群为例，该专业群推进专业教育与创业教育相融合，把创新创业纳入人才培养过程中，将创业意识融入专业实践活动中，将专业技能融入创业实践活动中，以项目为载体，采用"师研生随、师导生创、师生共创"的培养模式（"师研生随"，即以教师的科研项目带动学生参与创新创业；"师导生创"，即教师给予学生创业团队技术指导；"师生共创"，即学生出资当法人，教师出力当技术总监，大胆实践企业出题、学校接题、教师析题、学生答题的实践模式）培养新技术应用型创新创业人才，实现双创人才培养。

（二）架构创新创业教育的课程体系，形成生态系统的关键因子

1. 基于人才培养模式，设计"分层分类"课程体系

如前文所述，新技术应用型创新创业教育生态系统探索了创新创业教育与专业教育有机融合的人才培养模式。以新技术应用为导向的创新创业课程体系，基于人才培养模式面向全校学生开展类型多样的创新创业教育，为全体学生开设创新创业基础课程，为准备开展创业的学生开设创新创业辅导类相关课程，为已经开展创业实践的学生开设创新创业项目孵化溢出的课程，构建"分层分类"新技术应用型创新创业教育课程体系。

2. 依托新技术应用专业群，构建跨界课程体系

新技术应用型创新创业生态系统下的课程体系，在有机融合创新创业教育与

专业教育的过程中，采用"做中训""训中研""研中创"一体化的培养形式，形成跨界课程体系，对所有形式的大学生创业活动进行指导和监测。例如，时尚设计专业群将人文精神、艺术修养、创新精神与创业意识融入课程体系中，在专项能力和综合能力的基础上培养学生的创业与运营、设计与研发等综合能力，通过跨界课程体系的学习，多维度打造学生创新创业的竞争力。

（三）完善创新创业教育的管理机制，形成生态系统的保障因子

1. 创新行政管理机制，推进创新创业教育改革

高职院校要创新机制，建立党政一把手直接管理创业教育，整合校内资源，形成教学、科研、学生、人事共同参与创新创业教育的局面。一方面，要由党政一把手直管创业，对创新创业教育生态系统进行宏观规划。另一方面，要形成协助创业生态系统运行的职能机构。例如，创业学院负责落实新技术应用型创新创业教育总体目标，统筹教育实施方案，制定相关政策对大学生创新创业项目进行资金扶持；各二级学院通过专业交叉的教学方式为在校生的创业实践提供基础理论知识培训。

2. 加强过程管理机制，探索师生共创企业模式

探索创新创业混合所有制管理体制，谋划与国家省市重大发展战略融合的新技术应用型创新创业人才培养布局；探索技术资本合作形式，以大师工作室建设为基础，联合国内重要机构、企业，构建技术创新公共服务平台，培育高职新技术应用型创新创业人才；为师生创新创业团队提供创业风险投资资金，鼓励师生共创股份所有制的科技型中小微企业，支持创新企业的培育与孵化，以实体化方式运作，实施创新企业孵化和产业培育，通过跟进投资、阶段参股等各种方式，引导金融资本与民间资本的投入并通过多种模式合作共赢，形成独具学校特色的投资文化①。

（四）丰富学生的创新创业社团活动，形成生态系统的活力因子

组建以新技术应用为导向的创业社团，为学生创新创业提供有效的实践载体。以新技术应用为导向的创业社团以学生创新创业能力发展为目标，重点提升学生的专业技能和对新技术的应用能力，是积累创新创业经验和锻炼创新创业品质的重要载体。学校组建系列创新创业社团（表 4.4），引导、组织大学生围绕社会人才需求培养新技术应用的创新创业能力。一个功能齐全和资源丰富的创新创业社团，就是一个功能齐全的创业助推器、孵化器，有助于创业思想的萌发，深化学

① 刘海明，2019. 实施双创战略促进区域科技进步：以温州众创空间的发展为例[J]. 科技管理研究（8）：55-60.

生对创新创业的理解和强化学生自主创新能力的发挥，有助于形成稳定的学生创业团队，为学生创新创业提供实践平台积累实战经验。

表 4.4　以新技术应用为导向的创新创业社团

组织名称	角色作用
创新与创业中心	综合机构
创业研究俱乐部	研究机构
社会创业协会	综合机构
技术创业工作室	技术机构
创业和金融中心	研究机构
研究和创新中心	技术研究机构
行业联络协会	合作研究机构
大学生创业基金	资金资助

加强对新技术应用型创新创业社团的支持力度，鼓励学生参与社团活动。要充分利用学校的人力和科研资源，选拔优秀教师担任创业社团的管理指导教师，使学生了解专业前沿动态，增强社团的新技术应用型创新创业能力，锻炼学生的创新意识、创新思维和创新能力，形成创业教育—创业活动—学生社团的三螺旋互动，如图 4.6 所示。

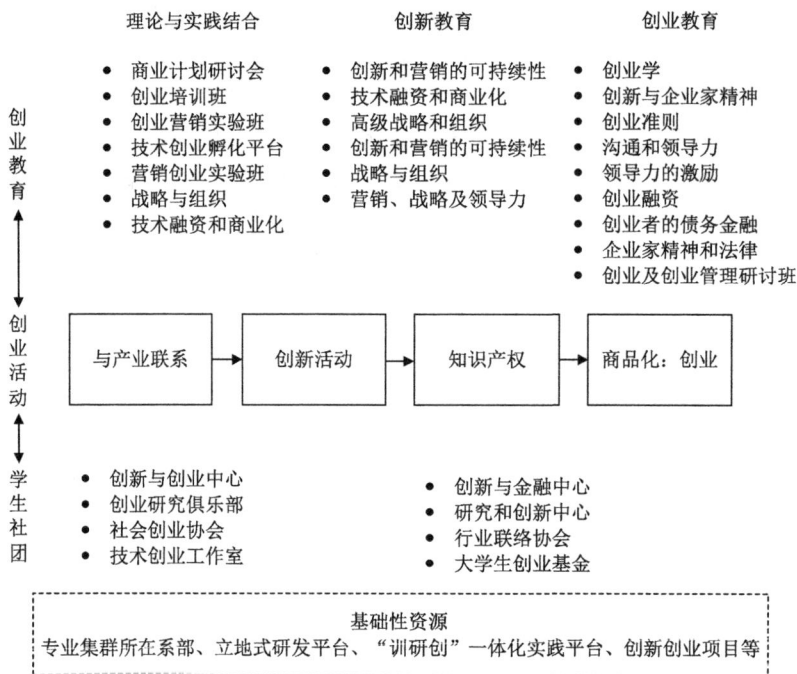

图 4.6　创业教育—创业活动—学生社团的三螺旋互动

（五）坚持创新创业教育全球化战略，形成生态系统的重点因子

1. 坚持民族特色，弘扬本土精神

新技术应用型创新创业人才培养以尊重民族性为根本原则，在培养学生创新创业精神和坚持创新创业教育全球化战略的同时，要弘扬以爱国主义为核心的民族精神，将国外创业教育理论与"义利并举"的永嘉学派文化精髓、"敢为天下先"的创新创业精神相融合，培育大学生的创业意识。从创业文化层面来看，要进一步加强研究和弘扬本土传统及现代的企业家精神，要紧密结合温州区域特色，把"敢为人先、特别能创业"的温州人精神融入创新创业教育中；从师资、课程和教材方面看，要结合区域文化开发本土化的创业教育教材，特别是具有温州区域经济文化特色的创新创业案例，构建具有温州区域特色的创新创业课程体系；从创新创业教育环境来看，要着重加强对区域创新创业政策的研究，充分整合温州区域的创新创业教育资源和实践平台，从而指导大学生的创业实践。

2. 创新合作模式，搭建合作平台

全球化视野使创业者能够从世界任何地方筹募风投资金，可以将世界任何地方的科技、文化、管理及人才为我所用，创新创业教育也必须培养学生面向全球的竞争能力。学校积极响应国家"一带一路"倡议，充分发挥中国-东盟职业教育联盟和温州侨乡侨领的作用，坚持"产业发展到哪里，服务就跟到哪里"的理念，以新建、嫁接、改制等各种方式伴随温州企业共建合作学校，合作共建"训研创"实训基地、研究机构或项目，培养具有国际化视野、国际化素养、国际竞争力的新技术应用型创新创业人才，努力实现创新创业教育国际化发展目标，探索特色鲜明的新技术应用型创新创业教育国际化路径。

（六）打造创新创业教育竞赛体系，形成生态系统的助推因子

1. 通过竞赛，形成人人懂创业，人人想创业的氛围

创新创业竞赛是有效实现创业教育与创业实践相融合的桥梁，创新创业竞赛同时具备创业教育与创业实践的双重功能，有利于培养学生的创新创业精神和能力，让学生深入了解新技术应用型创新创业人才的素质要求。在创新创业竞赛过程中，学生所学习和了解的市场分析、环境分析、竞争分析能够进一步引导学生认知宏观经济环境，企业及行业环境、把握政策风向，创新商业盈利模式，是学生从理论知识向实践内化的过程，通过以赛促创，激发他们的创业热情和潜能，形成良好的创业教育与创业实践氛围。

2. 结合学校特色工作，打造学院创新创业品牌

例如，将在学校学生品牌活动"二早一活动"（早起、早锻炼和课间技能训练活动）中形成的创意工作室、俱乐部等一批发展势头良好的新技术应用型创新创业类学生社团聚集起来，在原有学生课外科技作品大赛、新技术创新大赛等创新创业大赛的基础上，通过作品展示、讲座论坛、考察调研、技能训练、实习实训等各种途径，扩大学生创新创业竞赛的覆盖范围，提升新技术应用型创新创业的普及程度，在各类创新创业竞赛中注重发挥行业企业、科研机构、社会资本等机构的作用，汇集更多的社会资源积极参与学校创新创业竞赛的组织评审、项目推荐、风险投资等关键环节，促进创业成果孵化，帮助创业学生对接市场、开展创业实战。

第五章　深化产教融合，打造新技术应用型
人才培养的高地

在深化产教融合的时代背景下，我国高职教育需要摆脱传统的技术应用与模仿，走向更高端的新技术应用与创新的探索实践，主动适应新环境，主动对接区域经济发展，主动启用人才培养新机制，通过政策规划、制度调整和人才培养变革以适应新环境和新挑战，探索分阶段"产教融合"的实施路径，打造高职院校新技术应用型人才培养教育特色。

第一节　产教深度融合：高职院校推进区域产业
转型升级的战略选择

产教融合是新时代职业教育的重要使命，也是职业教育特色发展的必然选择。改革开放以来，职业教育产教融合的探索已取得了较多成就，而在新技术革命兴起的背景下，高职产教融合是推动区域产业转型升级的必由之路，产教融合需要进一步创新高职产教融合的形式结构，构建多元化的办学格局；创新产教融合对接产业发展，构建与产业链、创新链互相连接的人才培养体系；创新产教融合资源集聚力，构建服务区域经济社会发展新生态。

一、高职产教融合推进产业转型升级的现实意义

产教融合即产业与教育的深度融合，是新时代职业教育的重要使命。改革开放 40 多年来，职业教育产教融合大致经历了初步探索、创新发展、不断深化三个阶段，基本形成了产教融合、校企合作的办学模式。《国务院办公厅关于深化产教融合的若干意见》（国办发〔2017〕95 号）提出："深化产教融合，促进教育链、人才链与产业链、创新链有机衔接，是当前推进人力资源供给侧结构性改革的迫切要求，对新形势下全面提高教育质量、扩大就业创业、推进经济转型升级、培育经济发展新动能具有重要意义。"随着我国创新驱动发展战略的深入实施，高职院校产教融合进入深化阶段。2019 年，国家发展改革委、教育部等六部门印发的《国家产教融合建设试点实施方案》指出，深化产教融合，促进教育链、人才链与产业链、创新链有机衔接，是推动教育优先发展、人才引领发展、产业创新发展、经济高质量发展相互贯通、相互协同、相互促进的战略性举措。通过试点，推动产业需求更好融入人才培养过程，构建服务支撑产业重大需求的技术技能人才和

创新创业人才培养体系，形成教育和产业统筹融合、良性互动的发展格局，增强教育对经济发展和产业升级的服务贡献。因此，产教融合不仅是国家统筹推进教育综合改革的制度安排，也是职业教育改革的方法论。在国家创新驱动发展战略下，创新高职院校办学模式，推进区域产业转型升级，促进高职毕业生高质量就业创业，是高职院校引领新时代教育、人才、产业、经济变革的战略方向。

（一）产业转型升级是经济社会发展的必然趋势

从时代背景来看，产业转型升级已成为势不可当的潮流。从国际发展趋势看，以信息技术、人工智能为代表的新一轮技术革命浪潮正引领着时代的大发展、大变革、大创新。新技术革命的显著特征就是不确定性的增长，实体经济的运行形态和组织形态被解构和重组，凡不适应新技术革命趋势的组织和产业均将被淘汰。从国内发展成就看，经过改革开放40多年的快速发展，我国的国际影响力、感召力、塑造力不断提高。40多年来成就斐然的同时，经济社会发展的不平衡不充分问题也逐步暴露。2022年,我国的国内生产总值为1210207亿元,比上年增长3.0%,第三产业增加值比重为52.8%,人均国内生产总值为85698元,年末全国常住人口城镇化率为65.22%,金融机构本外币存款余额为2644472亿元,比上年增长10.8%,经济发展各项指数稳居全球前列。这说明我国的工业化进程正进入以信息技术、人工智能为主导，以新技术、新金融等为推动力的新型工业化阶段，产业结构正向中高端迈进，产业集聚正向创新集聚转变，传统制造正向知识创造转变，出现了动能变革和效率变革。但由于长期以来对人力资源开发投入不够重视，人力资源结构与产业转型升级出现不相适应的现状，面临着经济发展创新实力不足、资源环境受限、要素成本上升等重大困境。因此，必须在人力资源建设上寻求突破，为创新发展、产业转型升级提供强有力的创新人才和高素质技术技能人才支撑。

（二）产业转型升级迫切需要高职教育为其提供高素质技术技能人才

当前我国经济发展进入新常态，产业转型升级和经济结构调整不断加快，各行业对高素质技术技能人才的需求越来越紧迫。这种需求一方面取决于各国在全球价值链中的位置——一个国家某特定时间点在全球价值链中所处的位置，决定着该国主要技术技能人才需求的层次及规模；另一方面取决于人才的创新实力。人才结构决定着产业结构，人才决定着一个区域的创新实力和发展潜力，在国家创新驱动发展战略下，改革高职教育人才培养模式，推进毕业生高质量就业创业，是高职院校主动适应国家经济产业调整布局、实现新技术强国战略的主体需求，如果没有大量高素质技术技能人才的支撑，区域创新发展、产业转型就无法实现，这是高职教育通过创新人才工程服务行业和企业协同创新、共同推进产业转型升级的重要发展举措。因此，高素质技术技能人才在加快产业优化升级、提高企业竞争力、推动技术创新和科技成果转化等方面具有不可替代的重要作用。

（三）当前高职教育的人才培养质量尚难适应产业转型升级需要

目前，高职教育已然呈现出蓬勃发展态势，其契合区域产业发展的专业结构体系与经济社会发展要求相适应，有力助推了我国经济社会发展和产业转型升级。然而，以新能源、新材料、人工智能广泛运用等为主要特征的新一轮科技革命已兴起，在国家实施"中国制造2025"战略前提下如何适应新一轮产业革命和科技革命的要求，如何实现"机器换人""电商换市"，劳动密集型企业如何实现向自动化和智能化的转变，如何实现产教融合促进产业转型升级，成为高职教育的时代命题。当前，我国高职教育产教融合大多还停留在宏观政策和理念层面，具体表现在如下方面：一是学校层面的多，专业（系部）层面的少；二是实训教育、学生就业层面的合作多，科技研发、社会服务层面的合作少；三是企业为学校提供的帮助多，学校为企业提供的服务少；四是人情关系型合作多，长效机制型合作少。针对以上问题，高职院校应着眼于学校发展现状，主动对接产业，服务地方发展战略，从而构建高职院校产教融合机制，以促进产教融合政策和理念的落地。

二、高职产教融合推进产业转型升级的逻辑起点

（一）高职产教融合推进产业转型升级的问题界定

"产"即"产业"，指虽有不同合作分工却在利益上互为关联的相关行业集聚而成的集合性组织，它不仅是居于宏观经济的整体和微观经济的细胞之间的集合性概念，也是提供劳务服务活动和生产各类物质产品的集合性组织。"教"即"教育"，这里特指职业教育，结合现有的文献，主要是指在人类社会发展到一定程度，现有的生活生产方式和产业结构对人才知识素养提出全新的要求。在社会化、实践化和专业化的要求下，职业教育应运而生为独立组织，为政府、行业、企业等培养高素质技术技能人才。"融合"不同于"结合"，也异于"合作"，是指两种以上的不同事物优化组合而成一体并形成了一种新事物，是相关联事物之间质变后产生的结果，其在内容、形式等各方面与原有事物可能有所不同。产教融合是产业与教育的深度合作，是职业院校与行业、企业各自依托自身的优势资源，积极开办专业产业，以服务经济社会发展和区域产业转型升级为出发点，以校企合作为主线，以合约和互信为基础，以共同培育高素质技术技能人才为核心，以互惠互利、合作共赢为动力，以文化互通为支撑，以共同开发合作项目、科技成果转化和技术转移为载体的产业与教育之间各要素的深度融合，各参与主体相互支持、相互促进、相互合作的一种教育经济活动形式，是职业院校为提高其人才培养质量而与行业、企业之间开展的深度合作。

高职产教融合的本质可以归结为产业和教育密切结合，相互支持，相互促进，

在产中教、教中产、产中创，形成产业经济与职业教育浑然一体的互动合作的有机整体，产教融合标志着高职教育改革进入了系统性、整体性变革的新阶段。因此，需要深入探究"产"与"教"之间的内在关联点、平衡点、耦合点与逻辑关系，阐释产业转型升级的核心内涵，根据教育链、人才链与产业链、创新链"四链"的经济学理论，深入分析产教融合的理论与现实诉求，在人才培养供给侧和产业需求侧的双向结构要素中有效促进全面深度融合，构建产教融合推进产业转型升级的长效运行机制，培养高素质创新人才和技术技能人才，提高高职院校服务区域经济发展和创新驱动发展的能力。

　　高职产教融合的最根本任务就是将高职院校的技术创新成果通过企业转化为现实生产力，这不仅能让新技术应用型人才最大限度地与本土经济产业相结合，而且能将职业院校传统的人才聚集优势转化为新技术应用型人力资源优势，从而推动企业技术革新和区域产业转型升级。随着高职产教融合改革向纵深推进，高职产教融合已远远超出了高职教育人才培养和校企合作领域的范畴。高职产教融合的内涵与外延已经延伸到包括教育和经济等在内的整个社会系统，它不仅是教育系统，更是经济系统的重要组成部分，已成为促进教育系统、人才系统与产业系统、经济系统围绕技术应用和技术进步而实现融通、共享和创新，实现政校行企协同育人，推进职业教育和产业转型升级的重要发展方式。从教育角度来看，高职院校积极开办专业产业，通过科技成果、人才资源和社会服务的输出，使得教育的价值得到充分实现，使得高素质技术技能人才、职业教育与培训、教育高质量品牌效应得到有效供给，使学校成为集人才培养、科学研究、科技服务于一体的产业性经营实体，为区域产业转型升级和经济社会发展提供支持与保障。

（二）高职产教融合推进产业转型升级的政策依据

　　产教融合虽是国家近年来才明确提出的概念，但其理念早在新中国成立后颁布执行的政策中便已出现，并且随着时代的发展，其内涵不断丰富。1958 年《关于教育工作的指示》提出学校办工厂，工厂办学校，开始具备产业与教育之间结合的雏形。1991 年《国务院关于大力发展职业技术教育的决定》提倡职业教育实行产教结合培养模式。从职业教育体系的构成来看，这个时期属于职业教育产教融合的发展初期，虽然国家从理念层面提出了职业教育要产教结合、职业院校要密切联系企业，但在实践层面职业教育与产业之间的联系相对较弱，职业教育未能得到充分发展，产教融合还仅仅是一个口号。

　　1996 年颁布的《中华人民共和国职业教育法》（以下简称《职业教育法》）要求职业教育实行产教融合，与企业密切联系，培养实用人才。随之相继出台的《国务院关于大力推进职业教育改革与发展的决定》（国发〔2002〕16 号）、《教育部关于以就业为导向深化高等职业教育改革的若干意见》（教高〔2004〕1 号）、《国家中长期教育改革和发展规划纲要（2010—2020 年）》（2010 年）、《中共中央关于全面深化改革若干重大问题的决定》(2013年)，进一步丰富了产教融合的理念和措施。首次在国家层面的文件中明确提出产教融合的是 2014年出台的《国务院关于加快发展现代职业教育的决定》(国发〔2014〕19号)，该决定提出要深化产教融合、校企合作，标志着职业教育产教结合得到了进一步提升。从产教关系的发展历程看，国家不仅提出了产业部门参与职业教育的广度、深度等方面的相关要求，也进一步明确了产业部门与职业教育的关系及其在职业教育发展中的地位和作用。这些政策完善了政府、行业、企业等部门参与职业教育的宏观(产教融合)、中观(校企合作)和微观(工学结合)的要求，并极大推进了区域产业转型升级和社会经济的快速发展。但这些文件都为政策性文件，并非立法所产生的法律文件，未能从立法视角厘清产教融合的法律关系及相关主体的权利和义务，没有清晰地界定产教融合的资金制度、办学制度、利益回报机制，对于产业部门参与职业教育的行为并不具有约束性。

产教融合是关乎高职教育质量提升、内涵式发展及高职教育社会服务职能充分发挥、释放区域创新能力的重大战略。在具体实践中，产教融合还存在许多堵点和痛点，亟须将产教融合上升为国家教育改革和人力资源开发的基本制度和战略，并相应予以疏通和破解。2017年党的十九大报告强调优先发展教育事业，完善职业教育和培训体系，深化产教融合、校企合作。同年，国务院办公厅出台《关于深化产教融合的若干意见》(国办发〔2017〕95号)。2019年《加快推进教育现代化实施方案(2018—2022年)》则提出构建产业人才培养培训新体系，完善学历教育与培训并重的现代职业教育体系，深化产教融合、校企合作。2019年9月国家发展改革委、教育部等六部门出台《国家产教融合建设试点实施方案》，要求深化产教融合。作为国家人力资源开发和人才储备的制度性安排，作为推动现代职业教育体系与现代产业体系协同发展的核心体制机制，高职产教融合对社会经济发展和产业转型升级具有基础性、引领性、全局性作用。党的二十大报告指出，"统筹职业教育、高等教育、继续教育协同创新，推进职普融通、产教融合、科教融汇，优化职业教育类型定位"，再次明确了职业教育的发展方向。从国内外职业教育实践来看，产教融合是职业教育的基本办学模式，也是职业教育发展的本质要求。从经济发展情况来看，产业是经济发展增长带，经济开发区、高新区等经济功能区是经济发展增长极，位居其中的企业是经济发展增长点；一个国家、地区经济发展的持续力和竞争力，在很大程度上取决于产业、经济功能区、企业的持续力和竞争力；产业、经济功能区、企业要想获得持续发展动能，也必须走产教融合道路。

(三)高职产教融合推进产业转型升级的理论分析

高职教育与其他教育类型有所区别，对外部因素的依赖更大、更强，为此需要政府、学校、行业、企业形成教育合力，协同育人。产教融合不仅是国家统筹高等教育推进区域产业转型升级的政策问题、实践问题，也是职业教育改革的理论问题。

系统论认为，系统是由若干要素根据特定方式组成的不断演化发展的具有一定新功能的有机整体，具有独立要素所不具有的属性和功能，它在与其他事物的互动中体现自身价值。社会系统理论具备适应（adaptation）、达成目标（goal-attainment）、模式维持（pattern maintenance）、整合（integration）等四项基本功能，其核心精髓是系统向环境开放并作为一个有机整体进行思考。在系统论与社会系统论的视域下，高职产教融合具有多面性、多层性及多结构性，是涉及多部门、多领域的一项复杂系统工程。高职产教融合在宏观层面上是指高职院校专业结构与区域产业结构相适应，在中观层面上涉及政校行企多方的深度合作，即通常所指的校企合作，在微观层面上则涉及教学和生产过程的一体化。在高职产教融合推进产业转型升级的实践中，系统论与社会系统论提供了非常重要的理论基础。

教育生态理论认为，教育对社会各方面有促进作用，也需要一定的能量输入，其内在功能为育才，外在功能主要为社会功能。美国教育学家克雷明（Cremin）主张根据教育生态学的观点来分析各种生态环境与教育的相互关系，把教育放在自然环境、社会环境、规范环境中，认为教育是一个与其各种生态环境关系紧密结合的，由时间和空间构成的开放的生态系统。在教育生态理论框架下，产教融合处于一种共生的、和谐的、良性的状态，要合理运用教育生态学的手段、方法与各种教育理论，坚持更深入、系统的研究。在高职教育领域，我国产教融合、校企合作开展多年，已经取得了较好的成果，但在产教融合过程中仍存在学校无抓手、企业不来电、自身不造血、政府难撬动等堵点和痛点，教育生态理论为解决这些堵点和痛点提供了一个崭新的视野。

利益相关者理论认为，企业的生存和发展依赖于企业对各利益相关者利益要求的回应的质量，各利益相关者相互分担风险，相互监督和制约。1963年，斯坦福大学研究所提出利益相关者必须得到一些团体（包括股东、员工、客户、供应商、债权人和社团）的支持，否则不可能生存。随后，埃里克·瑞安曼（Eric Rhenman）进一步丰富了利益相关者的定义，提出利益相关者依靠企业来实现其个人目标，而企业也依靠他们来维持生存。利益相关者的理论核心即利益的平衡、共享和共建。针对产教融合实践过程中的"学校热、企业冷"现象，利益相关者理论认为其根本原因是利益相关的问题。利益相关者理论同样为解决高职产教融合过程中遇到的困境提供了重要理论依据。

三、高职产教融合推进产业转型升级的实践路径选择

产教融合是高职教育发展的生命线，也是高职教育的本质特色。然而，在应然状态下的高职教育产教融合仍存在政府管理缺位、合作沟通机制不畅、企业行

业缺乏主体意识、利益平衡机制不完善等方面的问题。借鉴当前已有的高职院校产教融合的实践经验，作为产教融合的利益主体之一，高职院校应不断深化教育教学改革，既要加强顶层设计，统筹全局，又要讲究策略方法，有所侧重，从加强制度建设、明确权责界定、深化教学管理机制改革等方面入手，与企业联手共同创建产教融合、校企一体化办学的长效机制，实现政府部门大力支持、社会力量积极参与、高校主体自主发展，助推高职产教融合深度发展，其实践路径如图 5.1 所示。

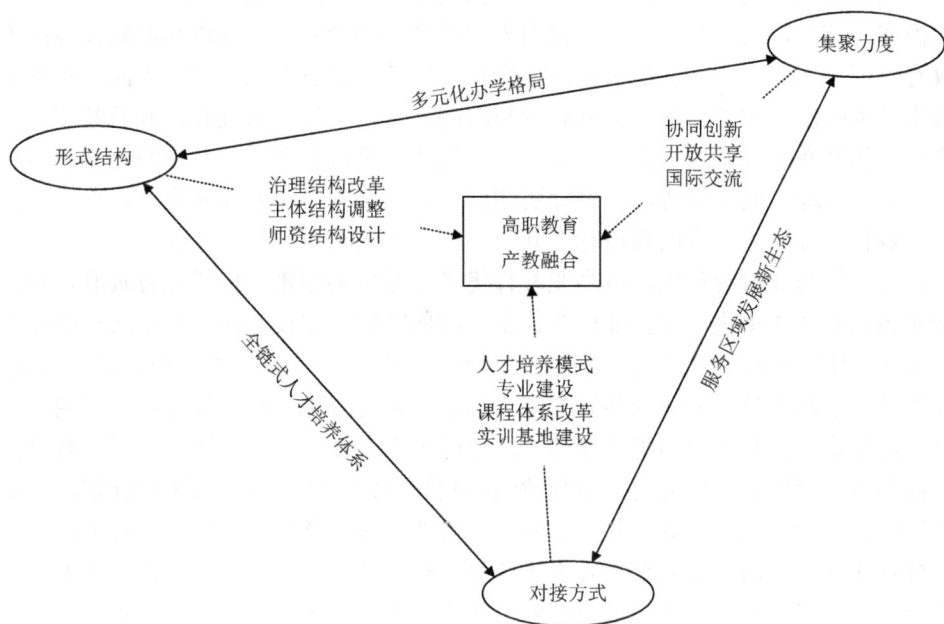

图 5.1　高职教育产教融合实践路径

（一）创新产教融合的形式结构，构建高职教育多元化办学格局

1. 深化治理结构改革，形成多元化办学体制

首先，在顶层设计上，需要引入地方政府、行业企业、科研院所、社会组织等多方参与，组建多方主体参与的院校理（董）事会、专业建设委员会、校企合作委员会并有效发挥作用，在此基础上，吸纳合作关系紧密、稳定的企业代表加入理事会（董事会），参与学校重大事项的审议。其次，在战略实施上，需要深化与政府、行业企业的合作，从基地共建、专业共建、项目合作三个层次，探索产教融合的不同实现形式和载体，积极进行校地联动改革，主动为地方产业解决难题、提供智力支持。最后，在任务落实上，探索举办混合所有制性质的产业学院，

吸引地方政府、行业骨干企业投入资源、购买服务，引入社会力量以资本、知识、技术、管理等要素参与学校发展，以股份合作制的形式将合作企业、风投机构、教师、学生等多方利益主体纳入产教融合共同体。只有形成多元的、相互协调的办学体制，才能够深化产教融合的内涵，形成新的治理结构，打通产教融合内部的关系系统。

2. 深化主体结构调整，创新多主体合作模式

在主体结构调整方面，需要进一步拓宽主体合作的形成，形成互惠互赢的运行模式。首先，要培育政校行企合而为一的产教融合联盟，推进高职院校与地方政府、行业龙头企业、科研机构深度合作，以培养具有专业技能与工匠精神的高素质技术技能人才为目标，提升履行契约的能力，构建优势互补、利益共享、风险共担的产教融合联盟。其次，以联盟为载体，推进与企业共建系统化课程和一体化实训基地，共享资源，共融师资团队，共育高素质技术技能人才，真正形成以产业转型升级为核心的政校行企共建共享共赢的融合结构，在此基础上创建混合所有制的职业教育集团。以高职教育优势专业群为纽带，依托地方政府，与行业龙头企业合作牵头，与行业协会、企业科研院所、院校等建立长期战略合作伙伴关系，开展多元主体共建，覆盖全产业链、辐射区域产业发展的职业教育集团，并充分调动职业教育集团内各研究院、高新企业等资源，形成校企师资互通并满足经济结构调整和产业转型升级的"产学研创"合作平台。再次，拓展产教供需对接渠道，应用大数据分析，与行业组织共同制定深化产教融合工作计划，打造市场运作、专业水平、共享共赢、开放发展的产教融合服务平台。通过平台汇聚区域行业人才供需、校企合作等供求信息，注重发挥行业组织人才需求预测、用人单位职业能力评价作用，健全毕业生就业质量年度报告发布制度，定期向各类主体提供精准化信息发布、检索等服务，并形成专业的服务报告。

3. 深化师资结构设计，创新多主体育人机制

在育人层面，需要加快对原有师资的改革力度，合理配置师资结构，创建多元育人的主体。首先，需要构建师资内部培养工程，注重对青年教师的培养。例如，制定以"企业人"标准锻炼新教师的先实践后上岗制度，采用"一对一"帮带培养办法，实施"双师双能型"相关教师认定标准，打造"双师型"教师。其次，启用师资外部聘用工程，可聘请社会学者、科研人员以及行业企业专家和能工巧匠担任学校兼职教师，建设兼职教师资源库，实行专兼教师结对互补，在深化产教全方位融合的同时，助推高职教育培养技术技能人才和多元化办学格局的形成。在此基础上，引入教师行业融入度激励机制，建立教师外出实践制度，不仅鼓励专业教师担任社会兼职，参加与专业相关的团体组织、行业协会，还通过政策支持担任全国行业职业教育教学指导委员会（以下简称行指委）、专业教学指

导委员会（以下简称专指委）、教学指导委员会（以下简称教指委）职务以及入选专家库的教师，提升教师积极参与融入行业的积极性。同时，支持在职教师定期到企业进行锻炼，将教师的行业企业从业经历作为认定教师资格的必要条件，实现教师科研与企业项目合作互通的认定。

（二）创新产教融合的对接方式，构建高职教育全链式人才培养体系

1. 以新技术应用为契合点，推进人才培养模式与产业相结合

建立产教融合、协同育人的新技术应用型人才培养模式，实现专业链与产业链、课程内容与职业标准、教学过程与生产过程对接。探索"企业出题、学校接题、教师解题、学生答题"的实践育人模式，以新技术为导向，以企业真实需求为基点，以智能化、时尚化、数字化项目为载体，促进企业需求融入人才培养全环节，实现"产学研创"相结合。探索跨专业产教融合订单班人才培养模式，以创新订单班管理模式为推手，以学校资源与企业资源相融合为载体，以职业技能鉴定、培训服务企业为目标，以校内培养与企业培养相结合的教学模式为平台，实现校企合作互利共赢，按照企业人才需要，共同制定人才培养协议，共同制定人才培养方案，共同参与人才培养过程。

2. 以产业先进技术为元素，推进专业建设与产业相对接

主动应对以新技术、新产业、新业态和新模式为特征的新经济发展需求，将产业发展需求融入专业建设，根据社会需求、学校能力和行业指导，形成科学设置新专业的机制，打造地方（行业）急需、优势突出、特色鲜明的新技术应用型专业，对接经济社会发展和区域产业布局。融入区域产业转型升级下的先进技术元素，健全专业设置"正负面清单"制度，建立学校统筹和社会评价相结合的专业动态调整机制，严格实行专业预警和退出机制，综合运用招生计划安排、绩效奖励等手段，集聚服务区域经济社会发展和产业转型升级的能力，调整区域产业转型升级急需的专业方向，深化专业群建设，形成专业、专业群、专业集群并存的新形态，打造"对接产业、相对集中、错位发展、优势互补"的高水平专业发展新格局。

3. 以人才培养方案为载体，推进课程体系改革与产业相适应

在现有专业基础课、主干课、专业技能应用和实践课的基础上，将产业科学管理元素引入教学管理和评价，将产业优秀文化元素融入教育教学过程，深化新技术应用课程体系改革，注重培养学生的技术技能和创新创业能力，有机融合专业教育、创业教育和产业发展，促进产教融合背景下新技术应用型人才培养与企业发展的合作共赢，把企业的真实需求作为人才培养的重要参考，全面推行案例

教学、项目教学，在学生毕业设计选题中引入行业企业的一线需要，营造良好的产教融合协同育人环境。运用现代信息技术推动信息化教学、虚拟现实技术、数字仿真实验、在线知识支持、在线教学监测等应用，通过校校合作、校企合作联合开发在线开放课程。坚持专业培养目标与产业需求一致，通过分层次、分阶段、分方向的课程设置，构建课程体系与岗位能力对应、课程内容与职业标准对接、教学组织形式与企业生产同步的课程框架，实现课程与岗位无缝对接，毕业即"就业"。

4. 以"产学研创"一体化机制为支撑，推进实训基地建设与产业相匹配

采取政府财政拨款、企业投资、学校自筹、融资租赁等多元化、多渠道投融资机制，按照工学结合、知行合一的要求，打造生产、服务技术和流程仿真技术技能训练体系及实训实习环境，开展校内外"产学研创"一体的产教融合实训基地建设。鼓励和引导企业以土地、设备、资金、技术、人才资源等多种形式深度、全面参与建设产教融合实训基地和平台。通过引企入校，共建"产学研创"一体产教融合实训基地，实现学校和企业在新技术应用型人才培养目标上的一致性；推行面向企业真实生产环境的任务式培养，实现学校实训教学与企业在就业岗位上无缝对接；多途径吸引企业将最新的技术设备用于学校教学，以实现教学设备与生产性设备在技术上保持同步。

（三）创新产教融合的集聚力度，构建高职教育服务区域发展新生态

1. 以协同创新为抓手，推进科技服务与产业相融通

鼓励将企业一线实际需求作为科技服务的重要来源，打造以企业为主体、产教深度融合的科技创新体系，围绕区域产业的关键技术、核心工艺和共性问题开展立地式研发，推动新技术应用研究与产业化对接融通。搭建行业骨干企业联合共建协同创新中心、科技研发平台、企业研究院等科技服务平台，加强新技术、新产业、新业态研究，构建"行业领先企业+高职院校+专业服务机构+中小企业群"的产教融合发展平台。加快科技研究成果向产业技术转化，推进科技服务云平台、科技资源共享平台、技术创新专利导航平台等专业技术服务平台建设。完善学校科研评价体系，鼓励行业企业参与成果转化或示范应用，并将此成果转化成效作为项目和职称评定的重要内容。

2. 以开放共享为目标，推进社会培训服务与产业相衔接

在新型城镇化过程中，大批一线劳动者面临技术提升、技能深化、职业转换、城市融入等困境，高职院校要主动承接地方政府的社会培训任务，瞄准传统产业改造升级和新兴产业的发展，加强与行业领先企业合作，创新形式多样、贴近需

求的教育培训方式，联合行业协会、企业开展职业技能竞赛、行业技术比武、创新成果评选等活动，大力发展促进先进技术应用的社会培训服务，使学校成为社会依赖的培训服务基地、顺应传统产业变革的换乘站以及促进新兴产业发展的人才池。同时，高职院校要建立健全开放共享机制，校企共建"互联网+"培训平台，开发立体化、可选择的产业技术课程和职业培训包，不仅面向院校提供学生实训、师资培训等服务，而且面向全社会提供职业培训、技能鉴定、产品生产、技术研发等多种公共服务。

3. 以国际交流为突破，推进国际化人才培养与产业相融合

促进优质资源"引进来"，创新符合国情、符合高职特色的产教融合国际化人才的协同培养模式。引进海外高层次人才，以共建专业、共建基地、教师交流、学生交换、科学研究等多种合作形式，转化国际先进职业教育资源并深度整合。拓展与发达国家院校的合作办学，引进并结合自身优势开发成熟、适用的国际通用职业标准、专业课程标准以及丰富的数字化教育资源等，建立中外合作办学机构、研发机构、技术技能人才培养培训基地和教育合作平台等，成为国际事务的参与者、国际标准的建设者、国际资源的提供者和中国企业国际化的协同者。深化产教协同走出去，配合中国企业重点在"一带一路"共建国家和地区培养中国企业海外用人标准的本土化人才，构建产教融合视域下中国高职教育国际化人才培养标准，全面服务国家走出去战略，展示中国特色并提供中国经验。

第二节　高职学生参加产业学院意愿及影响因素分析

高职学生是产业学院的重要主体，产业学院是校企合作产教融合的重要表现形式。本节采用问卷法调查了高职学生参加产业学院的意愿及影响因素，结果表明：高职学生参加产业学院的意愿强烈，个体特征、高质量就业、职业胜任力、学习成本、主体权益等变量中的性别、生源地、专业类型、学校层次、企业影响力、工作稳定性、高福利薪酬、知识技能联系度、素质培养全面度、职业环境融入度、学费减免、奖励资助、实习工资、职业发展规划和权利保护等对其参加意愿有显著影响，高职学生在此过程中秉持经济优先、能力为主、权益并行的策略。产业学院应以高质量就业为办学目标，以职业胜任力为培养重点，以降低学习成本为内在引力，以保护学生权益、铸就良好形象等为基本举措，提升高职学生对产业学院的参与度和满意度。

一、产业学院研究文献综述

产业学院最早可溯及英国倡导的"产业大学"，在我国对其进行本土化移植和改造后，现已发展为高职院校与企业合办的产学研创用一体化、互动双赢的实体

性职业教育平台①。产业学院作为校企合作、产教融合的升级版，有效实现了高职院校和企业间的知识保存、传播、创新与转化。

我国当前对产业学院的研究主要有以下几方面。一是产业学院的构成模式。国外较为成熟的有德国的"双元制"模式、英国的"三明治"模式、美国的"合作教育"模式和日本的"产学合作"模式等②。我国探索构建的是混合所有制的产业学院，例如："企业-高校"的二元主体模式，企业作为人才需求、培养和投资主体，是生产性知识与技术的贡献者、技术交换的享有者，高职院校则是知识的提供者、科研的合作者和教学的组织者等③④；"企业-高校-政府"的三元主体模式，即在二元主体结构基础上引入政府要素后构建的"三重螺旋关系"⑤，该模式强调政府的参与和引导作用，以完善产业学院的政府机制支撑、法律政策保障、组织制度保障和监督管理等；"企业-高校-政府-行业"的多元主体模式，该模式将产业学院视为各方力量综合多维、互动协同的组织形式，通过理顺多个教育主体参与及其关系、利益、责任和作用，来实现多主体效能的发挥和产教深度融合等⑥。二是产业学院的运行机制。有效的治理范式是维护产业学院各主体利益的保障，也是各个子目标得到优化和整合的前提。李国杰提出构建多元主体参与办学模式下的运作机制，即建立或优化"互利共赢"的决策机制、"多元协同"的组织机制、"社会评价"的控制机制和"利益驱动"的激励机制⑦。万伟平认为应构建横向和纵向的权力制衡机制，通过明晰不同参与主体的权责关系，厘清权力边界和完善权利保障机制，保障各主体参与产业学院治理的权利⑧。三是产业学院的管理机构。建立多方共同参与的理事会和相关辅助机构是产业学院有效管理的基础。殷勤和肖伟平提出行企政校协同建立产业学院理事会作为决策机构，并构建理事会下的产业学院院长负责制的管理体系⑨。金炜强调应建立学院治理专家委员会等参谋机构，跟踪监测学院办学、治理与育人等各项工作的运行及绩效，实现治理科学化与民主化⑩。四是产业学院的评价。对产业学院的评价鲜有研究涉及，

---

① 卢坤建，周红莉，李作为，2018. 产业学院推进产教深度融合的实践探索：以广东轻工职业技术学院为例[J]. 职业技术教育（23）：14-17.

② 贺星岳，等，2015. 现代高职的产教融合范式[M]. 杭州：浙江大学出版社.

③ 崔彦群，应敏，戴炬炬，2019. 产教融合推进应用本科"双主体"产业学院建设[J]. 中国高校科技（6）：66-69.

④ 宋志敏，2018. 深化产教融合、校企合作的"双主导双主体四驱动"模式探析[J]. 高等职业教育（天津职业大学学报）（3）：36-41.

⑤ 杨善江，2014. "产教融合"的院校、企业、政府角色新探：基于"三重螺旋"理论框架[J]. 高等农业教育（12）：117-119.

⑥ 贺书霞，2018. 产教融合与多元参与：职教共同体融合关系构建[J]. 中国职业技术教育（27）：51-57.

⑦ 李国杰，2020. 多元主体参与办学模式下产业学院内部运作机制研究[J]. 教育科学论坛（18）：37-40.

⑧ 万伟平，2020. 现行机制下产业学院的运行困境及其突破[J]. 教育学术月刊（3）：82-87.

⑨ 殷勤，肖伟平，2020. 产业学院运行机制改革研究[J]. 教育与职业（22）：40-45.

⑩ 金炜，2020. 新时代高职产业学院的建设逻辑、现实困境与破解路径[J]. 教育与职业（15）：28-34.

但当前对校企产教融合的评价却反映出较多问题，如评价的价值取向呈现技术化、职业化和理性主义倾向，评价主体要素不全，主要由教育主管部门、高校领导、专家学者和用人单位等构成，评价标准描述也较为宏观、模糊、操作性不强等①。

以上分析折射出我国产业学院研究的重点依旧是各个利益主体的博弈，以及在矛盾中寻求统合与突破的方向。但是在这个自上而下的过程中，高职学生这个主体却鲜有触及。在产业学院的构建与运行过程中，高职学生始终都应是重要的一极。首先，高职学生是产业学院的主要参与者。高等教育市场化后，学生作为高校生存与发展根基的角色日益突出，当前我国高校约 21% 的教育经费由学生的学费构成。学生虽有高等教育产品的属性，但其顾客或消费者的角色也日益广为认同。例如，何玉海从教育实质和人的本质分析，认为学生是学习的主体和社会化的主体，是"服务"的接收者和"顾客"②。又如，李琴基于新公共管理与新公共服务理论的比较后指出，学生也是对高校教学效果进行评价的顾客③。其次，高职学生是产业学院的价值主体。一切价值都应始终是人的价值，而人则是一切价值的主体，是一切价值产生的根本标准和归宿，人是价值的实现者和被满足者④。校企合作的核心理念之一是努力让每个人都有人生出彩的机会，其中蕴含着深刻的学生主体性价值诉求，学生始终是产业学院的价值主体，且在其整个价值体系中处于核心性、根本性和基础性地位。再次，高职学生是产业学院的核心利益相关者。利益相关者理论认为，任何影响组织目标的实现或受该目标影响的群体或个人都是利益相关者。高职学生显然是产业学院众多利益相关者中的核心利益相关者，如邵坚钢依照核心、间接和边缘利益相关者区分产教融合中的利益相关者，学生是其中的核心利益相关者⑤。吕路平和童国通采用米切尔分类法，从权力性、紧急性和合法性 3 个维度梳理产教融合中的关键利益相关者，发现学生是 6 类关键利益相关者之一⑥。刘香萍和徐伟也认为学生是产业学院四大利益相关者（高校、学生、企业、政府）之一⑦。最后，高职学生是产业学院的质量评价者。长期以来，对职业教育产教融合的评价多关注高职院校和企业的资金、技术和利益边界的融

① 高慧，赵蒙成，2018. 高职教育产教融合质量评价中"人"的维度[J]. 苏州大学学报（教育科学版）（3）：13-20.

② 何玉海，2004. 学生是产品，还是顾客?[J]. 国家教育行政学院学报（6）：50-55.

③ 李琴，2008. 学生是顾客吗？：基于新公共管理与新公共服务理论的比较分析[J]. 吉林工商学院学报（2）：125-128.

④ 李德顺，2013. 价值论：一种主体性研究[M]. 3 版. 北京：中国人民大学出版社.

⑤ 邵坚钢，2017. 基于利益相关者理论的职业教育产教融合路径探析[J]. 教育与职业（2）：43-47.

⑥ 吕路平，童国通，2020. "双高计划"背景下高职院校产教融合质量评价体系研究[J]. 职业技术教育（30）：31-36.

⑦ 刘香萍，徐伟，2020. 基于利益相关者理论的应用型高校产业学院的发展机遇和挑战[J]. 景德镇学院学报（4）：17-21.

合，强调各种量化指标，高职教育也因此趋向于技术化，教育的重要主体——"人"则被物化①。在教育质量观的视角下，高职教育评估也应转向考察学习过程的质量，即为学生学习服务的质量，学生理应成为高职教育质量评估中的主体。《国家职业教育改革实施方案》提出"以学习者的职业道德、技术技能水平和就业质量，以及产教融合、校企合作水平为核心，建立职业教育质量评价体系"，进一步肯定了学生的"人"的价值诉求及其在产业学院质量评价中的主体地位。

综上所述，产业学院是我国高职教育发展的重要举措和实现人才培养的新载体，但当前对产业学院的研究主要集中于对企业、高校、产业和政府等主体在其中的投入和利益博弈，高职学生这个主要参加者、价值主体、核心利益相关者和质量评价者则被边缘化。在国家倡导建立新兴产业学院的政策引导下和以人为本的教育理念下，研究高职学生需要何种产业学院，明晰哪些因素会影响高职学生参与产业学院的意愿，具有重要的理论意义和实际价值。

二、研究方法

（一）研究对象

本研究于 2020 年 7—10 月，选取浙江、湖南、安徽和广东 4 省的 8 所高职院校（温州职业技术学院、绍兴职业技术学院、常德职业技术学院、永州职业技术学院、合肥职业技术学院、阜阳职业技术学院、深圳职业技术学院、中山职业技术学院）的在读大学生为调查对象，每所学校随机发放调查问卷 300 份，共发放 2400 份，回收问卷 2312 份，回收率为 96.33%，剔除无效问卷 22 份后得到有效问卷 2290 份。其中男生 1284 人、女生 1006 人，农村户籍 1488 人、城镇户籍 802 人，国家重点院校 524 人、省重点院校 840 人、一般院校 926 人，文科 788 人、工科 1502 人。

（二）研究工具及变量设定

本研究将影响高职学生参与产业学院意愿的因素设为自变量，分为个体特征、高质量就业、职业胜任力、学习成本和主体权益等因素；将"如果您所在的专业与企业合办产业学院，您是否愿意参加？"设为因变量，并据此制定调查问卷。问卷含六个部分：第一部分了解高职学生的个体特征，包括性别、生源地、学校层次和专业类型；第二部分调查影响因变量的高质量就业因素，包括企业影响力、工作稳定性、高福利薪酬；第三部分调查影响因变量的职业胜任力因素，包括知识技能联系度（知识技能等贴近实际工作的程度）、素质培养全面度、职业环境融入度（产业学院教育教学融入职业环境的程度）；第四部分调查影响因变量的学习

---

① 贺璐，欧阳河，2008．学生评价高等教育服务质量研究述评[J]．当代教育论坛（4）：24-26．

成本因素，包括学费减免、奖励资助（奖学金、资助等）、实习工资；第五部分调查影响因变量的主体权益因素，包括职业发展规划（产业学院对个人的职业生涯发展有长期、合理、科学的规划）、权利保护机制（产业学院能尊重学生的利益并具备健全的保护机制）、自我管理机制（产业学院给予学生自我管理的平台及机制）；第六部分调查高职学生"如果您所在的专业与企业合办产业学院，您是否愿意参加？"。自变量中除个体特征外均采用李克特5点量表计分，对于因变量"如果您所在的专业与企业合办产业学院，您是否愿意参加？"，将愿意编码为"1"、不愿意编码为"0"，见表5.1。

表 5.1 变量说明及描述性统计结果

变量		测量项目	变量解释	均值	标准差
因变量		如果您所在的专业与企业合办产业学院，您是否愿意参加？	1=愿意、0=不愿意		
自变量	个体特征	性别	0=男、1=女	0.54	0.42
		生源地	0=农村、1=城镇	0.65	0.30
		专业类型	0=文科、1=工科	0.51	0.41
		学校层次	1=国家重点、2=省重点、3=一般院校	2.60	0.69
	高质量就业	企业影响力	1、2、3、4、5	4.28	0.72
		工作稳定性	1、2、3、4、5	3.95	0.83
		高福利薪酬	1、2、3、4、5	3.99	0.88
	职业胜任力	知识技能联系度	1、2、3、4、5	4.31	0.76
		素质培养全面度	1、2、3、4、5	4.35	0.71
		职业环境融入度	1、2、3、4、5	4.29	0.73
	学习成本	学费减免	1、2、3、4、5	3.96	0.74
		奖励资助	1、2、3、4、5	3.97	0.72
		实习工资	1、2、3、4、5	3.78	0.67
	主体权益	职业发展规划	1、2、3、4、5	4.10	0.72
		权利保护机制	1、2、3、4、5	4.12	0.75
		自我管理机制	1、2、3、4、5	3.88	0.70

注：高质量就业、职业胜任力、学习成本和主体权益因素的变量解释中的数字含义为"1=非常不重要""2=不重要""3=一般""4=比较重要""5=非常重要"。

（三）统计方法

本研究中的因变量属于二分变量，可以进行二元 Logistic 回归分析。在回归模型中，将因变量设为 P，取值为 0 和 1，服从二项分布。影响 P 的 n 个自变量分别记为 $X_1, X_2, \cdots, X_n$。基于此设定模型，并使用 SPSS 24.0 进行分析。

$$\text{Logit}(P) = \beta_0 + \sum_{i=1}^{n} \beta_i X_i$$

式中，P 为是否愿意参加产业学院，取值 1 表示愿意，取值 0 表示不愿意。X_1、X_2、X_3、X_4、X_5 分别为个体特征、高质量就业、职业胜任力、学习成本和主体权益。β_0 是常量，β_i 是 X_i（$i=1,2,\cdots,n$）所对应的偏回归系数。为了避免自变量较多可能发生的多重共线性，进而更清楚地体现不同层面自变量对高职学生参加产业学院意愿影响力的差异，采用逐步回归分析法，先逐个考察个体特征、高质量就业、职业胜任力、学习成本和主体权益因素对因变量的影响，再全面考察所有自变量对因变量的影响。

三、研究结果

（一）高职学生参加产业学院意愿的主要特征

结果显示，高职学生愿意参加产业学院的人数占总体的 72.8%。从人口学变量分析，在性别变量中，男生和女生愿意参加产业学院的比例分别为 61.0% 和 84.6%，女生参加产业学院的意愿显著高于男生。在生源地变量中，农村和城镇生源学生愿意参加产业学院的比例分别为 81.3% 和 64.3%，农村生源学生的比例较高；在专业类型变量中，文科和工科学生愿意参加产业学院的比例差异较大，分别为 85.7% 和 59.9%；在学校层次变量中，国家重点、省重点和一般院校高职学生愿意参加产业学院的比例分别为 62.6%、71.5% 和 84.3%，一般院校高职学生愿意参加产业学院的比例最高。

（二）高职学生参加产业学院意愿影响因素的 Logistic 分析

通过建立 6 个模型，检验上述自变量对因变量的影响，结果如表 5.2 所示。

表 5.2　高职学生参加产业学院意愿 Logistic 回归模型

变量		模型 1		模型 2		模型 3		模型 4		模型 5		模型 6	
		B	Exp(B)	B	Exp(B)	B	Exp(B)	B	Exp(B)	B	Exp(B)	B	Exp(B)
个体特征	性别（vs 男）	1.23***	3.01									0.88*	2.03
	生源地（vs 城镇）	2.42***	4.17									1.42**	3.40
	专业类型（vs 工科）	1.44**	3.28									1.19**	2.98
	学校层次（vs 国家重点）省重点	1.11**	2.74									0.98*	1.96
	一般院校	2.56***	4.68									1.97**	3.89
高质量就业	企业影响力			1.17**	2.19							1.50***	2.37
	工作稳定性			1.01**	1.87							1.38***	2.67
	高福利薪酬			1.25**	2.81							1.61***	3.32

续表

变量		模型1		模型2		模型3		模型4		模型5		模型6	
		B	Exp(B)	B	Exp(B)	B	Exp(B)	B	Exp(B)	B	Exp(B)	B	Exp(B)
职业胜任力	知识技能联系度					0.71*	1.67					1.10**	1.86
	素质培养全面度					0.63*	1.41					1.01**	1.47
	职业环境融入度					-0.59*	1.22					0.47	0.92
学习成本	学费减免							1.28***	3.05			1.37***	3.36
	奖励资助							0.82**	1.61			0.75**	1.47
	实习工资							0.77**	1.98			0.88**	1.79
主体权益	职业发展规划									1.81***	2.27	2.06***	3.90
	权利保护机制									1.26***	2.15	1.38***	2.68
	自我管理机制									0.38	0.77	0.36	0.70
卡方值		31.66***		45.12***		33.84***		39.96***		30.81***		109.46***	
R^2		0.16		0.22		0.15		0.19		0.12		0.84	

注：vs 表示相对于；B 代表回归系数值；Exp（B）代表优势比，度量自变量对应变量的影响程度。

*$p<0.05$。

**$p<0.01$。

***$p<0.001$。

1. 个体特征

模型1的分析结果显示，高职学生的性别、生源地、专业类型和学校层次变量均通过了显著性检验，女生参加产业学院的意愿是男生的3.01倍，女生更意愿参加产业学院；相较于城镇生源学生，农村生源学生参加产业学院的意愿更高，是前者的4.17倍，生源地要素对高职学生参加产业学院的意愿有显著影响；文科学生参加产业学院的意愿更高，是工科学生的3.28倍；此外，高职学生所在院校的层次也显著影响其参加产业学院的意愿，省重点院校和一般院校学生参加产业学院的意愿分别是国家重点院校学生的2.74倍和4.68倍。将上述要素与其他因素综合分析后（模型6），所有变量的影响依然显著。

2. 高质量就业

模型2的分析结果显示，企业影响力、工作稳定性和高福利薪酬变量通过了显著性检验。企业影响力是影响高职学生参加产业学院意愿的重要因素，若提高1个层次，高职学生参加产业学院的意愿提高2.19倍；产业学院是集培养和就业于一体的人才培育载体，在就业压力日益突出的背景下，高职学生更希望通过参加产业学院增加工作的稳定性，工作稳定性提升1个层次，高职学生参加产业学院的意愿提高1.87倍；高职学生在参加产业学院时亦遵循经济人理论假设，相较于企业影响力和工作稳定性，高于同类毕业生的工资、福利等更具诱惑力，企业的福利薪酬提升 1 个层次，高职学生参加产业学院的意愿则提高 2.81 倍。当加入其他因素后（模型 6），所有因素依然具有较高的显著性，说明高职学生对高质量就业始终保持强烈需求，这是产业学院建设时需要重点考虑的。

3. 职业胜任力

模型 3 的分析结果显示，所有变量均通过了显著性检验。在以高质量就业和强调个体可持续发展的目标引导下，高职学生日益重视所学知识技能与企业实际需求间的联系度，其间的联系度提升 1 个层次，高职学生参加产业学院的意愿提高 1.67 倍；高职学生能够清醒地认识到决定职业可持续发展的不仅仅是专业知识与技能，更希望得到对其综合素质的全面培养，对综合素质培养的全面度提高 1 个层次，高职学生参加产业学院的意愿提高 1.41 倍；增强职业胜任力的重要途径是提升教育教学的职业环境融入度，融入度提升 1 个层次，高职学生参加产业学院的意愿提高 1.22 倍。当加入其他因素后（模型 6），上述因素的影响依然显著。

4. 学习成本

模型 4 的分析结果表明，所有变量均通过了显著性检验，高职院校的学费相对较高，对高职学生及其家庭有较大压力，若产业学院对学费减免的程度增加 1 个层次（共 5 个层次，下同），高职学生参加产业学院的意愿提高 3.05 倍；产业学院提供的奖学金和资助等对高职学生有较强的吸引力，奖励资助提升 1 个层次，高职学生参加产业学院的意愿提高 1.61 倍；在企业参与实习或顶岗实习期间获得工资报酬也是降低学习成本的重要途径，实习工资提高 1 个层次，高职学生参加产业学院的意愿提高 1.98 倍。当加入其他因素后（模型 6），上述因素的影响力依旧显著，进一步表明高职学生对降低学习成本的重视，这对农村生源的高职学生而言尤为重要。

5. 主体权益

模型 5 和模型 6 的分析结果显示，长期且贴合个体实际的职业发展规划和权利保护机制通过了显著性检验。不可否认的是，部分企业参与产业学院的目标是短期、狭隘的，企图尽可能降低劳动力成本，忽略对学生进行科学、合理和长期的职业生涯发展规划。因此，职业发展规划提高 1 个层次，高职学生参加产业学院的意愿提高 2.27 倍。在产业学院中的企业、职业院校和学生等利益相关者等一直处于博弈、合作和妥协的动态系统中，高职学生则是相对的弱势群体，高职学生在参加产业学院时对其主体权益能否得到保护也更加重视，权利保护机制健全度提高 1 个层次，高职学生参加产业学院的意愿提高 2.15 倍。相较而言，高职学生对自我管理机制并不特别重视。

R^2 的值是判断各影响因素对结果变量影响程度的重要参考，能够比较各模型的整体解释力。模型 6 考虑了所有因素，R^2 的值达到 0.84，说明该模型拟合较好，研究中设置的自变量对因变量有较高的解释力。分析表明，在所有自变量中，高质量就业需求的影响力最大，这是高职学生最为现实、基础和迫切的需求，也是产业学院的基本目的和初衷。学习成本、个体特征、职业胜任力和主体权益的影响力依次降低，表明高职学生在参与产业学院时秉持经济优先、能力为主、权益并行的基本策略。

四、基于研究结果的分析

（一）高职学生参加产业学院意愿的人口学变量分析

研究显示，高职学生愿意参加产业学院的人数占总体的 72.8%，说明高职学生对产业学院在培养高素质应用型、复合型、创新型人才中的作用认识清晰、趋向明确。女生对产业学院的参与意愿更高，主要是因为国内劳动力市场中男女的人力资本价值实现并未完全平等，依然呈男强女弱的特点[1]。劳动力市场中性别歧视也依旧存在，男性能得到更多的就业岗位及薪酬。例如，中国的性别工资差距仍高于全球平均水平。行为经济学的参考点依赖理论表明，个体根据相对水平进行决策，性别工资差距会促使女生做出更稳妥的就业策略[2]。农村生源和院校层次低的高职学生参加产业学院的意愿更高，就业策略与个体禀赋和社会资本拥有情况显著相关，社会资本理论认为，具有卓越社会关系的人能从中获取有益的影响和更多的工作信息[3]，大学生的社会网络资源架构和社会资本越丰富，对其就业质量的提高就越有裨益[4]。与工科学生相比，文科学生参加产业学院的意愿更高，我国的产业结构及其在世界产业链中的位置决定了其对工科人才有长期的巨量需求，使工科学生在整个就业市场中有较高的选择权，文科学生则相对就业面窄、薪资低。史淑桃也发现我国不同专业大学毕业生的就业质量呈工科类变化平稳、人文社科类下降明显的特点[5]。因此，集培养就业于一体的产业学院势必会得到更多文科学生的青睐。

（二）高质量就业对高职学生参加产业学院意愿的影响

高质量就业是高职学生有效体现其通过就业所获得的价值和效用的途径，也是其获得感、幸福感、安全感的重要保障。但麦可思研究院发布的《2019 年中国大学生就业报告（就业蓝皮书）》显示，2018 届高职高专毕业生的月收入为 4112

① 彭正霞，陆根书，2020. 大学毕业生就业质量的性别差异：基于多群组结构方程模型的分析[J]. 复旦教育论坛（1）：59-67.
② 蓝嘉俊，方颖，2020. 稳就业视角下的性别身份认同规范与性别工资差[J]. 南京社会科学（6）：29-39.
③ 孔高文，刘莎莎，孔东民，2017. 我们为何离开故乡？家庭社会资本、性别、能力与毕业生就业选择[J]. 经济学（季刊）（2）：621-648.
④ 陈宏军，李传荣，陈洪安，2011. 社会资本与大学毕业生就业绩效关系研究[J]. 教育研究（10）：21-31.
⑤ 史淑桃，2010. 高校毕业生就业质量专业差异的比较研究[J]. 黑龙江高教研究（1）：77-79.

元，大幅低于本科毕业生的 5135 元，2018 届本科和高职高专毕业生毕业半年内的离职率分别为 23% 和 42%。高职毕业生在各项指标上都明显处于劣势，说明高质量就业依然是高职学生的痛点，对农村生源的高职学生而言更是如此。本研究发现，实现高质量就业是高职学生最重要的诉求，也是其参加产业学院最基本的动因。其中，企业的影响力和工作稳定性等都是高职学生重点关注的，高职学生的高离职率虽然有利于提升学生与岗位的匹配度，但也给其带来了较大的经济、时间成本和心理压力，对风险承担能力相对较差的高职学生而言更是如此。高质量就业的另一重要标志就是高工资、高福利等，高职学生以农村生源居多，短期内可以改善经济条件是其重要诉求，在产业学院学习的大量贴近企业实际的知识技能和大量顶岗实习等，也强化了其对高薪资福利的心理预期。

（三）职业胜任力对高职学生参加产业学院意愿的影响

职业胜任力由美国心理学家麦克莱兰（McClelland）提出，他认为具有高绩效的员工胜任力与其相关联的知识、能力、特质与动机等有密切关系。职业胜任力可衡量个体是否能胜任某一工作，预测其工作成效，并能够区分绩效优异者与一般者的知识、能力、动机、价值等各种个体特征[1]。职业胜任力对个体主观职业成功（如职业满意度等）和客观职业成功（如晋升、薪酬等）均有显著影响。当前，高职教育主要表现为偏理论，实训设备滞后于新技术发展，知识技能与企业需求脱节，尚难达到市场对应用型、复合型、创新型人才的需求，高职学生渴望习得企业急需的知识和技能。因此，产业学院能否提升学生知识技能联系度、素质培养全面度和职业环境融入度都是高职学生不会忽略的。

（四）学习成本对高职学生参加产业学院意愿的影响

研究表明，学习成本是影响高职学生参加产业学院意愿的重要因素。学生整合理论认为，大学生与学校的学术性整合和社会性整合是决定个人学业表现和是否辍学的主要因素，降低学习成本能有效反映学术性整合的程度。学生选择理论也认为，经济资助等降低学习成本的措施会提高所在学校的吸引力，降低辍学或者转学的吸引力[2]。经济合作与发展组织成员国将高等教育学费占居民可支配收入的比例分为高、中、低三类，我国的该比例为 32.1%，处于高比例层次，比近邻韩国、日本分别高出 10.4% 和 11.9%[3]。根据《中国教育经费统计年鉴》和国家统计局数据，2017 年农村家庭高等教育学费支付能力相对较弱，学费分别占城镇家庭和农村家庭消费支出后余额的 9.8% 和 30.6%。若家庭中读大学的子女有 2 人及

① 董云芳，2011．社会工作专业人才职业胜任力模型分析[J]．华东理工大学学报（社会科学版）（5）．41-48.
② 杨钋，2009．大学生资助对学业发展的影响[J]．清华大学教育研究（5）：101-108.
③ 柴江，2020．我国居民高等教育学费支付能力的比较研究[J]．河北师范大学学报（教育科学版）（6）：52-58.

以上，则其高等教育支付能力更弱。不同类型高校的贫困学生分布亦有不同，教育部职业教育与成人教育司组织编写的《中国高等职业院校精准扶贫报告》显示，高职院校 70%的生源来自农村，15%～45%的高职学生申请贫困建档。虽然国家正积极健全学生资助政策体系，但当前我国高校学生资助政策和资源仍更多地集中于高水平或高质量本科院校。因此，产业学院若能提供学费减免、更多获得奖学金的机会、资助和实习工资等，势必会得到高职学生的追捧。

（五）主体权益对高职学生参加产业学院意愿的影响

产业学院在我国正处于探索期，保护产业学院学生权益的法律法规还不健全。《中华人民共和国教育法》、《中华人民共和国高等教育法》和《职业教育法》等都只是原则性、抽象性、倡议性和指导性的规定，尚无义务性或强制性规定，对学生权益保护作用甚微。部分企业为实现人力成本最低化，仅把高职学生作为廉价劳动力，缺乏对学生的全面培养和良好的职业规划。在现行校企合作办学实践中，对学生权益保护则少有涉及或只做概括性规定，致使学生的权益保护及申诉渠道缺失或不畅。马斯洛需求层次理论认为，人有生理、安全、社会、尊重和自我实现等需要，产业学院在我国尚属新事物，对高职学生这个相对的弱势群体而言，只有其基本权益得到保障，才有可能心无旁骛地参加产业学院并积极投入学习实践中。学生的权益还包括获得职业发展，职业发展对个体毕业生的工作经历和职业过程，特别是职业、职位的变迁以及职业理想的实现非常重要，然而部分企业错误的人才理念及制度极大限制了其职业发展。高职学生希望在产业学院中能得到允分的尊重、合理的长期培养教育规划，从而实现企业和学生的共同发展。

五、结论与建议

本研究取得以下结论：高职学生参加产业学院的意愿强烈，女生的意愿高于男生，农村生源学生的意愿高于城镇生源学生，文科学生的意愿高于工科学生，一般院校学生的意愿更高；高质量就业是高职学生最突出的需求，其中企业影响力、工作稳定性和高福利薪酬的作用显著；提升职业胜任力是高职学生参加产业学院的重要动机，知识技能联系度、素质培养全面度和职业环境融入度都是学生较为重视的要素；降低学习成本对农村生源居多的高职学生而言有较强的吸引力，产业学院若能减免学费、提供奖励资助和实习工资等将能显著激发学生参加的积极性；高职学生对产业学院能否有效保护其主体权益也较为看重，职业发展规划和权利保护机制是其关注的重点。因此，为构建或完善更能吸引高职学生积极参与的产业学院，应从以下几方面开展工作。

（一）以高质量就业为导向，树产业学院办学目标

高质量就业作为就业个人与企业用人需求高度契合的就业状况，是人力资源

优化配置的表现，也是高职学生参加产业学院的首要动机。构建高职学生满意的产业学院，以高质量就业为导向的教育理念在产业学院中应有更为深刻与鲜明的体现。遴选优质企业共同建立产业学院，优先选择上市公司、跨国或全国连锁企业以及其他规模较大且可持续发展能力的优质企业，打下高质量就业的基础。从岗位群着手构建高质量就业保障体系，根据学生的专业和就业岗位，设置适合的主要岗位和备选岗位，并在能力培养上进行体系化的培养，使其就业岗位具有更多的选择性和灵活性。还应全面统筹产业学院的就业机制，根据实际情况建立健全"前就业机制"、"准就业机制"和"完全就业机制"，确保学生在产业学院中高质量就业。

（二）以职业胜任力为核心，立产业学院培养重点

高职学生对提升职业胜任力的需求迫切，集中表现为对提升知识技能联系度、素质培养全面度和职业环境融入度的需求。因此，产业学院应根据职业胜任力的内涵，在知识、技能、个人特征与角色定位等方面综合确定人才培养目标与定位。基于实际工作过程导向设计跨课程项目化教学模式，并在教学过程中引入开放教学形式，即教学时间、教学场所、团队合作方式和项目完成形式开放的开放式教学形式。营造真实企业氛围，创新考核机制，将项目完成度设为考核标准，实现项目即产品、教学即生产的培养理念。大力强化"双师型"教师队伍建设，引进行业企业的技术技能人才担任产业学院教师，充实和完善高职院校现有教师队伍，培养学生贴近实际岗位的专业实践动手能力和基本素养，全面提升产业学院学生的职业胜任力。

（三）以降学习成本为载体，增产业学院内在引力

高职学生参加产业学院的积极性较高，但以农村生源为主的高职学生的高等教育学费支付能力相对较弱。为提升产业学院对高职学生的吸引力，政府要积极发挥主导作用，建立、完善产业学院奖励机制，对积极参与产业学院的企业给予倾向性的扶持，配套出台税收、信贷等方面的优惠政策，进而激励更多的优质企业积极、主动参与其中。设立企业专项奖助学金，帮助高职学生缓解在产业学院学习期间的经济负担，使高职学生直接感受到企业对人才的重视，也使其认识到自身价值。企业可赋予学生相应的员工身份，在企业顶岗实习期间给予差异化的工资报酬，使其树立积极、正确的劳动观念，凸显校企合作的文化育人作用。此外，学生要学会自立、自强，提高思想认识，摆脱"等、靠、要"的懒惰思想，努力学习知识技能，实现以知识改变命运、以技能提升自我价值的目标。

（四）以护学生权益为己任，铸产业学院良好形象

高职学生在多方博弈、合作的产业学院中属于相对弱势群体，消除学生对这个尚未普及的新教育模式的顾虑，铸就产业学院良好形象，需要做到以下几点。

一是完善企业参与办学准入标准。当前企业参与办学尚无明确的、量化的衡量标准，致使部分高职院校在甄选企业的过程中缺少评判依据。应加快出台高标准的企业参与办学准入标准，将信誉好、责任感强、知名度高的企业引入合作办学机制。二是健全学生合法权益保护机制。产业学院是实现高质量就业的重要途径，也在一定程度上限制了就业选择权，加之部分企业短视的人才策略，使学生的发展权受到影响，应通过制度的形式对学生进行保护，并构建产业学院的学生退出机制，解决学生的后顾之忧。三是学生要树立契约精神。学生及其家长都要充分了解产业学院的属性及协议内容，对彼此进行全面评估，契约缔结后切实履行，不能随意违反。

第三节 高职教育人才转型的战略思考：推进产教融合，服务产业发展——高职院校"新技术应用"人才培养方略

随着国家经济社会的转型，我国职业教育得到了空前发展。在国家创新驱动发展战略下，改革高职院校人才培养工作，促进毕业生高质量就业创业，是职业院校主动适应国家经济产业调整布局、实现新技术强国战略的主体需求，也是高职教育通过创新人才工程服务行业和企业协同创新、共同推进产业转型升级的重要发展举措。在深化产教融合的时代背景下，我国职业教育需要摆脱传统的技术应用与模仿，走向更高端的新技术应用与创新的探索实践，主动适应新环境，主动对接区域经济发展，主动启用人才培养新机制，通过政策规划、制度调整和人才培养变革以适应新环境和新挑战。

一、以新技术应用型人才培养为目标，推进高职院校创新创业教育改革

2015 年起，国家提出以促进大学生创新创业为目标的高校改革与发展思路，为高职院校的转型与升级提供了重要启示，也为产教融合的资源集聚、平台搭建提供了政策、资金的支持和保障，高职院校创新创业的水平和服务能力得到了大幅提升。截至目前，我国创新创业教育已经进入新的"4.0 育才期"①，这意味着创新创业教育的内涵更加丰富、主体更加广泛、形式更加多样、成果更加突出。以创新创业为背景的新技术应用型人才培养，也将成为高职院校创新创业发展的

---

① 按时间划分，我国的创新创业教育可分为四个阶段：1999 年—2014 年 5 月为创新创业教育的启蒙期，高校学生的勤工俭学演变为"创业"，部分高校开设了"创新班"和培养创业精神的通识课，这个阶段叫作"1.0 启蒙期"；2014 年 6 月—2016 年，自《国务院办公厅关于深化高等学校创新创业教育改革的实施意见》（国办发〔2015〕36 号）发布开始，教育部和地方教育主管部门出台了大量的创新创业教育政策，"大众创业、万众创新"时代正式来临，这个阶段叫作"2.0 政策期"；2017 年初，创新创业教育引起了高校和社会的广泛热议，高校的创新创业教育是为了培养企业家还是为了育人？高校创新创业教育绝不是为了培养几个企业家，教育的本质是为了育人，这个阶段叫作"3.0 育人期"，是创新创业教育内涵认识的回归期；随着中国特色社会主义进入新时代，建设创新型国家成为中国强大的必由之路，创新创业型人才培养成为高校的重要任务，这个阶段叫作"4.0 育才期"（培养创新创业型人才）。

新动力，利用新技术的成果转化，推进产业升级，助推地方经济产业快速发展。

（一）以新技术应用为导向，提升高职院校创新创业教育内涵的必要性

当下，我国的传统经济增长缺乏新动力，经济增长将更多地依靠知识创新、技术进步和人力资本积累。"三去一降一补"（去产能、去库存、去杠杆，降成本，补短板）的有效推进需要依赖科技产业的有效供给，只有与需求匹配的科技供给，才能消除科技创新的"孤岛现象"。从现状来看，我国高职院校的创新创业工作还没有真正起到实效，高职院校的专业设置与课程内容还未能充分利用各平台提供的有效教育资源、教育环境和教育方法，在人才培养目标定位上也未能体现出创新创业教育的精神品质和丰富内涵。在理念上，创新创业教育与培养大学生的创新思维、创业精神与能力密切相关，但在实践中，大部分高职院校的创新创业教育还仅停留在口号上，产教融合的发展机制还只停留在形式上，在带动传统产业升级、制造业创新等领域也相对贡献较少。同时，由于缺乏有效的人才培养机制，高职院校在顶层设计和人才培养制度安排上缺乏一套成熟的办学模式，创新创业资源较少，创业教育与专业教育融合度较低。

面对这些困境，高职院校必须从顶层设计上对人才质量进行重估，解决好如何将"新技术"引入高职课程、如何将高职课程引入企业技术考评机制、如何将新技术应用引入产业需求等问题，这是当前高职院校创新创业教育发展应该着重关注与研究的核心命题。新技术应用型人才作为高职院校与企业技术深度对接的转型枢纽，可以实现将新技术转化为新能源和新动力、助推企业技术创新与技术转化的宝贵人力资源。以互联网产业化、工业智能化、工业一体化为代表，以人工智能、清洁能源、无人控制技术、量子信息技术、虚拟现实以及生物技术为主的第四次工业革命，将互联网产业、工业智能推向产业进步的技术舞台，这些产业变革的难题，亟待具有新技术创新能力的人才去破解和更新，在此基础上，高职院校就应该立足市场需求，将高素质与高技能的创新人才引入新技术市场，促进产业结构调整与转型升级，为国家双创战略提供人才和智力支持，为科技有效供给提供新动能。

（二）以新技术应用型人才培养为目标，推动高职院校创新创业发展的可行性

现阶段，我国的创新创业协同创新机制尚处于论证探索阶段，还未形成整体的结构性布局，这在很大程度上阻碍了创新创业教育的深入与动态发展。在新技术应用层面，创新创业教育的困境主要表现为，创业工作仍囿于政府政策扶持和产业需求的外部导向，没有形成高职独特的"新技术"文化自觉。在此基础上，出现高职创新与创业内生力不足、师生主体参与的积极性不高、创业渠道不畅通、效果不理想等突出现象。为了破解这个难题，就需要重新打造以新技术应用型人才为目标的教育产业布局，深入实践"引企入教"改革，建立学校、政府、社会三位一体的协同创新机制和产教融合的实践平台，创建校企深层次互动、具有新

技术引导的"职教研创共同体"。以产业需求为导向，聘请企业技术研发人员参与人才培养方案的开发，全程督导与调整新技术应用课程的实践过程，共同破解企业技术难题，真正做到有水平、有质量的产教融合，充分发挥高校和企业在人才培养中的双主体作用，推动"产学研创"新机制的动态生成。

作为一种自上而下和自下而上相结合的教育改革与创新活动，高职院校新阶段的创新创业教育工作应以"新技术"作为创新的关键词，把课程与技术、改革与研创、产业与教育对接起来，形成连接创业教育与专业教育的实践桥梁。在相互融合的路径上，如何有效挖掘和充实各类专业课程的创新创业教育资源，建立有规模、有潜力、有特色的创业空间，是高职院校创新创业教育发展的难点。在创新创业课程设计和开发方面，依据不同产业对专业人才的技术需求，高职教育应主动调整新技术应用型人才的培养方案，将新技术的理念和精神渗透到创新创业教育的课程开发与实践项目之中，同步制定创业教育与专业教育实施方案，将专业教育与创业教育进行项目整合，实施项目管理，提升二者的融合度。同时，还应该把新技术人才作为支撑高职院校创新创业发展的第一资源，在提升人力资本效能中推动高职院校发展质量、效率和动力变革。最终，依托产教融合战略，加强校企深层互动，搭建与不断升级新技术应用型人才的合作创新平台，提高产业界和高职院校联合的紧密程度，促进人才培养供给侧和产业需求侧结构要素全方位融合，推动高职院校人才战略的供给侧结构性改革。

在以新技术应用为核心的产教融合机制中，固化校企协同培养高层次应用型人才的模式，健全高等学校与行业骨干企业、中小微创业型企业紧密协同的创新生态系统，增强创新中心集聚人才资源、牵引产业升级能力，是推进产教协同育人合作机制的改革路径。应进一步加强高职院校"双师型"师资队伍建设，凸显企业在人才培养全过程中的主体性，整合校企共建生产型实训基地、专业群的研发平台、众创空间等优质资源，把学生专业实验实训、科研项目与新技术课程有机整合，通过全程参与企业技术生产与新技术实训项目的实践课程引导学生"学中做，做中学"，通过开发立体化、可选择的新技术课程项目包引导学生"训中研，研中创"，通过与企业共同合作开展新技术研发项目与创新项目引导学生"做中创，创中创"，以此为方向，由浅入深、循序渐进地使学生掌握新技术演进的规律，形成"学训研创"一体化的实践教学体系，建立梯次有序、功能互补、资源共享、合作紧密的产教融合网络。

二、以新技术应用型人才培养为理念，促进高职院校内涵发展

"中国制造 2025"是国家立足于新的国际环境和产业变革的大趋势，为实现"制造强国"目标而做出的重大产业布局调整，也是高职院校对照未来人才标准推进职业教育改革的目标与方向。当前，高职教育正处在转型升级的重大关口，以往传统的教育资源和社会服务优势正逐步减弱，社会需求与人才培养之间产生了

深层次的矛盾，需要在人才发展的战略性目标上重新提炼办学理念、找寻专业特色、提升办学水平。《国务院办公厅关于深化产教融合的若干意见》（国办发〔2017〕95 号）明确提出，"深化产教融合，促进教育链、人才链与产业链、创新链有机衔接"，"深化职业教育、高等教育等改革，发挥企业重要主体作用，促进人才培养供给侧和产业需求侧结构要素全方位融合，培养大批高素质创新人才和技术技能人才，为加快建设实体经济、科技创新、现代金融、人力资源协同发展的产业体系，增强产业核心竞争力，汇聚发展新动能提供有力支撑"。深化产教融合作为当前高职教育发展总的行动纲领，是全面提升高职教育发展质量和人才培养水平的有效途径，也是高职"优质校"建设的基本主线。在进一步推进产教融合、深化校企合作的办学思路下，高职院校将深入破解职业教育历史发展中多而不强、广而不精、虚而不实的现状，推动高职院校迈入技术强校、科技强国、"产学研创"相结合，进而助推产业发展变革的高等教育强国战略行列。

（一）助推产业革命，引领行业发展——新技术应用"新"在哪里

当前，世界范围内正掀起一股回归制造业的热潮，国家新一轮科技革命和产业变革与我国加快转变高职教育人才培养方式形成历史性交会，其中，技术创新与人才培养改革紧密相关。高职教育在将新技术应用转化为人力资源的过程中发挥了重要的作用。按照人才结构理论的划分，社会人才可分为四种类型：学术型人才，主要从事发现、研究事物发展的客观规律和基础原理的工作；工程型人才，包括设计型、规划型、决策型人才，主要从事与直接产生社会利益相关的设计、规划及决策工作；技术型人才，包括工艺型、执行型、中间型人才，主要在生产一线或者工作现场从事依赖特定、专门技术或者工艺的相关工作；技能型人才，包括记忆型和操作型人才，主要依靠操作机器、机械或者掌握某种直接用于生产的技能完成相关工作。按照国家高端人才的结构分类，新技术应用型人才，不是对新技术的研发与创造等高端知识人才的定位，而是对原有的传统技术进行改造与创新的高端技术人才的定位，这也正是高职教育区别于其他普通高等院校教育的突出特征。新技术应用是新技术革命对于高职人才培养的基本要求，目的是提升技术应用的层次，是对以往职业教育简单培养技术劳动力的人才变革，是当前职业院校人才培养改革的重大转向。具体而言，新技术应用包括新的工艺操作方法、新材料、新设备以及与之相关的新系统、新管理方式，是在原有技术基础上改进革新的技术。因此，新技术应用不是形成新技术，而是利用新技术将现有的产品转化成现实的新产品和现实的生产力。新技术应用是一种崭新的理念和教育模式。

面对市场不断涌现的新智能、新科技与新技术，高职院校需要将具有新技术应用能力的人才资源挖掘出来、培养出来，从而对应国家对不同高素质人才的个性化需求。在新技术人才培养的目标维度上，需要高职院校建立"产学研创"相结合的创新实践平台，不仅教会学生掌握技术，更要培养学生进行技术创新的能

力，帮助他们掌握技术赶超、技术跨越、技术革新的本领与方法，以大规模的新技术实践来推动学生的创新能力和创业精神，最终实现新技术成果的商业转化。当前，高职教育已由校企合作培养机制转化为产教融合的新机制。产教融合，是以企业、行业发展为主导的人才培养战略，是为了适应产业变革而提出的新技术应用与实践。在此基础上，高职院校将新技术应用与创新创业深度融合，在行业、企业、社会机构等多元主体参与下，对人才进行新技术培训与创新培养，从根本上解决企业对高层次技术人才的质量要求。因此，高职院校要想在以产业变革为大背景的高等教育结构性改革中异军突起，就必须在"新"字上下功夫，依靠"新技术"培养"新人"。

（二）高等教育职能分工，高职院校异军突起——高职教育改革"难"在哪里

在世界经济产业重组与科技革命的重大背景下，高等院校职能分工格局正在重组，实现高等教育错层经营与错位发展是新技术革命对于高校人才培养改革的基本要求。高职教育作为新技术革命的主力军，应进一步调整人才战略，树立"创新驱动、质量为先、特色发展、品牌优质"的发展理念，不仅要"新"，还要"创"，从而将人才链与产业链、人才链与创新链有机结合，推动高职教育高效快速发展，为职业院校助力中国建成具有全球影响力的制造强国奠定坚实的人才基础。

当前，高职院校由于历史遗留的门槛低、入口松、发展难等突出问题，在短时间内很难具备对技术新人的塑造和对新技术的攻关的能力。从技术掌握到技术改造与创新，高职院校正在经历着一次极具影响力和挑战性的教育变革。面对国家产业结构调整与高校大规模的综合改革，高职院校需要重新定位，将自己的人才优势充分发挥出来，在新一轮高等教育结构重组中找到位置、找寻出路。新技术应用型人才作为技术产业革命的主体，是推动技术创新与科技进步的人才支撑，也是高职教育需要着力培养的宝贵的技术人力资源。高职教育作为直接与企业衔接的人才转换枢纽，其人才培养的基本定位就是打造创新创业型的高层次技术人才，提升学生利用新技术进行创新创业的能力。

高职院校新技术应用型人才培养的重新定位，是着眼于高职院校战略发展目标、构建中国特色现代职业教育体系、深化产教融合办学机制的准确定位，对于社会产业进程来讲，也是全面提升高职院校服务区域经济社会发展能力的根本导向和迫切需要。以此为发展目标，高职院校可以实现将新技术应用性知识与企业技术难题相互转化，从而作为新技术革命的主体，助力与推动科技成果的技术创新。在我国创新创业发展战略的引导下，高职院校可以依托创新创业活动不断将新技术成果转化为现实生产力，以适应知识转化和技术创新的行业需求。在产教融合的背景下，把提升技术的科技含量作为高职院校新技术应用型人才的专业标准，形成专业设置直接对接地方支柱产业、创新人才直接对接新技术，建立技术创新平台和众创空间，通过企业团队共育与企业文化引领，打造企业家精神，实

现技术与文化、技术与生产力的深层次转化。

新技术革命与国家产业结构调整为高职教育的改革与发展提供了思路，也为职业教育改革创新注入了新活力。在这个历史标志性的转折点上，高职院校需要充分把握地方区域经济发展的特殊性，将产业发展纳入人才培养广泛视域，创新人才培养机制，建立"专业共建—技术研发—创新创业"三位一体的新技术创新创业发展团队，探索"产学研创"相结合的办学模式，以破解高职院校发展难的现实危机。经过几十年传统的高投入、高消耗、粗放式的发展，我国经济已出现深刻变化，正着力构建以企业为主体、以市场为导向、产学研相结合的技术创新体系，逐步转向创新驱动发展，并进入产业结构转型的关键时期。面对层出不穷的新技术、新产业、新业态，高职院校需要培养和造就一批适应我国经济新常态特征的新技术应用型人才队伍，这样才能充分把握时代发展的战略机遇，这也是建设创新型国家与创新创业人才培养相结合在实践方面的重要探索。

三、探索分阶段"产教融合"的实施路径，打造新技术应用型创新创业教育特色

我国高职教育的发展经历了由校企合作到产教融合、由高校驱动到企业主导、由"产学"结合到"产学研创"结合的纵深发展阶段。过去，高职教育主要以高校为主导，以行业为导向，将教育教学、生产劳动、社会实践、技能训练等融入社会服务职能之中，此阶段是产教融合的初级阶段（即校企合作阶段），又称为"产教融合1.0时代"。在这个阶段，高职院校各方资源未得到很好的整合，企业参与度不高、内驱力不强，校企合作并未对专业建设起到决定性影响，高校与企业之间的合作流于形式，高职院校也并未按照行业变革趋势进行专业设置，仅仅依靠为数不多的实训基地对学生开展实习实训和社会生产实践活动，使高职教育专业与课程严重缺乏预见性和前瞻性，对技术资源的利用也呈"片状化"趋势。《国务院办公厅关于深化产教融合的若干意见》的出台预示着"产教融合"必须破解校企合作"两张皮"的难题，跳出知识看知识、跳出教育看教育、跳出实践看实践、跳出学校看企业，通过高职院校人才的转型和专业建设，打造新技术应用的高职院校人才培养工程，探索有步骤、有层次、有目标的分阶段发展路径，用更先进的技术手段推进高职院校战略发展，推动产教融合进入2.0时代。

（一）以打造新技术应用型人才为产业布局，强化新技术应用的产教融合机制

推进新技术应用型人才的开发与实践，首先需要完善以新技术为理念的高职人才战略的顶层设计，建立校企协同育人机制，整合企业、行业和学校等丰富的技术资源和要素，建立立地式、立体化的新技术应用型人才培养项目质量体系，实现新技术推广与专业建设步调一致、新技术应用与创新创业项目衔接、新技术改造与产业更新及时、新技术创新与技术升级同步，推动产教融合向纵深发展。如图5.2所示。

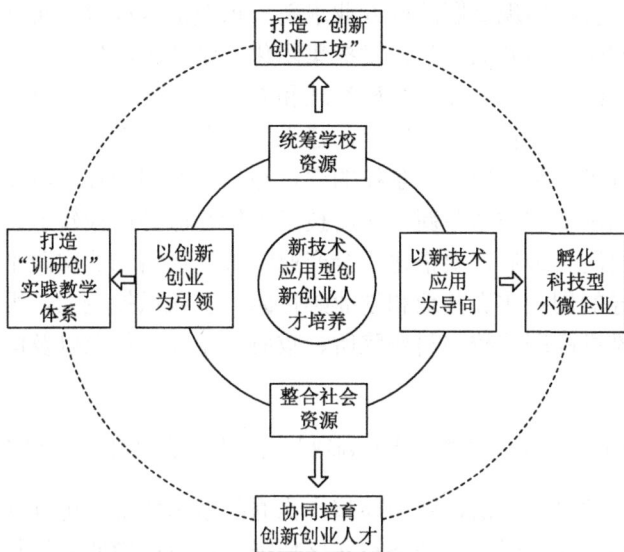

图 5.2 高职院校基于产教融合的新技术应用型人才培养体系

1. 产学结合：建立"产业跟随"的新技术应用型人才培养互通机制

在产教融合的第一层次，高职院校需要冷静分析与思考企业主导下高职教育的专业发展与人才定位，深入落实产学结合，针对曾经的"学校热、企业冷"的校企合作难题，着眼于新技术革新的产业转型与发展，构建校企共赢、持续性的深度合作制度，使企业的新技术产品深入学校课程与创新实践，让企业全方位参与、指导学校的专业建设和课程规划。从校企关系上讲，一方面，企业与职业院校之间是可以实现共赢共生的，企业发展需要新技术人才的支持，企业进行技术改造、产品研发和项目培训也需要依靠有技术创新水平和能力的技术人才，企业完全可以按照行业新技术需求对高职人才培养提出要求；另一方面，高职院校要想与产业紧密贴合，提升综合改革的层次与成效，也必须将企业放在产教融合的主导地位，建立资源共享、利益共荣的制度理念，充分发挥自身人才聚集的优势，通过实施人才战略将优秀的企业引进来，形成"产业跟随"的常态化课程机制，让企业充分参与和管理学校的人才培养工作。因此，从这两个主体共同的需求来看，校企合作并不是学校和企业的简单相加，而是彼此的刚性需求，需要彼此之间深度融合，共同创新。以此为基础，职业院校的人才优势和企业的技术优势才能够叠加在一起，形成技术合力，推进产教融合与人才转型。

2. 产学研结合：推动"产业互助"的新技术应用型人才培养创新孵化平台建设

在产教融合的第二层次，需要将以产业为主导的课程运用在技术实践之中，推进产学研相结合，体现高职院校专业求新、求变的课程改革思路。首先，在政策引导上，高职院校要开放办学，发挥集团化办学的制度优势，让行业、企业、科研机构和社会组织等共同参与学校治理和人才发展规划，促进人才培养链与产业链无缝对接。其次，在运行机制上，建立"产业互助"机制，将新技术首先在高校平台上进行推广和应用，让学校的课程与产业知识和技术对接，让学生充分参与企业的产品制造和技术革新，在新技术支持与服务产业转型发展的维度上，深化校企合作机制。最后，要搭建"全产业链式"创新创业实践平台，建设以新技术应用为指导的创业实训基地和创业孵化园，引入风投企业，组建创业基金，进一步落实与推进高职院校与科研院所、政府、企业、行业以及国际合作组织的协同育人制度。

3. "产学研创"结合：打造"产业领跑"的新技术应用型人才培养创业引领目标

在产教融合的第三层次，就需要整合优秀的技术资源，进行立地式产品开发与技术转化实验。立足于区域经济与文化特征，将"产学研创"相结合，形成高职院校利用创新人才优势进行"产业领跑"的技术创新新局面。"产学研创"，意味着学以致用、用以创新，需要深度对接区域特色、支柱产业的转型发展需求，构建以实训为基础、以新技术应用为核心、以研发为动力、以创新创业为导向的"实训+科研+创新创业"一体的实践教学体系。通过项目平台开展技术创新，把高职教育人才路径向"做中创""创中创"延伸，让人才优势转化为技术优势，利用人才资源，拿到行业的技术话语权，最终实现以职业院校为中心的产业结构布局的优化与调整。

（二）以新技术应用型人才培养改革为契机，开展高职创新创业教育新实践

高职院校需要着力于创新融合专业、创新引领创业、创业融入课程、创业带动就业的新技术应用型人才培养新模式，深化高职院校创新创业教育改革。

1. 立足地方产业文化特色，打造"全产业链式"新技术应用与创新实践平台

在传统产业改造与更新过程中，"中国制造"的标签逐渐被"中国智造"和"中国创造"所代替。技术变革依赖于本土资源和区域经济发展的优势，需要不同产业在规模上形成区域产业链，这样才能推动产业布局由单个企业到块状经济的连片式发展，最终实现高品质、高水平的本土制造。高职院校新技术应用实践改革，能够在技术人才培养上精耕细作，依托创新创业教育，提升人才社会服务与创新能力，利用人才优势为产业输出新技术应用"最后一公里"的技术源。要想达到这个目标，就需要高职院校的专业设置必须立足于地方和区域经济发展的特点和产业文化的特色，凝练出地方高职院校办学特色和专业特色，在此基础上，联合区域行业机构、地方社会组织、地方龙头企业和相对应的新技术研究机构等，共

同组建"全产业链式"新技术应用与创新实践平台。

在以新技术为导向的创新创业实践机制上，需要搭建不同层次、类别和形式的众创空间，在创业教育中引发学生对新技术应用的理性思考，激发他们对新技术应用的实践兴趣，引导他们掌握新技术改造创新的方法。通过理论与实践融合互动的项目平台，持续激发大学生对新技术研究的热情，将技术研发与成果转化结合起来，形成涵盖项目发掘、团队构建、投资对接、后续支撑的全过程孵化服务，使这个平台成为集创意（好点子）推广、创新（好方法）探索、创造（好作品）推广、创业（好商机）实践于一体的创新创业载体，夯实学生的创业资本。在运用新技术打造众创空间的过程中，还需要着力推进创业文化建设，将优秀的企业文化与企业家精神内化于技术创新理念之中，让学生形成企业文化自觉，从而打造出新技术创新性强、商业文化底蕴深、竞争机制合理的大学生科技创业园。

2. 专业教育与创业教育深度融合，创设高品质的技术创新生态系统

实现"产学研创"协同发展，还需要根据产业设置专业，依托专业建立平台，通过开展创新创业活动，推动专业教育与创业教育深度融合。在人才培养模式上，必须以创业教育为导向，建立师生共创的人才合作项目，重点在信息技术、智能创新、时尚设计和新材料等新兴的科技领域培养和扶持大学生的创新创业能力，通过"师研生随""师导生创""师生共创"形成"教学研创"的分层互动机制，最终将"创"落实在新技术应用型人才培养质量的评价体系中。在创新创业目标引领下，专业教育需要整合课程资源，充分满足创业企业对发展空间、技术研发、人力资源、市场开拓等方面的个性化需求，同时，坚持面向区域经济发展的原则，与地方政府、行业企业联合共建孵化器和创新创业公共服务平台，采取"创投+孵化"的发展模式，将师生共创成果与相关企业对接、合作、转化为可供实施的项目，形成构建团队、发掘项目、对接投资、支撑后续的循环体系。在课程设置上，需要进一步完善"产教融合"与创新创业实践课程体系，形成平台化思维，建立行业、企业、高校三位一体的资源整合平台，依托"创新创业工场""学训研创"相结合的创客空间，孵化科技型小微企业，协同培育高职教育创新创业人才。

在创新创业教育引导下，高职院校人才培养还需要主动对接产业发展需求，调整学科专业结构，推进产教融合、校企合作、互聘教师、共享基地等人才培养模式，建立地方高校与相关部门协同培养机制的策略，共同创设高品质的技术创新生态园，使创业文化渗入校园，让企业文化影响学生，将校园文化建设与企业家精神相对接，用"产学研创"一体化创业模式打造新技术产业精品，建立高职院校与企业共创的文化氛围，从而影响、辐射地方产业发展，加快新技术产品快速升级。

第六章　新技术应用型人才培养的实践研究——以温州职业技术学院为例

第一节　温州职业技术学院新技术应用型人才培养思路

一、温州职业技术学院基本情况

温州职业技术学院位于浙江省温州市，是 1999 年经教育部批准创办的全日制综合性高职院校，现为浙南闽北唯一一所中国特色高水平高职院校、国家示范性高职院校、全国优质高职院校，是浙江省重点高职院校、全国创新创业典型经验 50 强高校、全国职业教育先进单位、浙江省文明单位、教育部首批现代学徒制试点单位、浙江省首批四年制高等职业教育人才培养试点院校。学校现有高教园区校区、鹿城校区、瓯海校区、瑞安校区、永嘉校区等五个校区，校园总占地面积 1300 余亩（1 亩≈666.67 平方米），全日制在校生 12000 余人。近年来，该校积极探索新技术应用型人才培养模式，开展了系列教育教学改革，积累了丰富的经验。因此，研究选择温州职业技术学院为个案，探索高职院校新技术应用型人才培养体系的落实措施，以期为国内相关院校提供借鉴。

二、新技术应用型人才培养思路

斯坦福大学突出教学方法与课程设计，以创新项目为导向，采用"企业家"教员与导师制的方式，搭建校友网络社团等平台，实现创新精神与实践相结合，促进成果转化；麻省理工学院突出产教融合、校企合作，从点到面，覆盖各类学生需求，以市场的技术需求为导向，采用高校、企业、政府彼此关联的方式，搭建孵化基地等平台，实现知识创新和成果转化；慕尼黑工业大学注重人才培养的针对性、适用性，突出实践导向，把内部改革与对外融合紧密结合起来，吸纳社会多元因素参与。

根据新技术应用型人才培养目标，温州职业技术学院在信息技术、智能创新、时尚设计和新材料等新科技领域培养高职学生的新技术应用能力，以培养关键设备和技术的专业研发及应用型人才为核心，打造集专业教学、实践实训、素质培养、技能提升、技术研发、市场洞悉和社会服务于一体的产教深度融合高地，将高职院校和企业的技术创新及成果转化为现实生产力，从而实现从"产业跟随"到"产业互动"直至"产业领跑"。基于生态系统的视角，温州职业技术学院在理论上借鉴新技术应用型人才培养概念与内涵进行系统建模，在实践上以问题为导向，比较分析新技术应用型人才培养的环境、制度，调配新技术应用型人才培养体系的相应因子，从生态位分离策略、生态位扩充策略、生态位协同进化策略几个方面提出多层次梯级课程体系、多层次实践锻炼路径、多级孵化平台以及区域、政策、资源、课程、服务相协同的人才培养体系。

第二节　温州职业技术学院新技术应用型人才培养过程

一、新技术应用型人才培养教学体系

温州职业技术学院确立了三个"三结合"的专业建设思路，构建了"双层次多方向"的人才培养体系，确保学生的高质量培养和专业培养目标的达成。据此形成的教学成果《高职院校人才培养方案整体设计的创新与实践——以三个三结合为实施路径》和《多元结合、分层递进的高职院校制造大类专业实践教学体系的创建与实施》获得国家级教学成果一等奖，《以行业和民营企业为依托的高职三个合一实践教学体系创建与实践》获得国家级教学成果二等奖，《基于中高职衔接的设计工匠人才培养创新实践》等 6 项教学改革成果获省级教学成果一等奖。

温州职业技术学院积极对接浙江省七大万亿产业、温州市支柱产业，确定"以智能制造类为主体、时尚设计类为特色，现代服务类协调发展"的三大专业集群，在 8 个系 35 个专业的基础上建设时尚产品设计、先进装备制造、智能电气技术、信息技术应用和中小企业经营管理等五大优势特色专业群。以优势特色专业为核心引领相关群内的其他专业建设，进而推动五大优势特色专业群建设不断升级，更好满足区域经济社会发展需要，使学校人才培养服务区域经济社会发展——高职教育的"区域性"，从示范走向典范。

（一）智能制造专业集群

对接浙江省七大万亿产业中的高端装备制造和信息产业以及温州市的阀门、汽摩配、电气等支柱产业发展，通过装备制造、智能控制和信息集成的产业价值链一体化建设智能制造专业集群。这是温州职业技术学院专业建设对接区域经济社会发展的主体。智能制造专业集群主要由先进装备制造、智能电气技术和信息技术应用三个专业群组成，共同建立智能制造"训研创"一体化实践平台和浙南轻工装备智能制造技术协同创新中心，实现专业群之间的协同创新，满足智能制造产业价值链的装备制造、智能控制和信息集成等相关行业转型升级需要。先进装备制造专业群以优势特色专业机械设计与制造为核心引领机械制造与自动化、模具设计与制造、数控技术等其他相关制造类专业建设；智能电气技术专业群以优势特色专业电气自动化技术为核心引领机电一体化技术、电子信息工程技术和电机与电气技术等相关

专业建设；信息技术应用专业群以优势特色专业软件技术为核心引领计算机网络技术、电子商务、软件与信息服务、数字媒体应用技术等其他相关专业建设。

（二）时尚设计专业集群

温州职业技术学院紧密对接浙江省时尚产业、温州市五大支柱产业的鞋服产业和文化创意产业，以服装与服饰设计和鞋类设计与工艺两个优势特色专业为龙头，以家具设计与制造专业为特色、产品艺术设计专业为补充形成时尚设计专业集群。建立相应的时尚产品设计"训研创"一体化的实践平台和时尚产品设计与研发平台，培养适应区域时尚产业发展的高素质产品设计、开发生产、技术研发人才，为浙江省的时尚产业以及温州服装产业、鞋革产业、家具产业、文化创意产业等时尚产业发展提供智力支撑。

（三）现代服务专业集群

现代服务专业集群主要服务于浙江省内众多中小企业经营管理的转型升级。温州职业技术学院以中小企业经营管理专业群为主要载体，以市场营销专业为龙头，以会计、国际商务、工商企业管理专业为骨干，以中小企业创业与经营专业为特色形成现代服务专业集群。建设现代经营管理实训平台和温州中小企业公共服务平台，培养中小企业经营管理的高素质高技能的应用型人才，主动服务地方经济社会和产业转型升级。

二、新技术应用型人才培养课程架构

深化专业融合，构建"分层分类"创业教育课程体系。温州职业技术学院融合温州区域特质，进一步健全创新创业教育相关课程，面向不同群体开展不同类型的创新创业教育，实现创新创业教育的"分层分类"、全面覆盖。依托创业学院，开设"企业家接班人班""创业先锋班"，每年分别招收学员20余名和50余名；开设"新技术应用2+1创业实验班"，每年招收学员50余名；修订《温州职业技术学院关于学生成绩及学分转换的指导意见》《温州职业技术学院学分制管理规定》，完善学分积累与转换机制，为有创业意愿的学生制定创业能力培养计划，鼓励学生按创业需求跨专业选修课程等。

案例一：软件工程技术专业新技术应用型人才培养方案

一、专业设置人才培养定位

1. 专业服务面向的岗位（群）职业能力

根据软件技术岗位的定位，针对高职学生的特点，适合于毕业生的岗位包含后端开发工程师、前端开发工程师、全栈开发工程师等岗位。通过调查形成的核心岗位核心能力要求，以及对应的专业方向和核心课程如表6.1所示。

表 6.1　软件技术专业"岗位—能力—课程"对应表

专业方向	核心岗位	核心能力	核心课程
云应用开发方向	后端开发工程师	1. 程序逻辑分析与设计能力； 2. 中小型项目的分析设计能力； 3. 中小型项目的开发管理能力； 4. 流行编程语言技术运用能力； 5. 面向对象分析与设计的能力； 6. 数据库分析与设计能力； 7. 服务器管理操作的基本能力	1. 云应用开发项目实践； 2. 企业级应用开发项目实战； 3. Web 后端开发项目实践； 4. Web 后端开发进阶
移动应用开发方向	前端开发工程师	1. 程序逻辑分析与设计能力； 2. 中小型项目的分析设计能力； 3. 中小型项目的开发管理能力； 4. 流行编程语言技术运用能力； 5. 跨平台移动应用设计与实现能力； 6. 软件产品的 UI（user interface，用户界面）设计与实现能力	1. 移动应用热点技术项目实践； 2. 跨平台移动应用开发项目实践； 3. Web 前端开发项目实践； 4. Web 前端开发进阶
全栈特长生层次	全栈开发工程师	1. 程序逻辑分析与设计能力； 2. Web 应用、移动应用的开发能力； 3. 中小型项目的分析设计能力； 4. 中小型项目的开发管理能力； 5. 专业文档的策划构思写作能力； 6. 多平台的应用开发能力； 7. 技术拓展、综合运用能力	1. 特长生真实项目实践； 2. 特长生仿真项目实践

2. 专业人才培养目标和培养规格

本专业围绕"互联网+"国家战略，契合温州产业转型升级大背景和《温州市制造业高质量发展"十四五"发展规划》的大蓝图，对接规划中重点培养发展的新一代信息技术产业，依托软件和信息服务行业，与云计算、大数据、人工智能、物联网、智能制造等新技术企业合作，培养新一代信息技术领域从事软件开发的前端开发工程师、后端开发工程师、全栈开发工程师、人工智能研发工程师等具有创业意识、创业精神和创业能力的高素质技术技能型专门人才。

毕业生在素质、知识和能力等方面的人才规格如表 6.2 所示。

表 6.2　人才规格表

项目	人才规格
素质结构	1. 践行社会主义核心价值观，具有深厚的爱国情感和民族自豪感； 2. 具有丰富的人文底蕴和科学精神； 3. 具有较高的职业理想和敬业精神； 4. 具备良好的创新意识、数字素养、工匠精神； 5. 具有新技术应用及学习适应能力； 6. 具有较强的团队协作精神、社会交往能力和沟通技巧； 7. 具有健康的体魄、心理和健全的人格

续表

项目	人才规格
知识结构	1. 熟悉必需的文化基础知识，具备较高的德育修养与政治理论水平，具有相关的法律基础知识； 2. 掌握计算机硬件与维护、多媒体技术、网络技术等专业基础知识； 3. 掌握程序设计逻辑、数据结构、面向对象等程序设计知识； 4. 掌握中小型信息管理系统和移动应用的设计、开发、项目管理知识； 5. 掌握各种主流移动终端的特点、主流 UI 风格的特点等基本知识
能力结构	1. 具备信息技术认知能力； 2. 具备熟练的办公软件、常用软件操作能力； 3. 掌握计算机软件设计与开发的基本技能与规范； 4. 具备程序逻辑分析与设计能力、软件测试实施能力； 5. 具备小型项目分析与设计和管理能力； 6. 具备移动应用和云应用建设与维护能力； 7. 具备 Web 前端和 Web 后端开发的设计与实现能力； 8. 具备快速跟踪和应用软件开发新技术（如云计算、人工智能、大数据、物联网）的能力

二、现代学徒制人才培养模式

在双创背景下，计划组织数名具有多年一线软件开发与项目管理经验的专兼教师与企业技术负责人，以创业学院和本专业现有的多家创新创业企业或工作室为纽带，以创业创新项目为载体，在大一新生中进行"招工"，对全栈工程师特长生进行现代学徒制培养，以师傅带徒弟的方式，手把手因材施教，确保入选学生的技能得到长足的提升，在毕业后能成为软件企业技术骨干甚至技术合伙人。为配合实施现代学徒制，变革教学组织和管理模式，建立创新创业项目与专业课程的学分互换机制，将学生划归校内指导老师管理，指导老师联系校外企业的创业创新项目，与双创企业团队对接。早期校内指导老师深度介入，手把手教学，企业指导老师跟进后接手作为主要指导人进行指导，随着学生能力的提升，逐步放手。毕业季学生做成果答辩。建立针对性与发展性相协同的多元学习评价机制，不断提炼可持续发展的评价取向，确保现代学徒制实施的持续深化，打造具象化的创业就业标杆，激励普通学生，引领学生进步。

三、"I+T 概念"课程体系

以"I+T 概念"引领专业建设，基于新技术应用课程包重构人才培养模式。专业在"双层次双方向"人才培养模式的基础上，将原本粗粒度的"双方向"重构为粒度更小的多个技能方向，将"双层次"明确定位为创新（innovation，I）型层次和技术（technology，T）型层次。各技能方向和层次以课程包的形式进行组织，将创新能力和技术能力任务化、项目化后融入课程包中，形成"I+T"概念，重构课程体系，引导学生学习并运用大数据、云计算、区块链和人工智能等前沿热点技术。

四、师资队伍建设规划

1. 以制度为引领，以项目为载体，激发教师工作积极性

制定教师长效激励办法，依托学院的年度工作业绩考核，增强对各类项目的过程性考核，考核优秀的发放系主任特别奖励并适当奖励业绩分，考核不达标的适当扣除业绩分。积极落实学校的新技术应用能力提升进修项目，鼓励专兼教师参加面向移动互联网、人工智能、大数据等前沿新技术的技能培训。积极实施企业教师工作站建设项目，支持专职教师到对口合作企业进行实践技术服务，支持兼职教师来校强化课程授课和专业建设培训。

2. 外联内培、落实政策、立名师标杆，提高专业带头人的行业影响力

设立专业带头人培养专项资金，制定量化考核指标。专业带头人全程深度嵌入专业建设的各个方面，相互协作，全力配合教研室工作，支撑专业建设。支持带头人申报教科研项目和横向课题，并与企业联合进行新技术攻关与研发；优先派送带头人赴国外标杆院校进行交流培训；积极推荐和鼓励专业带头人到行业企业或专业性团体以及省级以上教指委、专指委或行指委担任重要职务。

3. 全方位打造专兼结合、双师素质的一流教科研专业团队

聘请业内及社会中实践经验丰富的名师专家、高级技术人员或技师及能工巧匠作为兼职教师，完善兼职教师团队；拓宽双师培训途径，以国内外大型信息技术企业为依托，对接国内外研究机构、知名院校等优质资源，以服务研发、教学能力提升为抓手，优化双师培训培养途径，促进专职教师参与校企合作项目、横向课题研究，积极下企业锻炼，打造具备双师素质的一流教学团队。

4. 落实传帮带机制，突出团队特色和协同效果

实施青年教师成长工程和骨干教师提升工程，着力打造呈梯度的包含专业带头人、骨干教师、普通教师和兼职教师的省级教学和研发团队。落实"带头人—骨干—青年"传帮带机制，推动专业带头人和经验丰富的老教师以传帮带的方式来培养骨干教师和青年教师。1名专业带头人指导2名骨干教师和2名青年教师，对骨干教师实施精培，对青年教师实施优培，骨干教师协助带头人帮扶青年教师。

五、校内实训条件建设规划

1. 对接产业发展升级需求，构建新技术创新研发基地

以温州区域的传统支柱产业和信息经济产业发展需求为导向，依托软件与信息行业，对接家具、鞋服、机械制造等传统企业"两化（信息化和工业化）融合"中对移动互联网、云计算、人工智能等新技术的需求，在数字经济创新实训基地与浙南轻工装备智能技术协同创新中心的整体框架下，构建创新研发基地。

2. 校企共建"训研培创"一体化实训基地

与国内信息技术领域龙头、骨干、高新技术企业深度合作，组建"风险共担、利益共享"的技术联合体，探索解决专业职业教育应用研发和服务产业能力不足的问题，以新技术应用为导向，融入适用行业发展急需的智能技术，推动研发中

心与校内外产教融合实训基地一体化建设，进一步优化各实训室教学和实训设备设施配置，确保现代化教学需要和专业优质实训项目的开设，建成面向全市的"训研培创"一体的特色示范产教融合实训基地。

3. 充分发挥基地"训研培创"一体的特色，助力人才培养

实施教学改革，将实践环节有机、深度融入教学过程中，充分发挥实训基地作用，有效利用专业技能实训平台，开展项目实践实训教学，实施真实项目实践训练，提升学生的技术应用能力和创新能力。

六、技术研发与社会服务规划

1. 持续对接本地区产业，积极开展"立地式"研发与技术服务

依托温州产业数字化协同创新中心、云计算应用工程技术研究中心、与温州联通成立的"5G+"产教融合研究院等研发机构，持续为社会和政企事业单位提供技术服务、培训及新技术应用的研发支撑，兼顾教学改革与社会服务效益，进一步深化本专业"立地式"研发服务特色。

2. 契合发展需求，深化产教融合，实施校企共建、协同育人

紧密围绕温州数字产业化、产业数字化发展需求，依据"前瞻布局、重点突出、服务应用、引领发展"的思路，按照"人才技术集成供给、'产学研创'四驱推进"的模式，通过产教深度融合，实施"引企入校、校企互通、合作共赢"的基本策略，通过专业共建、教材共编、课堂共上、资源共享、基地共享等形式实施产教融合、协同育人。

3. 技术研发反哺教学，构建"多元结合、分层递进"的实践教学体系

将暑期企业实践与后续的校外专业实践相结合，贯通本专业学生的企业实践通道，与校外实训基地所在的企业共育软件技术型人才。升级部分示范性校外实训基地为"现代学徒制"校外实践基地，鼓励学生尽早接触"现代学徒制"培养模式，在校内教师和企业导师的带领下，适时地参与企业真实项目的开发工作。通过"课内与课外"、"校内与校外"和"能力与素质"的多元结合，使素质教育与技能培养层层递进、有机融合。

七、对外交流与合作

1. 引学结合，推进教学改革，建立国际化课程体系

以国际视野了解软件技术的蓬勃发展及软件产业的运作模式，探索引进具有较高国际认可度和较高成熟度的专业课程体系、教材体系、课程案例体系、职业资格认证体系，进一步规范专业办学，提升实践教学成效和专业办学的认可度。试点多门专业课程的双语教学，提升专任教师的英语授课能力和学生的英语水平。

2. 建立校校合作机制，实施"引进来"和"走出去"并行机制，打造国际化师资团队

进一步谋求与境外的应用型大学和职业院校的交流合作，邀请国际知名外籍专家、行业企业专家来校讲座，实施职业院校师资国际培训计划，选派有发展潜

力的优秀教师参加境外知名高校组织的进修培训，稳步推进本专业与合作院校的合作内涵。

3. 紧抓产教融合，加强与跨国企业的合作

积极探索跨国企业融入教学，与跨国企业共建实践实训室、合作开发高新技术研发项目等，利用跨国企业行业前沿技术标准打造专业标准，制订跨国界、跨文化的高技术人才培养计划，进一步加深与跨国企业的合作深度。

三、新技术应用型人才培养应用转化

（一）建设众创空间，助推项目孵化

温州职业技术学院以温州产业科技众创空间为依托，充分满足创业企业对发展空间、技术研发、人力资源、市场开拓等方面的个性化需求，重点在信息技术、智能创新、时尚设计和新材料等领域发现、培养、扶持在校创新创业项目，培养新技术应用型创新创业人才，截至 2020 年底，已孵育上海千相科技有限公司等 100 余家科技型小微企业、温州瓷爵士科技股份有限公司等 2 家挂牌上市企业。

（二）依托研发平台，对接创业团队

温州职业技术学院坚持"立地式"研发，截至 2020 年底，已创建 42 个省、市级技术研发服务平台。以研发平台为依托，采取"创投+孵化"的发展模式，利用教师科研成果，与相关企业对接、合作，每个平台要求至少对接一个大学生创业团队，由此形成涵盖项目发掘、团队构建、投资对接、后续支撑的全过程孵化服务。

（三）实施"三师三生"项目，引导师生共创

温州职业技术学院出台《关于鼓励师生在校共同创业的若干规定》，开展以"三师三生"为主要形式的创新创业人才培养实践。一是师研生随，即以教师为主体，学生当助理，以教师的科研项目带动学生参与研发；二是师导生创，即以学生为主体，教师给予技术指导，以科研创新培养学生的创新意识；三是师生共创，即建立学生与教师共同创业机制，学生出人力、资金，负责运营等，教师负责核心技术开发，按股份制形式共同创业。

案例二：产教互通，打造新技术应用服务平台

为贯彻落实国务院促进中小企业发展的政策措施，国家启动中小企业公共服务示范平台项目建设，拟通过公共服务平台建设，支持中小企业健康发展，为中小企业提供信息、技术、创业、培训、融资等公共服务。温州市是中国民营经济的发祥地，"温州模式"是全国改革开放的特殊符号。截至 2020 年底，温州市有

工业主体 25 万个，其中 99%以上为中小微企业。2019 年初的调研显示，中小微企业迫切需要管理咨询、技能人才、产品研发、培训服务等各种专业化服务。为契合区域中小微企业发展需要，在国家及温州市政府政策支持下，温州市企业综合服务平台应运而生。

温州市企业综合服务平台是由温州职业技术学院与温州市经济和信息化局共同建立，并委托温州职业技术学院运营的市级综合性公共服务平台，是浙江省唯一一家由高校运营的企业服务平台，也是温州职业技术学院产教融合标志性项目和新技术应用型人才培养的重要平台，运营期间被评为浙江省中小企业服务网络体系优秀平台及国家中小企业公共服务示范平台。平台通过线下与线上相融模式，为温州职业技术学院与政、行、企各部门产教合作搭建桥梁。目前线下平台入驻温州滨江 CBD 世界温州人家园第八、九层，面积约 3960 平方米，共设政策服务区、专业服务区、平台服务区三大功能区域。线上平台包括温州市企业新技术应用服务云（帮企云）网站和温州市企业综合服务微信公众平台，并设置政策云、服务云、产融云、培训云、咨询云五大新技术应用服务模块，力图通过政策推送、服务对接、产融合作、诉求反映、在线评估等功能，打造企业的"政策的百度、服务的京东"，全力提速"最多跑一次"改革，助力区域营商环境的优化。

自 2016 年平台开始运营至 2021 年底，温州职业技术学院共组建了 33 人的项目团队，从业人员全部为本科学历或中级职称（含）以上，其中高级职称 21 人，占 64%，教授 7 人。通过集聚学校各类专业人才资源优势，创建一支专业化、社会化的企业综合服务队伍，积极助推温州市产教融合发展。平台运营期间，学校高度重视平台产教融合、新技术应用项目建设。截至 2021 年底，线上"帮企云"注册企业近 9.5 万家，入驻服务机构 1700 多家，服务产品 5000 多个，共收集国家、省、市、县各类涉企政策近千条；线下共举办"产研对接会""产融对接会""政策解读会""创新创业大赛""产业人才招聘会"等各类服务活动 198 场，服务企业近 70 万家次。

温州职业技术学院通过温州市企业综合服务平台积极搭建学院与政府、学院与企业、学院与行业、政府与企业、企业与企业的信息平台、科研平台、人才平台、产融平台和服务平台等技术应用服务平台。温州市企业综合服务平台作为温州职业技术学院与温州政府、行业、企业的桥梁，起到了两方面的作用。一方面，政府、行业、企业通过该平台发布各种技术应用的信息与需求，增加了政策及服务信息的透明度与可达性，此为"政策的百度"；另一方面，学院通过该平台，不仅能优化学院新技术应用服务和产教融合项目效率，提升学校人才培养质量，提高师资社会服务能力，还能打通产教融合人才链、产业链与创新链，增加学校人才服务的供给侧与行业、企业需求侧的匹配度，高效助推温州市区域经济发展与转型升级，此为"服务的京东"。

温州职业技术学院通过学校师资团队搭建运营温州市企业综合服务平台，作为供给侧为平台提供服务；政府、行业、企业作为需求侧，提出管理咨询、信息化建设、培训服务、技能人才、产品研发等服务需求，通过线上与线下两个渠道到达温州市企业综合服务平台，由学校运营团队负责解决实施。

平台多元融合，政府资源以市政府分管副市长为组长，市政府副秘书长、市经信局主要负责人为副组长，市招才局、市科技局、市财政（地税）局等成立企业综合服务平台建设推进协调小组，推进政策归集、网站互通、信息共享。此外，平台还下沉到县分平台资源，与市综合平台有效对接，截至 2021 年底，建成 13 家分平台，有效集聚了一批县级政府资源。平台已入驻多个行业协会、优质企业和服务机构，目前已筛选引进温州较为缺乏、行业首位度高、示范带动明显的优质服务机构 10 家落户平台，服务氛围良好。

第三节 新技术应用型人才培养质量保障

一、师资队伍建设

截至 2022 年底，温州职业技术学院拥有全国高校黄大年式教师团队 1 支，国家级教学团队 3 支，国家级"双师型"教师培养培训基地 1 家，培养各类国家、省、市人才超 220 人；荣获全国职业院校教师教学能力比赛一等奖，国家教学成果奖一、二等奖 4 项，主持国家教学资源库 2 个，拥有国家级实训基地 6 个，国家精品课程 11 门，国家级教材 40 余本，国家 1+X 证书制度试点 41 个；设有国家、省、市、校四级研发平台 57 个，其中获批国家协同创新中心等省级以上研发机构 7 家；校企共建省级企业研究院（中心）28 家，企业研发中心 153 家，以第一完成单位获浙江省科技进步奖一等奖；连续四年蝉联全国高职院校发明专利授权数量排行榜第一。

温州职业技术学院以机制创新和制度改革为实施保障，确保队伍建设质量。在下一步师资队伍建设规划中，计划投入专项建设资金 1850 万元。

通过建设，使在职教师师德品行、教育理念、教育教学能力、实践指导能力、科研创新能力和社会服务能力均有明显提升。引培并举，从校外引进一批领军人才、企业技术骨干和高职称、高学历人才，校内教师分类、分层培养模式得以落实，教师队伍结构显著改善，整体水平大幅提升。以智能制造专业集群、时尚设计专业集群、现代服务专业集群师资团队为核心的教师队伍在全国高职院校具有一定的知名度，在省内达到一流水平，在行业拥有较大影响力和美誉度，教学水平高，社会服务能力强。

通过建设，一批教学骨干和技术骨干涌现，一批优秀教科研团队和名师名家培育产生，高学历、高层次人才队伍明显壮大。预期目标新增专业和应用技术领军人才 4～6 人、省级专业带头人 12 人，申报省级及以上教学名师 2 人、优秀教学团队 3 支，新增博士 35 人。

通过建设，"双师"素质培养提升机制得以完善，"双师双能"培养培训工作有序推进，教师下企业锻炼制度完善，既有专业素质水平，又拥有实践教学经验的"双师双能"教师队伍不断壮大。到 2024 年，建成"双师型"教师培养培训基地至少 20 个，企业教师工作站至少 10 个，专任教师"双师"素质比例达到 85%以上。

通过建设，建成至少吸纳 500 人的兼职教师资源库，专兼教师结对互补机制形成，兼职教师教学基本功改善、教学规范性增强、教学能力提高。建成一支数量充足、特色鲜明，既具有丰富实践经验，又能够胜任高校教学工作的高水平兼职教师队伍，聘请兼职教师担任实践技能课程授课的比例达 40%以上。

二、实践教学体系及基地建设

温州职业技术学院坚持"链接融合，共生共荣"的办学理念，着力打造五大职教共同体：下沉办学建温州职业技术学院瑞安学院（以下简称瑞安学院），打造市域产教联合共同体；嵌入园区建设计学院，打造行业产教融合共同体；对接中职建永嘉学院，打造中高职衔接共同体；联合平台建职教大楼，打造数字职教共同体；围绕产业链建综合体，打造科教融汇共同体。学校坚持以生为本、立德树人，秉承"厚德长技，励学敦行"的校训，坚持面向市场、服务发展、促进就业的办学方向，遵循"与国家发展同频，与区域产业对接，与民营经济互动，与行业企业共赢，与国际顶尖接轨"的办学传统，坚持"区域有什么支柱产业，就建设什么专业；区域有什么企业难题，就建设什么服务平台；区域有什么新技术需求，就培养什么新技术工匠人才"的办学实践，被誉为高职教育的"温州模式"。截至 2022 年底，学校共有国家级实训基地 6 个，入选教育部高校数字媒体产教融合创新应用示范基地、首批浙江省高等学校省级产教融合示范基地和 5 个省产教融合"五个一批"项目。

案例三："三环一链"打造新技术应用型数字经济产业实训中心

一、新技术应用型实训中心简介

为贯彻落实浙江省委省政府关于全面实施数字经济"一号工程"和争创国家数字经济示范省的要求，配合温州市数字经济五年倍增（2018—2022 年）计划的实施，加快温州区域产业在"互联网+"时代的转型升级，推进温州市数字产业化、产业数字化发展，助力浙江大湾区融合发展和海西经济区全面繁荣，积极培养符合未来数字产业高技能工程应用人才，温州职业技术学院承担新技术应用型数字经济产业实训中心（以下简称新技术应用型实训中心）的建设任务，打造集"训研创培"于一体，既成为服务在校学生的跨专业融合的一流实训基地，又成为精准服务地方的新技术应用服务的新型公共服务平台。

新技术应用型实训中心依托学校已有信息技术应用专业群、先进装备制造专业群、智能电气技术专业群、时尚产品设计专业群、中小企业经营管理专业群，通过与联通、华为、安恒、奇安信等行业龙头企业及奥康等本土优势企业的合作，实现链接集成数字化设计、数字化制造、数字化营销三个数字产业生态的实训场景构建，推进多学科、多专业融合的产业数字化新技术服务工作开展，开展符合行业企业需求的定制化新技术应用型人才培养培训和应用新技术开发等服务，推行多层次的创新创业团队建设和科技平台的孵化。

新技术应用型数字经济产业实训中心总投资 6695 万元，其中基本建设经费投入共计 4000 万元，新建四层 10000 平方米装配式钢结构，投入仪器设备经费总计 2695 万元。建设期为 3 年，2019 年度投入 1000 万元，2020—2021 年度投入 3000 万元。截至 2021 年底，学校通过项目实施，引进或培养数字经济相关专业"双师型"教师 80 名，每年提供 2 万人次的各类数字经济技术技能实训，提供企业员工实战化演练的短期专项培训 3 万人次，培养和输出新技术应用型人才 3000 人，直接受益人群 8000 多人；为 1000 余家企业提供有效技术支持和服务，孵化技术型服务平台或科技型初创企业 30 家。

二、新技术应用型实训中心布局

（一）数字化设计实训空间

数字化设计环以"测量—建模—原型—呈现"的产品设计过程为主线，拥有快速测量实训空间、数字化建模实训空间、快速原型（3D 打印）实训空间、虚拟现实实训空间、建筑信息模型实训空间，并将所有实训过程设计数据采用产品数据管理系统/产品生命周期管理进行数字化管理，纳入数字化集成链中。数字化设计实训空间的功能定位、建设内容和建设方式如表 6.3 所示。

表 6.3 数字化设计实训空间列表

序号	名称	功能定位	建设内容	建设方式
1	快速测量实训空间	开设三维测量与数据反求逆向工程的技能实训教学；承担竞赛集训、三维造型设计师技能证书考核，提供创客创新创业项目技术支撑；为企业提供数字化产品逆向设计制造及工艺研发	主要配备三维扫描仪和配套数据处理计算机以及多媒体教学设备	与杭州先临三维科技股份有限公司共建，企业方提供建设参考方案，并提供三维建模和逆向软件、3D 打印技术支持以及教师培训。学校部分扫描设备将搬迁至该实训室，部分设备需要新购
2	数字化建模实训空间	开设计算机辅助设计（computer aided design，CAD）快速产品三维建模设计的技能实训及考核；承担竞赛模型设计研发，提供创客创新项目技术支撑；为企业提供数字化设计技术培训，关键技术研发	主要配备计算机和配套正逆向设计软件以及多媒体教学设备	
3	快速原型（3D 打印）实训空间	开设 3D 打印快速成型技术的技能实训，承担社会技能培训和三维造型设计师、3D 打印技术职业技能证书考核；承担竞赛模型研发制作，提供创客创新项目技术支撑；为企业提供模具快速设计、打样、机械设计与零件快速制造	主要配备并联式 3D 打印机和配套数据处理计算机以及多媒体教学设备，配备智慧实训室管理系统	

序号	名称	功能定位	建设内容	建设方式
4	虚拟现实实训空间	提供学生虚拟现实岗位课程技能实训、1+X技能考核、国赛世赛等竞赛集训、师生社会服务、工业应用研发服务、虚拟现实展示	分为虚拟现实展示体验区、技能实训技能考核中心、竞赛集训中心、师生社会服务中心等四大区域。主要配备计算机和虚拟现实头戴设备、全息投影、互动展示设备	自行设计、自行采购
5	建筑信息模型实训空间	满足日常智能建造专业群建筑信息模型一体化系列课程教学实训的需要；为行业企业提供建筑信息模型技术支持及解决方案、人才培训及工程人才继续教育、新职业开发和技术创新等服务	划分为建筑信息模型综合实训区、建筑信息模型技术服务区、建筑信息模型协同创新与展示区、智慧工地实训教学体验区四个功能区。实际使用面积400平方米	将与广联达有限公司（暂定）共建，企业方提供配套软件，校方负责室内装修、硬件设备、实训座椅

（二）数字化制造实训空间

数字化制造环按照"设备—产线—工厂—工业互联网"从局部到整体的逻辑主线，拥有机器人应用、机器视觉技术应用、工业互联网安全、数据运维、工业互联网开发、云计算运维六个新技术应用实训空间，应用云计算、人工智能、大数据、区块链等新技术，以生产管理系统（manufacturing execution system，MES）、企业资源计划（enterprise resource planning，ERP）等作为数字化管理工具，纳入数字化集成链中。数字化制造实训空间的功能定位、建设内容和建设方式如表6.4所示。

表6.4　数字化制造实训空间列表

序号	名称	功能定位	建设内容	建设方式
1	机器人应用实训空间	开展机器人生产线应用技术方面的实训教学、社会培训与技术服务，重点包括机器人运动控制、电气集成、应用编程等	① 教学区； ② ABB 机器人实训平台区域； ③ 机器人竞赛设备与数字化功能展示区	自建
2	机器视觉技术应用实训空间	开展机器视觉生产线应用技术方面的实训教学、社会培训与技术服务，重点包括机器视觉技术在生产线上的产品外观质检、输送线上产品位置自动定位与机器人引导应用等	① 实训教学区； ② 展示区与研究中心	与欧姆龙公司共建，企业方提供方案，建立欧姆龙企业服务中心
3	工业互联网安全实训空间	打造情景化的实战场景，满足专业教学及实践实训需要，同时服务于本地的网络安全工作及人才队伍建设	① 网络安全攻防实验室； ② 红蓝对抗演练实训室； ③ 城市安全指挥中心； ④ 网络安全展示厅	与浙江安恒信息技术有限公司合作建设，由企业方提供设计方案、部分软硬件设备；校方提供部分基础设施设备

续表

序号	名称	功能定位	建设内容	建设方式
4	数据运维实训空间	借助章鱼大数据平台及金蝶、用友、伯俊等国内著名软件企业提供的软件平台和企业真实应用案例，提供大数据基础平台、金蝶 ERP、用友 ERP、伯俊分销等大型信息系统的实训，实现大数据系统和大型信息系统的应用、维护、实施及二次开发等功能	① 物联网大数据采集和运输行业大数据平台展示区；② 数据运维技能实训中心	物联网大数据采集和运输行业大数据平台展示区域与易天科技有限公司和华禽科技有限公司共建，企业方提供产品方案和详细规格参数，校方适当购买显示设备；数据运维技能实训中心由信息技术系实训科统一规划新建
5	工业互联网开发实训空间	主要功能以熟练使用工业生产线智能应用为基础能力，进一步融入商业实践、技术实践及交叉学科内容	① 三个展示区（移动互联网智能交通沙盘展示区、四自由度工业互联网手臂协作开发平台展示区、机器人展示区）；② 一个技能实训中心；③ 一个竞赛集训中心	三个展示区分别与杭州弘翌科技、越疆科技、软银集团合作共建。企业方提供方案和详细规格参数、资源库等，校方负责室内装修和购买相关软件，技能实训中心和竞赛集训中心由信息技术系实训科统一规划新建
6	云计算运维实训空间	提供学生计算机网络基础、网络设备与组网等课程的实训室；1+X 技能考核；国赛、世赛等竞赛；师生共同承接企业真实项目；网络工程布线和云计算相关成果展示功能	① 网络工程布线墙和云计算产品展示区；② 技能实训技能考核中心；③ 工匠工坊与竞赛集训	设备由原实训教室搬迁，并根据设计采购相应配套设施

（三）数字化营销实训空间

数字化营销实训环布置在四楼，以"分析—策划—运营—传播"营销实施过程为逻辑主线，拥有商业智能（business intelligence，BI）大数据分析、新媒体营销、数字化运营、直播、传播等实训空间，通过商务数据分析平台、BI 大数据等技术纳入数字化集成链中。数字化营销实训空间的功能定位、建设内容和建设方式如表 6.5 所示。

表 6.5　数字化营销实训空间列表

序号	名称	功能定位	建设内容	建设方式
1	BI 大数据分析实训空间	集 BI 大数据分析平台展示、技能培训、技能考核于一体；搭建教学系统和集群平台，将理论学习、实践教学和 BI 大数据项目实战融为一体；涵盖云计算平台运维与开发、网店运营推广、电子商务、数据分析等多功能实训空间	① BI 实训空间及 1+X 培训区域；② 1+X 考务会议空间	BI 实训空间及 1+X 培训区域硬件设备由原实训教室搬迁，并配置云计算控制节点设备、管理平台软件、运维与开发镜像包软件，部分设备需要新购。1+X 考务会议空间由信息技术系实训科统一规划新建

续表

序号	名称	功能定位	建设内容	建设方式
2	新媒体营销实训空间	用于新媒体营销相关的创新活动与教学实训；兼具新媒体营销策划、竞赛指导集训、课程讨论教学、创新创业培训指导功能；结合订单班培养模式，满足面向新媒体营销岗位的实训与职业规划需求	① 营销创新工作室；② 教学实训室	设备由原实训教室搬迁，配置60个工位
3	数字化运营实训空间	用于数字化运营相关的创新活动与教学实训；结合订单班培养模式，满足面向数字化运营岗位的实训与职业规划需求	基于数据分析，构建不同业务场景，实现角色扮演式教与学	设备由原实训教室搬迁，配置60个工位
4	直播实训空间	技能培训和岗位实训相结合，以工学结合的形式定向培养直播专业型人才，并与奥康集团达成战略合作，用于奥康校园网红孵化基地	① 直播互动区；② 商品展示区；③ 活动发布区；④ 内容策划区。实际使用面积预计540平方米	与浙江奥康鞋业股份有限公司共建，校方解决硬装，企业方提供软装（包含14间直播间设备、14间直播间背景墙、14间直播间桌椅、内容策划区设备）
5	传播实训空间	具有摄影、摄像、新媒体影像创作、图文设计、影视特效制作、音频制作、三维数字资产制作、影视后期校色、影视剪辑、影视包装、编导等技能实训、培训、考核、竞赛集训、技术服务的功能	① 数字媒体4K影像摄制实训中心；② 工业级影像后期实训中心；③ 数媒虚拟演播室	与凤凰数媒集团共同建设，企业方提供方案和数字媒体实习实训服务平台、数字媒体在线教学应用与资源平台、实训课程资源包产品、数字媒体专业学科人才培养方案等。校方负责室内装修，设备需要新购

三、新技术应用型实训中心特色

（一）打造"三环一链"，构建数据闭环

新技术应用型实训中心以"三环一链"为逻辑主线，以培养新技术应用型人才为目标，围绕数字经济中产业生态布局，将整个新技术应用型实训中心布局为数字化设计、数字化制造、数字化营销三个实训环，不仅将三个环内的数据形成一个数据管理平台，更是将设计、制造、营销的数据打通，形成工业大数据的闭环，以数字集成链贯穿衔接三个实训环。

数字化设计形成的产品数据，不仅以3D打印、虚拟现实的形式快速、直观地呈现产品，而且链接到制造环节，为机器人直接提供加工参数；制造环节通过MES设备、产线、产品的数据进行汇总分析，提供给ERP，以对供应链、仓储进行动态调整，保证生产效率最优，并将生产运营整体数据链接到营销环节，为营销策略的制定提供依据；营销环节通过收集营销、传播、销售等数据，进行商务数据分析与智能决策，其分析结果不仅作用在营销策略的改进上，而且可以提供给设计环节，以市场反馈引导设计思路。

（二）打破专业界限，共用共享互融

数字经济概念广泛，创新实训大楼建设涉及温州职业技术学院信息技术应用专业群、先进装备制造专业群、智能电气技术专业群、时尚产品设计专业群、中小企业经营管理专业群等五个专业群，新技术应用型实训中心的建设打破原有专业界限，共享共用实训空间，将课程实训、技能考核、竞赛集训、技术服务、创新创业等功能有机融合在一起，不仅可以避免浪费，而且有利于跨界创新与组合创新，形成互融互促的实训教学形态。

（三）引入多家企业，共建共享共赢

新技术应用型实训中心与多家企业进行深度产教融合实践，将实训空间的投资、设计、建设、运营、管理的一个或多个环节交由企业主导，如与杭州先临三维科技股份有限公司共建数字化设计实训空间，与欧姆龙、浙江安恒、杭州弘玺科技、越疆科技、软银集团等共建数字化制造实训空间，与浙江奥康鞋业、凤凰数媒集团共建数字化营销实训空间，共同探索互利互惠的合作模式。一方面，满足温州相关高等院校和职业院校的教学实训需求，为社会培养新技术应用型人才提供实训基地；另一方面，通过"训研培创"结合，为行业企业提供技术支持及解决方案、高技能人才培训、工程技术人员继续教育、新职业开发和技术创新等服务。

三、新技术应用型人才培养教学环境建设

（一）新技术应用型人才培养的全球化战略

在全球化战略方面，温州职业技术学院充分发挥温州侨乡侨领和中国-东盟职业教育联盟（筹）的作用，打造区域性国际化特色院校，成为服务世界温州人的"桥头堡"和中国-东盟职业教育合作的"领头羊"。基本措施如下。

1. 依托温州侨乡优势，打造服务世界温州人的教育品牌

温州是著名侨乡，拥有广泛的华侨资源，是学校教育国际化得天独厚的区域优势，学校积极整合这种资源，主动与温州侨领联系，开展各种有针对性的教育培训与技术服务，助力特色优质高职教育"走出去"和"引进来"。一是对温州籍华人华侨集聚区开展教育服务。学校充分发挥知名专家学者、优秀校友、驻外使领馆教育处（组）、专业学术团体、留学人员联谊会等各方面的作用，广泛联系温州海外侨胞，利用海外侨领的关系，组织侨胞开展高端培训及海外高端人才的引进工作，以更好地服务校企海外合作。开展对温州华人华侨的职业技能培训；主动联系国（境）外温州籍华人华侨聚集的城镇和境外温州产业园区。二是引进人才资源和温州籍华人华侨合作办学。借助温州作为国内著名侨乡的优势，整合世

界温州人资源，引进时尚设计、智能制造等领域的海外精英人才。同时，以新建、嫁接、改制等方式创办合作学校，合作设立教育教学、实训、研究机构或项目。三是积极承办温州籍华裔青少年"寻根之旅"夏令营活动。学校积极邀请温州籍华裔青少年回温开展寻根之旅，开设有关汉语、书法、音乐等丰富多样的课程和活动，让世界各地的华裔青少年领略瓯越风情的独特魅力，增进对家乡的了解和感情；同时结合学校职业教育、职业文化特点开展电子商务、模型模具、时尚设计等技能比赛，增强华裔青少年对中国职业教育的认知和兴趣。

2. 参与组建中国-东盟职业教育联盟，搭建全方位合作平台

作为国家示范性高职院校，学校有实力和责任促使中国高职教育"走出去"，为打造中国特色、世界水平的现代职业教育体系贡献力量，为服务国家"一带一路"倡议贡献智慧。因此，学校主动联系中国东盟中心，参与组建中国-东盟职业教育联盟，承办中国-东盟职业教育联盟启动仪式，搭建国际多边务实可持续的合作平台，助力区域内优质产能"走出去"，扩大与"一带一路"共建国家的职业教育合作，让中国技术与世界对接。一是建立中国-东盟职业教育对话机制。承办东盟国家区域性国际会议，搭建职业教育多边交流与合作平台，扩大与"一带一路"共建国家的职业教育合作；开展留学生培训工作，主动挖掘有前景、有潜力的国际化新项目。二是主动服务"走出去"企业的需求。学校坚持"产业产品发展到哪里，学校服务就跟到哪里"的理念，与亚龙集团共建亚龙国际智能技术学院，积极开展国际职业教育培训项目，带动其他非学历教育培训项目，全方位开发中、高端非学历培训项目和资格认证培训项目，以及国内外紧缺人才培训项目；出台优惠政策招收国（境）外师生来校培训或接受学历教育，培养具有国际视野、通晓国际规则的技术技能人才，力争成为东盟国家人员来华的技能培训重要基地。三是开设"鲁班工坊"等境外教学点。在境外开设"鲁班工坊"，培养中国企业在境外生产经营所需要的本土人才。同时积极组织学生参加境外职业技能大赛，创造更多交流和合作的机会，将办学理念进一步向境外辐射。

3. 参照"悉尼协议"标准，大力引进境外优质教育资源

引进境外先进职教资源和经验在很长一段时间内仍是学校的重要工作，特别是优质的境外师资、课程体系、办学模式、管理方式。一是进一步学习借鉴境外先进教育理念。学校积极适应教育教学国际化趋势，学习引进国际先进成熟适用的职业标准、专业课程、教材体系和数字化教育资源，加快推进境外优质教育资源的移植内化，培育自主创新的教育服务项目和特色鲜明的国际合作品牌，加大国际化教学课程的建设力度，辐射更多专业。加快学校全英文课程和双语课程的建设，计划在2024年全校部分优势专业课程具备双语教学能力。二是扩大国际合

作范围，提升国际合作交流的内涵和质量。不断加强学校的友好学校、姊妹学校建设，与美国、加拿大、澳大利亚等职教强国开展合作，扩大合作院校，创新合作模式，提升人才培养国际化的层次，计划新增中外合作办学项目 1 项。三是加大师生境外交流和引智工作力度。学校开辟教师境外培训基地，深入开展教师境外培训研修活动；实施教师外语能力提升计划、干部境外培训计划，切实提高人才队伍的国际化水平。力争到 2024 年，学校有三个月以上境外学习交流经验的教师人数占现有专任教师的 10% 以上，各类在校工作境外专家数达到 20 人。

学者里查德·C. 朗沃思（Richard C. Longworth）认为，全球化可视为全球经济体系的形成，使企业家能够在世界任何地方筹募资金，借着这些资金，利用世界任何地方的科技、通信、管理和人才，在世界任何地方制造商品，卖给世界任何地方的顾客。他的观点为高校教育发展提供了一个视角，那就是全球化背景下的教育必须面向来自全球的竞争，必须培养学生面向全球的竞争能力。温州职业技术学院积极响应国家"一带一路"倡议，学习借鉴境外先进教育理念，加大师生境外交流和引智工作力度，大力实施"走出去"计划，服务"走出去"企业需求，建立国际对话机制，努力实现新技术应用型人才培养国际化发展目标，探索特色鲜明的新技术应用的国际化路径。

（二）全球化战略视角下的新技术应用型人才培养创新合作模式

学校采用全球化战略视角下的新技术应用型人才培养创新合作模式，搭建合作平台，实现引进境外优质教育资源和输出学校优质资源的双向互动，充分发挥中国-东盟职业教育联盟和温州侨乡侨领的作用，培养具有国际化视野、国际化素养、国际竞争力的新技术应用型创新人才。具体而言，新技术应用型人才培养的全球化战略体现在以下几个方面。在教育环境上，注重对区域新技术需求的研究，借助或建构新技术应用型人才培养平台，充分整合和运用区域教育资源。温州职业技术学院将新技术应用型人才培养全球化的经验和成果本土化地运用到实践中，又将本土化取得的成就推向国际，形成双边互动格局，从而增强新技术应用型人才培养的国际影响力。在文化层面上，温州职业技术学院在尊重民族性、塑造企业家精神的基础上，大力弘扬以爱国主义为核心的民族精神，重视研究和弘扬本土传统企业家精神以及现代商业精神。在课程、教材和师资上，重视研发本土化的新技术应用型人才培养教材，尤其是根据温州区域经济文化特色开发相应的课程体系。在合作实践上，搭建职业教育多边交流与合作平台，扩大与"一带一路"共建国家的职业教育合作，主动挖掘有前景、有潜力的国际化创新项目。坚持"产业发展到哪里，服务就跟到哪里"的理念，积极开展国际新技术应用型创新教育培训，出台优惠政策招收境外的师生来校培训，培养具有国际视野、通晓国际规则的新技术应用型人才。

温州职业技术学院积极开展对外交流与合作，先后与加拿大、英国、澳大利亚、韩国和我国台湾的 9 所大学或教育机构建立了实质性的友好合作关系，与加拿大和英国的 2 所大学开展合作办学项目，中加合作办学项目被评选为"浙江省示范性中外合作办学项目"。学校成立柬埔寨温州职业技术学院亚龙丝路学院（以下简称亚龙丝路学院），开设电气自动化专业，现已招收 5 批学生共计 200 多人。学校已有 6 名教师以线上或线下方式为亚龙丝路学院学生开展汉语及 4 门专业课程教学，并计划继续派遣教师赴柬埔寨开展教学工作，服务"一带一路"建设。

案例四："温州伴随计划"，打造助力中企走出去的新技术应用典范

一、项目简介

在国家"一带一路"倡议和中国-东盟合作背景下，中柬两国在政治、经济、文化、教育等方面的合作和交流出现了前所未有的良好发展态势。中国企业纷纷在柬埔寨开展各项投资建设，柬埔寨的经济发展激发了当地青年学习文化知识和掌握技术技能的热情。柬埔寨相对落后的职业教育体系，为我国高职教育协同企业走向海外办学提供了良好的环境和广阔的市场。为积极响应国家"一带一路"倡议和促进中国优质高职资源"走出去"政策，更好地服务中资企业国际化发展的需求，温州职业技术学院推行中企走出去"温州伴随计划"，主动承担对东盟国家人员进行职业教育和新技术培训的任务，实现职业教育国际化，为中国"走出去"企业在东盟国家的产业提供服务。

亚龙丝路学院由温州职业技术学院和亚龙智能装备集团股份有限公司双方共同与柬埔寨国家技术培训学院组建而成，学院于 2018 年 7 月在第十一届中国-东盟教育交流周论坛上，由柬埔寨劳工部领导和浙江省教育厅领导共同揭牌成立，旨在推进国际化产教深度融合、服务中资企业海外发展、输出中国高职优质教育资源和教学标准，坚持优势互补、资源共享、互惠双赢、共同发展，成为两国示范性产教融合、校企合作、职业教育的办学机构和研究机构，为促进两国高职教育和文化交流培养高质量的新技术应用型人才。亚龙丝路学院选址柬埔寨首都金边，该地区产业定位是以服装、鞋类、五金机械、电气自动化、食品加工及农产品等产业为重点的劳动密集型轻工业，拥有企业 300 余家，良好的产业环境为深度产教融合奠定了基础。亚龙丝路学院也是中国第一所伴随中资企业"走出去"在柬埔寨建立的海外丝路学院，是浙江省在柬埔寨建立的第一个海外分校，也是发挥温州侨乡优势，对接温州市中柬商会资源，服务"一带一路"温商在柬埔寨当地产业建设，培养中资企业在柬埔寨生产经营需要、符合中资企业用人标准的高素质技术技能本土化人才的温州市第一所海外职业院校。

亚龙丝路学院首批电气自动化专业于 2018 年 12 月开始招生，现已招收三批学生共计 130 人。本项目教师团队由温州职业技术学院和柬埔寨国家技术培训学院电气自动化技术专业骨干教师共同组成。双方专业系部主任担任团队负责人，参与本项目的柬埔寨国家技术培训学院专业教师主要负责讲授专业英语、数学及

电气、电路等通识和基础课程；温州职业技术学院专业教师主要负责讲授电工技术综合实训、自动化生产线技术、现代电气控制技术、自动生产线系统设计等专业课程和中文课程。温州职业技术学院每年派遣 3 名教师赴柬埔寨海外分校开展教学工作，接收柬埔寨学生来华留学。

二、项目特色

（一）"五位一体"国际育人新范式

亚龙丝路学院全面开展职业教育合作领域人才培养、留学生教育、师资培训、海外产教融合、技术研究、标准资格认证等方面的深度合作和交流。学校在制订境外分校人才培养方案和教学育人模式方面进行了改革探索，目前形成了多形式、多方位的教学育人范式。

1. "职业培训+学历教育"双形式

亚龙丝路学院采取多种形式向当地多主体提供新技术应用培训。一是为柬埔寨当地学生提供大专学历教育，承担了柬埔寨教师及中资企业员工的职业培训教育。二是有针对性地对当地员工进行职业指导与新技术应用培训，满足当地学生和部分员工对提升学历的需求。温州职业技术学院规划将以丝路学院为平台，根据当地产业需求将国内部分成熟行业技术标准引入柬埔寨，开展有相应资格认证的职业培训教育。

2. "海外+本土"双校区

本项目在办学模式中，不仅联合企业把国内优质职业教育资源送出去，还把优秀柬埔寨留学生请进国内校本部学习技术与中国文化，实现"走出去+请进来"相结合。2019 年、2020 年共选拔来自亚龙丝路学院的 11 名优秀学生来国内校本部学习攻读电气自动化专业、酒店管理专业。3 年的在华学习使他们有机会更好地学习专业技术并感受中国文化，最终成为知华友华又懂核心技术的中资企业海外中层管理人员或技术骨干人员。通过双校区的育人方式，可以从多角度、多维度，更全面、完善地开展人才培养工作，满足未来企业对高端海外本土人才的需求。

3. "柬埔寨+中国"双标准

温州职业技术学院在制定亚龙丝路学院人才培养方案及教学标准上实行双标准。前期调研首个合作专业电气自动化专业在柬埔寨及中国的相关标准，由于柬埔寨的电气自动化专业的职业教育与中国存在差异，需要在借鉴国际先进相关专业职业标准的基础上，综合双方的实际情况，修订原有课程、增设新课程、引进国际通用标准新教材，制定出适合海外丝路学院的国际化教学标准和新技术应用型人才培养方案。

4. "外派主讲+本土助教"双师资

为适应亚龙丝路学院教学需求，并考虑柬埔寨当地的实际情况，采用"外派主讲+本土助教"的教学方法，创新教学方式改革。温州职业技术学院外派专业教师骨干团队赴亚龙丝路学院开展教学授课工作，在课程授课中再配以亚龙丝路学院柬方助教。一方面可以更好地应对并解决教学过程中可能存在的问题，另一方面可以逐步将亚龙丝路学院的当地教师培养为专业成熟师资，为亚龙丝路学院培养师资储备力量，满足亚龙丝路学院未来的招生规模要求并降低本项目的成本支出。

5. "知识+传承"双课程

温州职业技术学院在亚龙丝路学院的办学理念不仅体现在学生专业知识技能上学有所成，更重要的是培养具有中国情怀、国际视野和跨文化沟通能力的中柬友好交流亲善使者，将中国文化传承给当地亚龙丝路学院的学生，让他们了解中国，喜爱中国，从而培养适合中资企业的本土人才，为企业生产和中柬人文经济交流发展贡献力量。语言是作为文化传承的重要载体和有效沟通交流工具，因此温州职业技术学院在本项目上将汉语教学纳入人才培养方案中，并贯穿整个学历教育周期，在外派专业教师的同时也派出资深汉语教师赴柬同步授课。

（二）多元主体，协同合作新模式

亚龙丝路学院是政校企多元主体共建项目。它以企业需求为导向，为企业培养输送新技术应用型人才，有针对性地对员工进行职业指导与技能培训，不断深化国际化产教融合，服务走出去海外中资企业。

学校在本项目的顶层设计中实行政府、学校、企业三方合作模式，中柬双方政府主导政策支持，亚龙智能装备集团股份有限公司输出教学实训设备，学校负责内涵建设，解决了学校海外基础设施建设的局限性。合作三方成立专门工作小组，由双方校长和公司董事长担任项目负责人，中柬双方各派专业教师和管理人员，共同开展对合作专业的课程建设、教学管理和研究等活动。

（三）温州职业技术学院伴随，中企走出去新动力

据统计，截至2018年底，超过2万名浙商在柬埔寨各地经商创业，其中温商有1万多人，虽然柬埔寨当地人力成本低，但技术水平和国内有较大差距，中企在柬面临较大的人才匮乏难题。亚龙丝路学院的成立，通过"柬埔寨+中国"双标准人才培养体系，不但可以输出中国相对成熟的职业教育模式，还可以为在柬埔寨的中国企业培养既熟知柬埔寨当地文化，又熟练掌握中国技能的新技术应用型人才，提高柬埔寨企业技术技能人才的整体水平，为在柬埔寨发展的海外企业提供符合当地生产经营需求的本土化技术技能人才，为柬埔寨温商企业的发展提供当地人力资源支撑。

第四节　新技术应用型人才培养综合改革

一、整合社会资源，协同培育新技术应用型人才

温州职业技术学院坚持"强化区域性、突出实践性、体现高教性"的办学定

位，推进"服务为基、学生为本、能力为重、创新为要"的办学实践，走出了一条"与区域经济互动、与企业行业共赢——'产学研创'相结合"的办学之路，被誉为高职教育的"温州模式"。温州市多个政府部门、行业协会、企业及个人与学院开展了多方面合作，学院通过政校行企联动，探索开展混合所有制改革，整合政府资源、社会资源和学校资源，深化育人模式创新，培养具有不可替代性的新技术应用型人才。

（一）吸收政府资源建设新校区

为更好地服务县域经济发展，温州职业技术学院与瑞安市政府合作共建瑞安学院，建成占地面积 345 亩、建筑面积 9 万余平方米的校园。学院则以定制服务的理念，以培养适应瑞安产业发展的生产、建设、管理、服务第一线需要，全面发展的技术应用型、创新型高技能人才为目标，培养、引进、留住服务于瑞安经济社会发展的各类人才，为瑞安转型发展提供有力的人才支持和智力保障。借助省级特色小镇建设的契机，温州职业技术学院整合鞋类设计、服装设计等多个设计专业资源组建温州设计学院，并将温州设计学院选址在浙江省首批建设的省级特色小镇——时尚智造小镇。学院将把温州设计学院建设成为优秀设计作品的集市、优秀设计人才的集市、先进设计技术的集市，为时尚智造特色小镇成为温州都市时尚产业发展的主平台提供人才和技术支持。

（二）吸引行业资源协同培育新技术应用型人才

在借鉴行业经验基础上，温州职业技术学院大力推行现代学徒制试点。以温州设计学院为桥梁，连接地区传统产业企业与国内外高端设计资源两个终端，形成设计资源共享网络。以国内外享有盛誉的大师领衔的设计工作室为支撑，组织专家、行业知名设计师、知名企业研讨并制定制鞋、服装等行业优秀设计人才评定标准。面向温州鞋服等传统行业企业，采用"理论小班化"与"技能项目化"等手段，开展"产品时尚化"、"技术多维化"与"品牌高端化"培训，实现"技能、研发、创业"学分积累转换。组建"教师+师傅"的"双师"团队，以"师傅带徒弟"模式，校企协同、中外联动开展设计工匠培养。以瑞安学院为试点，在政策允许的范围内减少通过高考录取的普高生源，采用中高职衔接、提前招生等形式实施"文化素质+职业技能"的多元化考试招生办法改革，招收具有相应技能特长和职业兴趣的学生；尝试部分专业跨系按专业大类招生试点，针对不同生源制定不同的人才培养方案，予以分层分方向培养。在政策允许的情况下与行业协会合作，将订单培养合作前伸到招生阶段，在部分专业探索招生和招工相结合的途径。

（三）探索新技术应用的资本合作形式

一是以温州职业技术学院的温州设计学院为例，本着国际引领、以人为本、植根传统、时尚温州的基本原则，以大师工作室建设为基础，引入国外著名设计院校的教学理念，聘请国内外知名时尚产品设计师与设计机构，联合国内重要时尚设计师与机构、企业，以技术创新服务平台建设为核心，以 3D 打印技术、自动化技术、数字设计技术等现代设计与制造技术为主要切入点，培养传统轻工产业与时尚设计、时尚元素融合的新技术应用型人才。二是建立政校行企合作的良性运行机制。积极利用各级政府、大学科技园和企业孵化器，建设校外创业教育基地、创业实训基地和创业孵化园，进一步完善学校与一流高校、科研院所、政府、行业企业以及基于国际合作的协同育人机制。引入多家风投企业，组建创业种子基金。与浙南科技城共建温州智能制造孵化中心，与瓯海区政府共建国家大学科技园，与温州中小企业服务平台共建浙江小微创新创业园。

（四）结合区域文化传承温州创业精神

学校紧密结合温州区域特色，把"敢为人先、特别能创业"的温州人精神融入创新创业教育中。一是传承与引进融合，指导大学生创业教育。将国外创业教育理论与"义利并举"的永嘉学派文化精髓、"敢为天下先"的创新创业精神相融合，培育大学生的创业意识；二是传承"经世致用"的温商传统务实品格，借鉴温州人"特别能吃苦、特别能创业"的"草根"创业经验，指导大学生的创业实践。近五年，学校举办"温商创业论坛"等创新创业讲座 150 余场。

在下一步改革设计中，温州职业技术学院将继续以产教融合为主线，全面推进教育教学综合改革与机制体制创新，通过智能制造、时尚设计、现代服务三大专业集群与产业深度融合，更好地服务区域经济社会发展，培养更高水平的技术技能人才，坚持"区域有什么支柱产业，就设置什么专业；区域有什么企业难题，就建立什么服务平台；区域有什么新技术需求，就培养什么新技术应用型人才"的办学理念，以五个"一体化"为发展思路（在人才培养环节上实现"招生—培养—就业"相配套；在专业内涵建设上实现"培训—专业—平台"相协调；在实践能力培养上实现"实训—研发—创新创业"相融合；在师资队伍建设上实现"平台—项目—团队"相衔接；在应用技术研究上实现"研发—双创—服务"相结合），不断提高学校核心竞争力和人才培养质量。

二、探索混合所有制改革，提升新技术应用型人才培养质量

（一）搭建混合所有制新载体，推进产教深度融合

以混合所有制改革为契机，系统推进产教融合，探索混合所有制不同实现形

式，谋划与国家省市重大发展战略融合的新技术应用型人才培养布局，确保混合所有制模式下的制度创新和人才培养质量提升。

1. 与政府部门合作共建温州智能制造孵化器

通过与政府部门合作共建温州智能制造孵化器，形成大学城和科技城"城城对接、双城联创"协同发展的良好格局，建设集众创空间、项目培育、成果转化、企业孵化功能于一体的智能制造孵化器。

2. 与校友企业合作共建"一体两翼"的新型孵化器

"一体"是与校友苏孝锋创办的万洋众创城、温州科技局等单位联合共建智能制造孵化器，"两翼"分别是在温州大学城建设的创新园、在万洋众创城建立的创业园。创新园负责项目的培育和样机试制，项目初具规模后入驻创业园进行企业孵化、产业培育，最后入驻产业园、小微园实现产业化。

3. 政校行企联动共建混合所有制"教学工厂"

依托瑞安学院办学优势与区位优势，当地政府引进瑞立集团等区域骨干企业，按照"政府指导，学校主体，企业主导"的运作方式，政校行企联动，以育人基地建设为基础，共建混合所有制"教学工厂"。学校以办学资格、师资团队、优质管理等无形资产以及投入的部分开办费及设施设备等有形资产作价入股，企业则以出资在学校建设的实训基地、研创基地和提供的内部实践教学资源作价入股，双方共建共营混合所有制办学实体。

4. 探索新技术应用的师生合作模式

依托温州智能制造孵化器，引入多家风投资金，建设浙南科技城创业园，使之成为学生新技术应用成果市场化的前孵化器。学校出台教师和学生走向市场的鼓励政策，提供资金支持，支持新技术应用的创新项目培育和孵化。浙南科技城创业园提供技术咨询、金融服务等一系列服务保障，以实体化、产业园的方式运作，实施新技术应用项目的孵化和产业培育，吸引地区行业企业、投资机构和民间资本等通过多种模式合作共建，实现多方共赢。

案例五：温州职业技术学院·中国联通"5G+"新技术应用研究院

一、项目简介

温州职业技术学院·中国联通"5G+"新技术应用研究院（以下简称新技术应用研究院）于2019年9月成立，中国联通温州市分公司为项目专项投入2300万元。新技术应用研究院位于温州职业技术学院技术研创大楼5楼，下设"5G+"应用创新实验室、"5G+"智能制造研究院、"5G+"工业互联网研究院。新技术应用研究院的设立，一方面为学校与企业、教师与企业、学生与企业搭建了新技术应用产教融合平台、科研平台、人才输送与就业服务平台，另一方面通过平台协助政府进行 5G 产业、智能制造、教育信息化的政策研究、标准体系和发展路线图设计，以及针对企事业单位进行政策宣贯、项目征集、遴选和项目评审、项目过程管理和实施效果评价，开展技术咨询和活动组织等公共服务。

随着 5G 时代的到来，新技术应用研究院充分发挥技术服务、人才培养、创新创业培育、产业推广的功能，成为温州市首创的政产学研合作的示范基地，产教融合的"温州市模式"高新样板。

二、项目特色

新技术应用研究院通过整合温州市各相关工业互联网企业资源，根据企业需要，为企业健全服务体系、企业生产流程再造、企业智能化升级、企业技术改造等项目实施精准服务。目前，温州职业技术学院派遣信息技术系大数据、软件、数媒等专业团队深入新技术应用研究院，已与多家温州市企业开展了多个校企合作、产教融合项目，为温州市企业转型升级提供温州职业技术学院方案、技术及智慧。

（一）助力地方企业智能化改造升级，提供温州职业技术学院方案

温州市部分传统制造业还属于劳动密集型产业，生产技术落后，处于价值链低端，致使其生产成本高，效率低，市场竞争力低下，传统的温州市模式在 5G 时代必定面临新的转型升级。新技术应用研究院针对温州市经济现状，为温州企业提供智能化改造方案。2020 年，温州职业技术学院信息技术系大数据专业团队带领学生分别承接了新技术应用研究院与赣隆实业有限公司和佳力文化用品有限公司的企业新技术应用智能化改造诊断项目，大数据专业团队经过前期一系列的企业实地走访、访谈与参观等，最终分别给两家公司出具了"企业智能化改造诊断报告书"。

（二）推动智能制造新模式应用项目进程，融入温州职业技术学院技术

为了促进温州市经济持续、稳定、协调发展，温州市政府提出了"科教兴市"的战略方针，提出要依靠技术进步，重视用现代技术改造传统产业，促进产品和产业的调整。新技术应用研究院以此为契机，用温州职业技术学院技术推动智能制造新模式应用项目进程，目前已有多个项目在接洽或合作中。例如，信息技术系大数据专业团队与数媒专业团队参与中国瑞立集团智慧工厂智能制造新模式应用项目，该项目是工信部"2018 年国家级智能制造新模式应用项目"。该项目充分运用温州职业技术学院大数据 IT 项目管理专业课程，由专业教师带领学生将课程所学知识点应用到真实项目中，学生在跟进项目的过程中，总结经验、发现问题，通过真实项目管理案例，充实专业课程内容，反哺教学，提升教学效果与质量。

（三）为企业输送新技术应用型人才，传递温州职业技术学院智慧

温州职业技术学院在为社会输送大量新技术应用型人才的同时充分考虑是否

能完全适应社会供给和需求问题，将深化产教融合作为改革方向。新技术应用研究院平台的建设通过将教育链、人才链、产业链及创新链四链充分联结，提高温州职业技术学院师生智慧，为企业输送高质量新技术应用型人才。自新技术应用研究院成立以来，通过选拔，温州职业技术学院信息技术系大数据专业应届毕业生部分被输送到新技术应用研究院实习，在新技术应用研究院发挥自己的专业技术专长，在新技术应用研究院实习半年后，大部分毕业生就职于新技术应用研究院联盟单位。某些新技术应用研究院联盟单位为提高产教融合效率，将工作地点设置在温州职业技术学院技术研创大楼 5 楼。

目前，大数据专业部分学生已提前进入企业，负责企业重要模块。其中，信息系学生团队负责浙江钟铮锁业终端设备数据采集、订单处理模块与信息模块的设计，包括数据的分析、可视化展示。

（二）发挥混合所有制改革新优势，提升人才培养质量

结合本校基本情况，温州职业技术学院积极推进"招生—培养—就业"联动改革，在各专业群的建设过程中，进一步深化校企合作改革。在各个混合所有制办学实体的不同专业中，尝试推进以岗位就业为导向的"双元六共"联动改革，突出满足龙头企业或骨干企业人力资源与急需岗位需求的目标，采取校企"双元"的现代学徒制培养方式，在共同招收学生、共同制定培养标准、共同建设基地、共同开发课程、共享校企师资、共促创新创业等六个方面深化校企合作，共同培育人才，提升学生的创新创业能力，促进学生高质量就业。"双元六共"校企共育人才内容见表 6.6。

表 6.6　"双元六共"校企共育人才内容

具体内容	实施要点
共同招收学生	企业提出共育人才需求建议，双方共同确定共育人才招生专业和招生计划，框定该专业提前批招生考试内容范围，明确学生职业生涯发展目标和路径。招生后校企与学生签订相关协议并按规定执行协议
共同制定培养标准	根据企业对一线应用型高素质技术技能人才的知识、能力、素养及个性化等的需求，共同制订相应的人才培养方案。在培养过程中，以企业人力资源管理为依据，按照技术员与助工或相当的实践能力任职条件制定标准，共同组织学生进行技术技能考核
共同建设基地	根据共育人才实践能力培养的要求，设计实践教学方案并确定相应的实训设施。双方以混合所有制形式共同建设实训研创基地。除在校内共建实践教学基地外，企业还要按共育人才培养要求提供厂内生产性设施设备供师生学习实践、创新研发使用
共同开发课程	针对培养方案确定的岗位知识与能力或个性化内容，校企双方共同组织专业技术人员、管理人员开发课程，按照岗位知识与能力或个性化开发要求编写教材
共享校企师资	按优势互补与共赢的原则，结合人才培养与项目研发、创新创业教育的需求，在学校方的教育教学与企业方的产品生产研发过程中，实现双方专业技术人员及管理人员共享，为学生提供"教师+师傅"的导师团队，实施现代学徒制教育

续表

具体内容	实施要点
共促创新创业	企业一方面为学生专业实践提供技术岗位，让学生提前融入行业，提前接触社会；另一方面也为学生创新研发提供来自企业的真实项目和指导力量，帮助学生提升就业能力。同时，校企双方协商在浙南科技城创业园等多个孵化器里按混合所有制形式搭建平台，为"三师三生"创办的科技型小微企业产业化提供服务

（三）搭建混合所有制改革新机制，实现"共建共营共赢"

1. 理顺混合所有制管理机制

学校以混合所有制性质的各类载体建设为契机，坚持"混合制办学以有利于新技术应用型人才培养与满足企业人才需求为宗旨，以双方共赢为根本，不以追求经济效益为目的"的理念，尝试以理事会制度等形式推进混合所有制改革。逐步建立起政府引导、行业参与、社会支持、校企双主体育人的办学新机制，吸引更多的社会资源以多种形式参与学校办学体制改革，激发学院办学活力。

2. 完善混合所有制内部教学质量保证体系

一是以学校现有全程监控、精细管理的教学质量保证体系为基础，进行内部教学质量保证体系的深化与完善，建立涵盖专业建设、课程教学、师资建设、学生教育、行政管理与后勤服务等领域，贯穿新技术应用型人才培养全过程的内部教学质量保证体系。

二是以学校智慧校园建设为契机，全面进行现有平台的完善、整合与优化，逐步形成服务学院发展、满足政府监管需要的人才培养状态数据采集与管理平台，助推混合所有制的教学诊断与改进工作的持续优化，切实保障内部教学质量保证工作的有效落实。

3. 引入第三方评价机制

以问题为导向开展管理创新，探索引入第三方评价机制，通过教学诊断与改进工作不断优化人才培养的运行过程，通过毕业生职业发展状况与人才培养质量的跟踪调查倒逼人才培养模式的改革，建立集"资源共享—利益分配—评价纠偏"于一体的良性运行机制，切实保障人才培养质量与混合所有制改革成效。

温州职业技术学院依托温州市民营经济高度发达的优势，全面推进教育教学综合改革和管理体制创新，坚持以"教"促"产"，按照"服务为基、学生为本、能力为重、创新为要"的办学思路，深化供给侧结构性改革，开展"招生—培养—就业"联动改革，提升人才培养质量，以服务"大众创业、万众创新"发展战略、服务县域经济发展、服务省级特色小镇建设为目标，学城联动，促进区域产业经济转型发展。同时，学院加强与政府部门、行业企业合作，推进以"产"促"教"，争取各级政府部门和行业企业加大对教育事业的投入力度，争取不同主体以土地、建筑物、设备、技术、资金等多种资源与学院共建混合所有制形式的育人平台，未来五年总投资额争取达到 5 亿元以上。政校行企多方联动，以混合所有制改革为契机，系统推进产教融合，"双元六共"共育人才，实现"共建共营共赢"。

第七章　高职院校新技术应用型人才培养的策略

高职院校是培养专业技术人才的基地，随着经济形势的转变，我国对新技术应用型人才的需求越来越多，这为高职院校的育人使命添加了时代色彩。高职院校新技术应用型人才的培养要紧扣社会对人才的需求，结合高职院校自身办学特点，有针对性地培养为国家和社会服务的人才。人才培养从来都不是一项简单的任务，而是在一定理论的指导下建立起稳定人才的培养活动的程序和框架，它包括了一定目的和为实现这一目的而采取的一系列措施。新技术应用型人才的培养是一个涉及诸多主体、不同因素的系统工程，观念、制度、物质资源、环境和教学方式等要素都不可或缺。因此，高职院校要以新技术应用型人才培养为目的，推进高职院校创新创业教育改革①。从当前国内外经验来看，建立起体系化的培养策略是一个必然趋势，这要求我们要遵循从宏观到微观、从抽象到具体、从普遍到特殊的原则，建立起符合高职院校的培养体系。

第一节　借鉴国内外新技术应用型人才培养理念及经验

现代职业教育起源于西方发达国家，它们在长期历史演进中积累了丰富的新技术应用教育经验，能为我国高职院校新技术应用型人才培养提供借鉴。在参考和借鉴国外高职院校办学经验时要注意甄别和区分，有的理念和经验可以直接应用在人才培养之中，而有的则需要吸收、消化，结合中国语境加以解读。有的理念和经验与高职院校新技术应用型人才的培养目的不相匹配，应加以甄别，及时规避。在对国外办学理念和经验的解读、分析基础上，结合高职院校本身的培养目标、校情来制定具有本校特色的办学方案。

一、从能力本位转向素质本位

能力本位是第二次世界大战以后在美国、加拿大产生的教育理念，其核心在于根据特定岗位对员工能力的需要来确定教育的能力目标。能力本位的教育理念主张职业教育应把关注点从知识教育向从业能力提升转变，更强调教育的实用性。第二次世界大战后，美国有大量的退役军人面临失业困难，为了提升他们的职业技能，一些专家学者提出要开展以能力为基础的职业教育及培训，以培养他们适

---

① 刘海明，谢志远，刘燕楠，2018. 高职教育人才转型的战略思考：推进产教融合，服务产业发展——兼谈高职院校"新技术应用"人才培养方略[J]. 高等工程教育研究（2）：182-188.

应特定岗位的操作能力。20 世纪 60 年代以来，能力本位教育理念从美国向加拿大、澳大利亚乃至欧洲、亚洲等众多国家和地区传播，对职业教育及职业培训都产生了重要影响。欧洲国家早有"双元制"的教育传统，能力本位的教育理念促进了产学合作的深入发展，让非正规职业培训得到了更多的关注。自 20 世纪 80 年代中后期以来，英联邦国家先后依托能力本位的职业教育理念对已有职业教育、职业培训体系做了调整与改革，让能力本位的职业教育理念被更多国家和地区认可、应用。但同时，建立在能力本位理念基础上的"双元制"职业教育体系对市场和产业变化的适应能力较弱，很难及时做出调整，这一不足在德国早已显现。此外，能力本位的职业教育所需经费过高，对于我国这样的发展中国家来说仍是一个不小的负担。

与能力本位相对应的是素质本位，素质本位是指注重人的全面发展与综合职业素质发展的职业教育理念。能力是对应某种具体的能力，而素质则是概括性的能力，素质包含各项能力，更具综合性。素质本位教育理念认为职业教育应该关注人的整全性，仅仅关注人的能力发展是不完整的，因为作为职业教育的"人"不仅要面向职业，还要顺带承担各项责任，这是由其身份的多样性决定的。因此，职业教育要培养学生适应将来的复杂工作，发展他们的综合职业素质，增强其适应能力。新技术应用型人才的提出适应了当前职业教育对人才能力多样化、综合化的时代需要，一个合格的新技术应用型人才应当具备较高的综合职业素质，因此，素质本位的职业教育理念在我国未来高职人才培养中会得到越来越多的共识。

二、从阶段教育转向终身教育

培养新技术应用型人才需要素质本位教育理念，而实现这一目标则需要把终身教育理念落实到高职教育体系之中。终身教育理念对于素质本位教育理念的盛行具有重要的推动作用，这符合当代社会产业结构、就业结构供需失衡的背景。高职教育应摒弃以经济目标为主导的功利主义，把人的全面而个性的发展看作关键目标。新技术应用型人才的培养应当在整个职业教育体系中完成，中等职业教育与高职教育应就这一目标展开对接，实现衔接过程的顺畅。20 世纪 60 年代，保罗·朗格朗（Paul Lengrand）首次提出终身教育的思想，并在 1979 年出版了《终身教育引论》一书，自此联合国教科文组织也开始将终身教育思想推广到全世界，如今终身教育理念已成为一项全球认可的教育理念。人们越来越相信，教育不仅要针对某一阶段（青年和儿童），也应关注人的成长和工作阶段，教育不是阶段性的，而是终身性的。学校教育只是广义上教育的一部分，社会也应为社会成员提供各种形式的正规教育及教育培训。

终身教育打破了以往将教育理解为仅仅是学校教育的观念，让教育不再局限于儿童和青少年，一个人终其一生都要接受各种形式的教育，这样就拓展了教育的边界。同时，终身教育理念也提出了职业教育不仅要为在校生提供职业技能培训，更要为不同年龄阶段的社会群体提供培训服务，即为现实劳动者和潜在劳动者创造技术培训和终身学习的机会。这样就能让职业教育的内容扩展，职业教育不仅包括职业技能教育，还包括各种技术培训。同时，职业教育的目标也突破了以往各项具体技能的局限，职业学校不仅要给学生设置系统的理论知识，也要训练学生的创新创造思维，让他们在职业生涯中不断提升自己，持续发展。终身教育面向每一个受教育者，帮助他们做好进入职业角色的各项准备工作，摒弃为升学而过分强调学科知识、窄化素质的偏向，其实质便是以素质本位的价值取向来为职业教育指明方向。2010 年颁布的《国家中长期教育改革和发展规划纲要（2010—2020 年）》指出要构建现代职业教育体系，将职业教育纳入终身教育体系建设中。在这一政策的导向作用下，全国高职院校结合实际情况开展了以终身教育理念为基础的职业教育人才培养模式改革，且已取得了较多成果。

第二节　探索教学模式

教学模式是指在特定理论指导下形成的较为稳定的教学活动结构框架和活动程序，在高职教育发展过程中大致形成了 CBE（competency based education，以能力为本位）、"双元制"、MES（modules of employable skills，模块式技能培训）等教学模式。与传统教学模式不同，面向高职院校新技术应用型人才培养的教学模式首先体现为"新"，这也意味着高职院校新技术应用型人才的教学模式不是现成的，而是在实践中不断摸索生成的。

一、强化"双师型"师资队伍培育

要给学生一杯水，教师要有一桶水，一支高素质的教师队伍是培养新技术应用型人才的前提。随着社会对新技术应用型人才规格的不断提升，对教师综合素质的要求也越来越高。一般而言，高素质的高职院校新技术应用型人才教师应具备以下几个特征：一是思想觉悟高，热爱祖国和人民，有高尚的师德师风，关爱学生，发自内心地热爱教育事业；二是有过硬的专业知识，且能保持终身学习的良好品质，不断充实、完善自身的知识结构；三是与时俱进，积极进取，敢于创新，掌握先进教育理念，并能把所掌握的知识和技能教给学生；四是实践能力强，能够在实践中发现问题并解决问题，打破常规思维的限制，在实践中不断丰富、完善理论知识结构；五是具有广阔的学术视野，具有多学科、交叉知识点，能够在教学科研工作之中合理运用、联想，能及时有效地应对不同的突发情况。高素质的教师对高职学生的影响是全面的，不仅能在学校学习中完善学生的知识结构、培养学生的动手能力，更能在师生交往中传递正确的价值观念，将学生培养为符合时代发展需求的高素质新技术应用型人才。

在大众创业、万众创新的时代背景下，应遵循"内培外引、专兼结合"的原则，积极打造思想觉悟高、专业技能过硬、实践能力强、敢于创新的高职教育"双师型"师资队伍。

（一）大力引进"双师型"教师，让教师"进得来"

高职院校要高度重视"双师型"教师的引进工作，把人才引进看作新技术应用型人才培养的重中之重，由专人负责该项工作。多种方案并举，增加"双师型"教师的储备，改善"双师型"教师队伍的结构，形成一支年龄结构青年化、知识技能专业化、研究视野国际化、学科背景多样化的高水平"双师型"教师队伍。实行高水平人才引进计划，根据专业人才培养需求来制订各专业"双师型"教师引进计划，学校给予相应的配套支持。多渠道、多方位引进企业一线相关专业领域的高学历、高水平拔尖人才，形成以硕士、博士、博士后、教授为带头人的兼具教学、科研、实践等于一体的"双师型"师资队伍。在引进人才时，不仅要考虑人才自身的专业背景、知识技能、业务水平、实践能力等条件，而且要考虑与本校新技术应用型人才培养的特殊性相结合，做到人才引进的精准性、匹配性、适切性。通过引进一批"双师型"教师来改善已有教师队伍结构，刺激教师群体的内部活力，让教师队伍高效运作。与此同时，也可聘请部分企业兼职教师来充实教师队伍，其主要来源于相关行业院校、科研院所和相关企业。相关行业院校、科研院所的教师因其在高职人才培养方面积累了丰富的经验，能为本校新技术应用型人才的培养提供很大的帮助，也能把他们在原单位的培养理念、方法都带到本校。在相关专业企业中聘请一部分经验丰富的优秀员工为兼职教师教授实践技能，能发挥他们在技能操作方面的优势，弥补高校教师在实践技能方面的不足，实现优势互补。

（二）实施教师交流、进修计划，让教师"能成长"

为本校教师提供交流、培训、进修的平台，让教师不断追求进步，提高综合素质。学校根据本校已有条件，用好国内外相关学校、骨干企业之间的合作关系，争取本校教师获得走出去学习的机会。有计划、有组织地遴选部分教师到国内外相关高校进修、学习、访问、挂职，吸收借鉴国内外高校在开展新技术应用型人才培养方面的经验。在选择对外交流学习的老师时应向新进"双师型"教师、青年教师倾斜，优先让他们有机会多学习新知识，不断优化、完善他们的专业知识结构，提高教学水平。同时，对教龄较长的教师也应给予一些关照，让他们有机会参与对外交流学习，不断与时俱进，更新教育理念和知识结构。高职院校也应鼓励在岗教师自我学习，通过自律的学习来提升自己，让自己更符合高素质教师的要求。在鼓励教师走出去的同时，高职院校也应创造条件让外部的教师走进来，聘请优秀的外来教师、企业家、技术技能大师为本校学生授课讲学，以此开拓本校教师的学术视野，带动本校教师的上进心，营造开放、和谐的教师工作和学习氛围。

（三）大力打造"双师型"教师队伍，让教师"教得好"

学校要高度重视在岗教师的继续教育，为他们提供自我学习、自我提升的平台，增强他们的专业教学能力和综合实践技能，突出他们在新技术应用型人才培养中的引领作用。学校应为教师创设有利的条件，加强与相关企业的合作，提供教师考察、挂职锻炼的机会。分批次、分阶段组织青年骨干教师到这些企业调研、考察、挂职锻炼、带领学生实习，让教师在这些企业担任普通员工的角色，承担员工的工作任务，适应一线实践的节奏。教师在实践中学习如何操作器械，开展具体的生产活动，并与已有知识结合起来，不仅能加深对理论知识的理解和运用，还能完善其教学理论，提高其教学技能，最终形成其独具一格的教学风格。在企业学习之余，教师可以向一线员工请教，虚心学习他们在长期工作实践中形成、积累的个人经验和实践智慧，以此来弥补自身实践经验的不足，完善自身的知识结构，将理论与实践结合。同时，高职院校可以鼓励刚走上教师岗位不久的青年教师再次以学生的身份和心态参与到一线的实践活动之中，换一个角度来体验教育、感悟教育，不断提升思想境界。"双师型"教师是当前新技术应用型人才培养中极为紧缺的师资，通过鼓励高职院校中青年教师走向实践、走向一线学习，能让他们在反思、学习中逐渐成长为"双师型"教师，这既是源于新技术应用型人才培养的要求，也是教师追求卓越、追求进步的自我要求。

（四）推行"双师型"教师奖励措施，让教师"留得住"

高职院校要为工作岗位上表现突出、品德高尚、育人成效显著的教师给予一定的物质或精神奖励，树立为本校教师的典型。根据教师在培养新技术应用型人才过程中的各项表现，分别给予评定，制定奖励措施。可以针对部分教师的表现授予光荣称号，如"教学能手""德育标兵""最受欢迎老师"等，利用多种宣传方式以展示其先进事迹，并组织相关教师观看、学习其工作表现。针对部分教师的表现，给予一定的物质奖励，如发放津贴、绩效评定、奖金等，表彰他们在培养新技术应用型人才过程中的贡献，这样才能让教师在开展教学科研工作时减少后顾之忧，同时也能提高其工作积极性。学校应鼓励教师指导学生参与国内外各种专业技能大赛，并针对参与、获奖的学生及教师通过颁发奖状、发放奖品、奖励金等方式，给予指导教师一定的奖励、补偿。同时，在教师最关注的职称评定、奖金发放、绩效评定、津贴补偿、职务晋升等问题上，可以与新技术应用型人才培养成效挂钩，将学生培养当作评定审核标准中的一环，这样能让教师工作与学生培养合为一体，充分调动教师在培养环节中的参与度。通过这样的方式，让教师在工作中获得更多的参与感、成就感、获得感，在工作岗位上更能"留得住"。

（五）教师修炼本领，不断追求卓越

马克斯·韦伯认为，他所处的时代里整个世界已被"除魅"，那些终极的、最高贵的价值已经从公共生活中销声匿迹①。但即便如此，也应有一种东西是崇高的、涉及终极意义的，那便是属于人的使命。对高职教师来说，培养德智体美劳全面发展的"人"是自己的教育初心，也是支持自己从事教育工作的原动力。对高职教师自身来说，要把追求卓越、向往崇高看作自己坚不可摧的信念，不忘教育初心，牢记教育使命。没有精神指引的人，生活是暗淡无光的；没有信念支撑的人，他的精神会逐渐枯萎；没有使命感召的人，是无法从平凡的工作和生活中脱颖而出的。无论是在教学实践还是科学研究中，教师都应当尽自己最大的能力去做好每一项工作，这是新时代高素质教师的必然要求。教师只有修炼本领，追求进步，才能不断完善自己，教育自己。只有这样的教师才能培养出综合素质强、全面发展的新技术应用型人才。

二、构建新技术应用特色课程体系

课程是人才培养的基本要素，良好的创业课程能为培养新技术应用型创业人才提供扎实的理论和实践基础，增强新技术应用型创业人才的实效性②。对高职院校来说，构建符合学校办学特色的课程体系是新技术应用型人才的必要条件，是将国家、社会、学校的价值诉求有机结合的标志。这一课程体系应考虑三方面的因素：教育部对新技术应用型人才培养的要求、市场发展形势对人才的要求、学校办学的特殊情况。教育部对新技术应用型人才培养的相关要求为这一任务提供了宏观意义上的指导，为高职院校指明了课程建设的方向、要达到的目标以及大致的规格，是高职院校在建构课程体系时的重要参考依据。高职院校根据相关企业的行业标准和用人标准对课程设置做优化，合理调整不同形式、内容的课程占比，最终实现专业建设与行业标准之间有机结合，形成一种新的课程结构。随着相关行业在新形势下的结构性调整，新技术应用型人才数量、质量的需求相应有了转变，已有的专业培养方向、教学内容、课程设置等都必须适当转变，以适应不断变化的社会需求。高职院校应把准市场脉搏，对课程结构做出改革与调整，适当增加符合市场发展趋势的新课程，减少与市场不相关的课程，在课程时间安排、课程内容编排、课程开展形式等方面都做出一定的调整，这样才能让课程设置精准高效，更好地服务于新技术应用型人才的培养。高职院校是新技术应用型人才培养的基地，在课程设置方面要结合自身办学情况来选择适当的课程方案。

---

① 韦伯，2007. 学术与政治[M]. 冯克利，译. 北京：生活·读书·新知三联书店：48.
② 谢志远，2016. 高职院校培养新技术应用创业型创新人才的研究[J]. 教育研究（11）：107-112.

（一）新技术应用课程设置的原则

高职院校在进行课程设置时必须遵循一定的章法，如此才能精准对接不同学生的期望，让课程教学适合不同方向、不同学习特征的学生，让课程设置真正被学生认可和接受。

1. 课程设置要和学生考证需求相结合

就业是高职学生在学习期间最关心的事情，而相关证书则直接决定了毕业生的就业情况。课程设置应充分考虑学生考证的需求，让学生在毕业时能同时拿到学位证、毕业证和职业资格证书。大力推行"双证书"制度，鼓励学生根据自身学习兴趣、从业意愿来选择想要考取的职业资格证书。教师要对学生做积极引导和帮助，熟悉相关专业学位考试的内容，熟悉相关岗位职业资格证书考试大纲，并及早帮助学生做好职业生涯规划，帮助他们确定自己的从业方向。在课堂教学中渗透考证相关内容，并定期举办一些与考证相关的讲座，开展学生职业资格考试培训，帮助学生及早拿到从业所需的职业资格证书。

2. 课程设置要划分不同方向，精准培养

在划分培养方向时要充分考虑学生的意愿和企业实际用人需求，并设置相应的专业课程和教学内容，以求达到学生热爱、企业满意。例如，电子信息工程专业共分为三个方向，即应用电子技术、嵌入式应用技术、信息处理技术，每个专业培养方向都有不同的专业课程和教学内容。在培养信息处理技术专业方向的人才时，要充分考察这一工作岗位对各项技能的要求，并开设计算机基础知识，信息电子技术综合实验，电子设备与信息系统的设计、开发、应用和集成等方面的综合性知识等课程，形成学以致用的技术应用型人才模式培养新方案[1]。

3. 课程设置要分阶段分结构，有序推进

课程设置要兼顾社会、企业的需求，根据新技术应用的情况来促进学生相关就业技能的培养。因此，高职院校新技术应用型人才培养的课程设置要划分为不同阶段、不同的层次结构，形成一个结构完整、逻辑严密的课程体系。以大数据技术与应用专业为例，学校要根据岗位群对人才技能的要求来制定课程体系，根据岗位能力来选择课程内容，为了让高职大数据技术与应用专业形成科学合理的课程体系，将课程体系方案划分为四个阶段：第一、二学期主要培养学生的基本素质、基础理论知识，这一阶段培养学生的职业基础知识能力；第三、四学期主要培养学生大数据技术专业能力，让学生掌握大数据平台管理的知识；第五学期

---

① 万在红，向瑛，2012. 技术应用型人才培养模式探析[J]. 人民论坛（36）：160-161.

主要培养学生大数据专业综合素质，让学生具备大数据应用开发的能力；第六学期则让学生进入企业实习，在实践中提升技能，具备大数据技术综合应用的能力。具体课程体系方案设置[1]如图 7.1 所示。

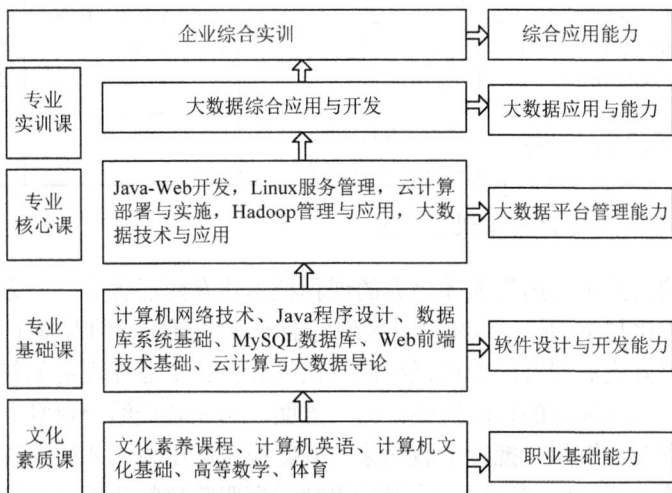

图 7.1　高职大数据技术与应用专业课程体系设置方案

大数据技术与应用专业课程体系分别包括文化素质课、专业基础课、专业核心课、专业实训课四个部分。其中，专业核心课程的内容要根据岗位群的特质来灵活设置，不但要培养学生的理论知识，更要注重培养其实践动手能力。因此，高职院校在新学期开始之前，就要在课程教学活动设计中最少选择一个企业项目，让学生在参与企业项目的过程中养成大数据思维，能熟练掌握各类大数据技术并将其应用在操作之中，把理论知识的学习与实践操作有机结合。高职大数据技术与应用专业的课程体系详见表 7.1。

表 7.1　高职大数据技术与应用专业的课程体系

模块	课程	课程目标	职业资格证书	就业岗位
文化素质课	文化素养课程、计算机英语、计算机文化基础、高等数学、体育	培养学生的综合素质，具备基本计算机操作能力	全国计算机等级考试（Office）	计算机应用，办公自动化
专业基础课	计算机网络技术、Java 程序设计、数据库系统基础、MySQL 数据库、Web 前端技术基础、云计算与大数据导论	达到高职教育人才培养目标中的岗位能力要求，达到国家职业技能标准（高级）、国家职业资格标准（二级）	NCRE（二级以上），软件设计师（二级），信息系统管理工程师（二级）、计算机系统操作工（高级）、计算机组装与调试工（高级）	软件营销，网站建设与维护

① 陶硕，刘俞，2017. 基于高职院校大数据技术应用专业人才培养方案研究[J]. 河南科技学院学报，379（12）：50-53.

续表

模块	课程	课程目标	职业资格证书	就业岗位
专业核心课	Java、Web 开发，Linux 服务管理，云计算部署与实施，Hadoop 管理与应用，大数据技术与应用	具备大数据分析与应用能力，能够管理和维护数据中心的数据，能从事云计算平台的搭建与维护工作	RHCSA 证书、HCNA Cloud 证书	Java 开发，云数据中心管理，大数据售后/技术支持
专业实训课	大数据综合应用与开发	提高大数据分析与应用的能力及创新能力		

（二）校企合作促进校本课程开发

高职院校新技术应用型人才培养的课程校本化有两层含义。一方面，它意味着课程的校本化与个性化，即在结合区域行业产业发展现状的背景下，通过整合、遴选、拓展等方式对现有的专业课程做二次设计，让专业课程更加符合区域行业产业发展所需工作岗位的技能需要。另一方面，高职院校结合自身办学条件，基于本校课程资源，组织一批骨干教师来开发新技术应用型人才的课程。通过对现有课程的改造和开发原创课程，让课程更贴近高职院校的校情，更能与新技术应用型人才培养中的关键能力相结合。

1. 拓展校本课程资源来源

校本课程资源是学校在课程开发的过程中所涉及因素的综合，根据其形式可分为物质性资源、非物质性资源两种。物质性资源又包括资料性课程资源、设施性资源两种类型，包括教学设施、新技术手段、网络信息平台、教科书、教学辅助用书等。非物质性资源则主要指人力资源，包括教师、教学行政人员、科研人员等。物质性资源是有形、可见的，多以物质形式表现，可以以数据形式呈现。非物质性资源是无形、不可见的，涉及观念、制度、文化等隐形投入。非物质性资源往往是决定性的资源。随着高职教育办学规模的扩大以及新技术应用型人才的新要求，课程资源在这一过程中的重要性随之提升，而课程建设的复杂性、专业性也随之越来越高。学校应针对这些学生的个体情况，精准把握，多途径、多方位丰富课程资源，培养学生掌握新技术应用型人才的关键能力。

2. 吸收、借鉴同类院校和企业在培养新技术应用型人才方面的课程开发经验

同行院校的经验能帮助高职院校少走弯路，避免课程开发经验不足而带来的失误和资源损耗，也能给课程开发提供思路。校企合作能直接帮助高职院校完成课程开发的任务。相关研究证实，高职院校的校本课程开发成功与否，与企业技术人员的参与密不可分。高职院校应与企业建立良好的合作伙伴关系，建立起课程开发共同体，真正实现课程资源共享、优势互补，校企共同参与到课程开发建

设当中。首先，高职院校牵头组成包括课程专家、企业管理者、骨干教师、用人单位在内的课程开发团队，共同研究制定校本课程开发方案；其次，由包括企业专家与学校教师在内的教师团队开展教学活动，向高职院校师生征求意见反馈给课程开发团队；最后，课程的成效要在实践中得到检验，通过学生的实习活动来检测课程成效，通过意见反馈来改进课程开发建设。

3. 建立校本课程内部评价机制

课程评价是诊断课程开发过程中课程目标是否科学合理、课程实施结果是否符合标准的方式，其目的在于规避课程开发中的可能隐患，确保课程开发活动的稳定实施。为此，高职院校教师和行政管理人员应提高对课程评价的认识，把课程评价看作促进课程开发的重要手段，结合新技术应用型人才培养的特征来明确校本课程开发的方式、方法。同时，也要高度重视课程开发中的过程性评价，课程开发团队应在课程开发之余，深入班级聆听教师授课，并就课程开发问题与授课教师开展深度交流，认真听取他们的意见和建议，根据他们的意见反馈来开展改进工作，并针对实施过程做民主测评。

三、营造良好文化环境

文化具有丰富的内涵，是在某一特定群体的生活中形成的，社会及其成员所特有的物质和精神财富的总和，即特定人群为适应社会环境和物质环境而共有的行为和价值模式。学校文化则是在学校场域中，教师和学生共创、共享的文化类型，包括思想意识、价值观念、行为方式等不同形式。早在1932年，美国学者华勒就在《教育社会学》一书中明确提出了"学校文化"这一概念，认为学校文化就是指学校在长期办学活动中形成的较为稳定的、为广大师生认同的、具有学校特色的文化价值、观念伦理、办学理念、学校精神和学生文化等各种产物的总和。学校文化是一所学校在长期历史发展过程中积淀的、以教师和学生为主体所创造形成的包括价值观念、群体意识、行为准则等构成的价值体系，它是学校潜在的教育资源。学校文化为学校开展教育活动提供了一定的理念支持，为学校的运作提供了观念层面的指导，最终作用在育人活动之中。

（一）高职院校文化环境的内涵

任何生命体的存在都必须依托一定的环境，人也不例外。人创造了环境，环境也塑造了人，人与环境的关系是双向、互动的，在长期的社会历史环境中砥砺前行。生物的生存、生长都离不开相应的自然生态系统，社会领域的发展如政治、经济、科技、文化、道德等也都离不开相应的环境支持。这里所说的环境，不仅指自然环境，也包括社会文化环境。人的发展必须依托特定文化环境的作用才可能实现，因此环境创造了文化，环境也创造了人，也就是说，人的生存方式本就从属于一定的文化环境。人是文化的出发点和最终落脚点，人创造文化的目的也就是人自身的发展，因此"文化"也就是"人化"。"文化环境"这一概念结合了生态学的原理、方法，为认识文化现象开拓了新的思路。文化生态学强调从整体出发，注重环境对于人、文化的决定因素，从文化组成要素之间、文化与文化环境之间、人与文化之间的关系出发，寻求文化环境之内的动态平衡发展。学校文化是社会文化生态系统的子系统，它包括一定的空间（包括物理空间及精神空间）以及特定的人及其产物。高职院校是一个特定的文化环境，它针对高职学生的学习阶段来开展一系列文化活动，注重以文育人、以文化人。随着高职教育改革的持续深化，人们越来越意识到决定高职院校在激烈竞争中生存的因素不再仅仅是办学规模、办学投入、制度建设等，文化因素越来越得到重视，文化强校、文化育人的观念已成为共识。但当前高职院校的文化建设还存在千校一面、缺乏特色的不足，没有形成与本校真实情况相结合、人与文化和谐共生的文化环境。

高职院校文化环境的状况直接决定了师生的生存方式，关系着他们的生命整全发展。如果忽视高职院校文化环境的保护，在无序的教育活动中就会滋生学校文化环境失衡的风险，那么"人"的主体性将会在教育活动中被稀释，这时距离"人"的异化也就不远了。

（二）高职院校文化环境的功能

高职院校文化环境以其自身特征形成了独特的品格，是一个完整的文化生态系统。高职院校文化环境的系统推进，有助于课程教学活动的有序开展，为培养新技术应用型人才提供强大的内在动力及外部条件。高职院校文化环境具有多种功能。

1. 高职院校文化环境是学生成长成才的空间

高职院校文化环境为学生提供了完整、系统全面、多层次的教育环境，通过一系列的课堂教学活动，高职学生可以获得直接或间接的系统性教育，这些在他们的成长过程中能发挥不可估量的影响。同时，也能为学生的品德发展提供隐性帮助，高职学生参与到学校活动中，能在无意识中提高自身各方面的能力，提高道德水平，进而提升综合素质。高职学生可以通过物质文化、精神文化等多方面要素的影响来提高审美水平，培养审美情趣，在学习和生活中发现美、欣赏美、创造美。在这一教化空间中，高职学生的综合能力不断得到提升，逐渐成长为全方面发展的新技术应用型人才。

2. 高职院校文化环境能提高学生群体凝聚力

学校文化环境营造了和谐的校园文化氛围，能激发学生对学校准则的认同，自觉遵守学校的规章制度，形成作为学校一分子的自豪感、归属感和使命感，形成向心力。校风是一所学校的名片，它包括育人意识、道德观念、文明意识等，是被全校师生共同认可与遵循的集体荣誉感。对高职学生来说，校风具有很强的促进、约束和同化作用，能帮助高职学生更快融入学校大家庭之中，与他人建立和谐的人际关系，从而发掘出自己的内在潜能。

3. 高职院校文化环境能促进高职学生创新创造能力的提升

文化的核心本质即为创新，创新是人的主观能动性得以发挥的表现，是人的意识、思维能力、精神创造对客观事物产生影响的综合体现。创新实际就是人们创造新观念、新技术、新知识的探索性活动。创新要求人们突破已有观念、思维的束缚，对传统认识或事物进行批判性继承，开展一系列的创新创造活动。高职院校文化与创新创造教育有着天然的切合，学校文化能充当创新创造教育的教育资源，学校文化环境更是为创新创造教育提供了生存土壤，如此新技术应用型人才的培养才能实现。

（三）高职院校文化环境的内容

一般来说，高职院校文化包括物质、制度和精神三个层面，物质是载体，制度是节点，精神是导向。因此，我们在探讨高职院校文化环境内容时也应从物质文化环境、制度文化环境和精神文化环境这三个层面出发，确保高职院校文化环境的丰富性、层次性。

1. 物质文化环境

从字面意思来理解，高职院校物质文化环境就是指学校内部环境的各种物质设施设备的综合，如图书馆、教学楼、食堂、实验室、体育馆、宿舍等，这些都是物质文化环境的组成部分。从更为精准的角度来看，高职院校内部所有能提供直接知识或间接知识的载体都可以被看作物质文化环境。物质文化环境是高职院校文化环境中最基本、最表层的环境，是学校文化得以生存、发展的物质基础，也是一所高职院校综合实力的最直接体现，人们可以通过物质文化环境对高职院校产生直观的认识。高职院校要把改善物质文化环境作为基础性工作来抓，改善学校的基础设施，为新技术应用型人才的培养保驾护航。

2. 制度文化环境

制度文化是指为了达到文化建设目的而人为制定的与文化发展相关的管理制度，通常以体系化的方式呈现。制度文化是物质文化与精神文化的基础，制度文化环境是物质文化环境与精神文化环境能独立存在的重要前提。高职院校制度文化是在制度的制定与实施过程中生发的思想观念、行为方式之和，它通过高职院校的管理机构来实施与表现。高职院校制度文化环境不仅包括制度本身，也包括制度的产生、实施过程，还包括在显性制度之下的隐性制度及隐藏的价值观念，它是显性制度与隐性制度的有机结合与内在统一。高职院校制度文化有两种文化形态，即显性和隐性，二者的关系正如冰山——在水面上的是显性制度文化，它仅仅占据制度文化的很小一部分，更多的隐性制度文化则以缄默的形式存在，但却是制度文化的绝大部分。显性制度文化常以颁布成文的管理制度呈现，包括人事任免制度、干部选拔制度、财务管理制度、职能部门的分工等。隐性制度文化看不见、摸不着，但广泛分布在高职院校内部，包括学校建校以来的校训、约定俗成的习惯、学校道德规范等。在制度文化环境的建设与维护过程中，既要关注显性制度文化的建设，更要考虑到隐性制度文化的建设，促进两种制度文化的高度统一。

3. 精神文化环境

不同于物质文化和制度文化，高职院校的精神文化更为隐性且难以捉摸。一所高职院校的精神文化集中表现为高职师生群体所展现出的精神气质，这种气质是在长期的共同生活中潜移默化、主动建构而成的，是影响高职师生思维方式和行动选择的文化，更是一所高职院校整体形象的表现。精神文化是一所高职院校中的师生为了实现既定的核心目标而广泛开展实践，在长期的探索中积累而成的文化。在每一阶段，不同主体都能贡献自己的智慧与力量，使学校的精神文化得以不断丰富和发展，并在潜移默化中逐步为师生共同认可、遵循，最终形成一整套价值观念。从宏观意义来看，高职精神文化是一所高职院校思想品格、价值取向、道德规范的总和，是该所高职院校生存和发展的精神支撑。精神文化环境是高职院校在落实办学理念、达成办学目标的实践中不断被创造和发展，在办学活动中沉淀出的特殊的精神产品。高职院校要把精神文化提到高度重视的地位，扭转当前精神不振的局面，让高职院校精神焕然一新，为新技术应用型人才的培养指明方向，提供精神支撑。

第三节　完善政策支持

一、制定有利于新技术人才培养的制度与政策

（一）吸收我国高职教育立法与政策的有益经验

改革开放以来，我国相继出台了系列职业教育促进法律法规和政策文件，为我国高职教育从弱到强的转变奠定了坚实的基础，为培养高素质的职业教育人才做出了巨大贡献。随着新技术应用型人才培养理念的提出，我国在立法和政策出台方面都要有所转变，以适应新背景的需求。结合改革开放以来我国高职教育立

法和政策制定的有益经验，在将来仍要在如下方面继续坚持。

1. 坚持政府在高职教育发展中的重要作用

政府在高职教育发展中的作用是其他任何主体都无法替代的，这是因为高职教育长期没有得到社会认可，人们普遍将高职教育看作普通高等教育之外的教育形式，认为只有那些升学无望的学生才会选择高职教育，高职教育遭受了社会不公正看待。高职教育的发展需要行业企业的大力帮助，校企合作是我国高职教育发展的重要目标和方向，企业的参与程度在很大程度上关系到高职教育学生培养质量。这也意味着，政府应从政策法律层面对企业参与职业教育的过程和目标做出明确规定，让企业积极参与到高职教育之中，为高职人才培养确定方向。因此，自 1996 年颁布实行《职业教育法》以来，我国已基本形成了以政府为主导、企业等多方主体积极参与的高职教育发展模式。《职业教育法》明确了政府要把职业教育纳入国民经济和社会发展规划之中，支持农村职业教育，扶持革命老区、民族地区、边远地区、欠发达地区职业教育的发展，构建覆盖社会全体成员的职业教育体系。21 世纪以来，政府相继出台了系列文件来推动高职教育的发展，建立健全高职教育资助体系，为高职教育的发展提供了有力的政策支持。随着近年来高职教育越来越受到重视，政府在高职教育的顶层设计中发挥了关键作用，为高职教育提供了制度保障和资金支持，致力于培养高素质的高职人才。培养新技术应用型人才，应发挥政府的主导作用，通过政策、法律的宏观层面支持，创造有利的环境。

2. 构建职业教育体系

经过长期发展历程，我国基本形成了职业教育与职业培训相结合、职业教育与社区教育相结合、阶段学习与终身学习相结合的职业教育体系，建成了校企合作、工学结合的高职人才培养体系，并健全了高职教育资助体系。高职教育、中等职业教育办学规模持续扩大，现已基本占据我国教育规模的一半，且中等职业教育与高职教育的衔接关系也有了较大改观，延长了学生接受职业教育的时长，让体系化的育人成为可能。学校职业教育的蓬勃发展，满足了社会对职业教育的需求，让更多的人能通过职业教育获得工作机会，更好地参与到社会公共生活中。随着终身教育理念在高职教育领域的推广，建设学习型社会已成为我国教育事业发展的目标，而职业教育与培训因其受众广、作用时效长在实现这一目标的过程中发挥了重要作用，建立由学校职业教育、社区教育、老年大学、教育培训机构等组成的终身教育体系也符合职业教育体系化发展的趋势。进入 21 世纪以来，《国家中长期教育改革和发展规划纲要（2010—2020 年）》《国务院关于加快发展现代职业教育的决定》等重要文件陆续发布，明确要求在我国建立现代职业教育体系，建成面向全体社会成员、面向终身学习、面向高质量人才目标的职业教育体系。

因此，下一步要重点关注农村劳动力、失业人群、农村困难群体等弱势群体的职业培训，还要关注在职人员的职业培训与再培训，为他们提供工作岗位所需的职业知识和技能培训，保障全体成员都能获得其所需的教育或培训。新技术应用型人才的培养需要在体系化的职业教育中完成，需要高职院校与中职学校、培训机构、社区组织、企业等相关机构之间建立良好的协作关系，协调育人、多方育人。

3. 确立校企合作的高职教育模式

进入 21 世纪以来，政府越来越意识到对高职教育的理解不应局限在学校之内，高职院校应积极与企业之间建立合作伙伴关系，就人才培养展开广泛合作，促进高职学生综合素质的培养。政府通过出台各项政策文件，对行政管理部门的职责做出明确界定，鼓励各部门展开协调联动，鼓励校企合作，牵头建立高职教育校企合作的常态化机制，让行业协会也能参与到高职教育之中，探索校企合作培养高素质人才的模式。在实践层面，教育部 2006 年提出了工学结合的职业教育人才培养模式，为职业教育的人才培养目标、人才培养规格等做出了标杆。自此，各地方院校探索提出了订单式人才培养模式、校厂结合的人才培养模式、工学交替的人才培养模式等，已取得了较多成效。行业企业参与高职教育的积极性越来越高，它们的参与解决了高职教育实训设施、场地不足的难题，也补充了高职教育的实践层面内容。企业的骨干技术人员和管理人员到高职院校担任兼职教师，与高职教师共同开展产品研发，为新技术的研发、推广和应用走出了意义重大的一步。2010 年以来，现代学徒制等学习模式开始流行，为探索校企合作的途径提供了新思路。《国务院办公厅关于深化产教融合的若干意见》（国办发〔2017〕5号）更是为校企合作的深入推进点明了方向，这一文件明确规定了企业在职业教育中应承担的责任和义务，为基于校企合作的高职教育人才培养模式提供了坚实的政策依据。

（二）明确高职教育政策的价值取向

在制定高职教育政策时应坚持一定的价值导向，这样在面临价值选择的冲突时就会有立场，不至于茫然无措。在职业教育政策的价值取向方面，我国长期把职业教育对于经济增长的作用放在首位，而把教育公平放在次要位置。这样，高职教育在培养人才时更多地考虑了人才是否符合社会发展的需要，关注学生能否满足工作岗位所需的各项能力要求，而对其综合素质培养的关注度不够，对学生的多元化发展诉求关注较少，这与我国德智体美劳全面发展的教育方针是不相符合的。这种价值偏差是在职业教育与社会经济形势的互动之中形成的，有着特定的历史渊源。步入 21 世纪以来，针对职业学校日益严重的学科化教学倾向，国家顺势倡导了以就业为导向、以服务为宗旨的职业教育政策理念，指出职业教育要为产业发展服务，要大力推行职业教育改革。在这一政策的价值导向下，高职教育与社会经济的联系更为紧密，教育的经济功能被进一步拔高，而育人功能则在无形之中被忽视。人首先是个体意义上的人，然后才是社会中的人，个体的人性整全是发挥社会贡献的前提条件。高职教育在价值取向上应首先遵循教育的一般规律，而后考虑社会的需要。事实上，高职教育培养的人才不仅要适应社会经济发展的需要，还要为人的整全性发展服务，培养完整的人，这应是高职教育的本真价值取向。新技术应用型人才首先应是教育中的人，然后是职业教育中的人，最后才是社会中的人。

在高职教育政策的制定中，目的和手段的结合一直是被讨论的问题。目的和手段的分离会让高职教育的发展规划与实际开展情况之间产生难以弥合的裂痕，让高职教育的方向走向偏离。例如，20世纪90年代我国决定在中等职业教育阶段实行学费制度，其本意是促进中等职业教育的发展，但在实践中却面临目的与手段分离的困境，结果却使中等职业教育的发展遭遇挫折。在制定高职教育政策时，应充分论证、科学制定，并给予配套的保障措施，让目的能和手段结合起来，让高职教育政策能真正促进新技术应用型人才的培养。

（三）落实高职教育政策的措施

1. 以"人"为中心，坚持高职教育政策制定的价值引导

联合国教科文组织认为，受教育是一项基本的人权，而职业教育和普通教育一样，都是教育体系中的有机组成部分。把职业教育的功能简化为推进社会经济发展，是一种狭隘的观点，这样容易把"人"置于教育之外，使职业学校沦为"见物不见人"的职业训练所，"以职业为中心的教育，不是仅仅属于金钱的性质，就是具有狭隘的实用性质"[①]。我国高职教育政策的制定要始终坚守"人"的主体性，把人作为高职教育的出发点和落脚点，关注学生的教育成就、就业成功、综合素质的发展、终身学习品质的培养。职业教育是广大青年打开通往成功成才大门的重要途径，肩负着培养多样化人才、传承技术技能、促进就业创业的重要职责，职业教育的最终目的是让每个人的人生都有出彩的机会。

2. 根据终身教育的原则来改造高职教育结构

正如行业产业对劳动者技能的要求不断变化一样，高职教育的结构和范围也在不断变化，其不确定性日益增强。针对特定职业开展的教育和培训已然不适应工作岗位对员工知识和技能的新变化，无法与时俱进地培训社会所需的新技术应用型人才。如何应对现代高职教育的变化趋势，让学生得到更为科学合理的指导，成为当前高职教育的关注点。现代职业教育体系是包括中等职业教育和高职教育

---

① 侯小雨，闫志利，2017. 劳动者终身职业培训体系：框架设计与建设策略[J]. 职业技术教育，38（28）：18-24.

在内、学校正式职业教育和校外非正式技能培训在内、职前教育和职后培训在内的教育体系，体现了终身学习的理念。终身学习的理念应融入职业教育体系之中，贯穿个体发展的全过程。在教育层次上，要注重中等职业教育和高职教育的衔接，让学生能更快适应高职阶段的学习，适应新技术应用型人才的培养方式。从教育空间来看，高职院校要与企业、社区、培训机构展开合作，把正式教育和非正式教育结合起来，让新技术应用型人才的培养空间不再局限于学校之内。

3. 重点关注处境不利群体的职业教育和培训

联合国教科文组织在 2016 年发布的文件中提倡职业技术教育与培训是包容的，不容任何形式的歧视，主张把接受职业教育的群体扩展到不同社会群体，保障他们接受职业教育的权利。处境不利群体相较一般群体更需要职业教育，因为他们大多经济状况不佳，他们要想改善经济状况就需要提高自身的可行能力，获得无差别的发展机会，实现人生价值。阿马蒂亚·森（Amartya Sen）的可行能力理论指出，要以自由看待发展，发展的目的就在于增进人们的实质自由，让人们能拥有走向自由发展的可行能力，自由能有效促进人的发展。对高职院校来说，将招生名额向处境不利群体倾斜，为他们设定专项计划，让他们也能有接受高职教育的机会，是落实教育公平的应有之义。同时，高职院校给予处境不利学生一定的资助，让他们在校期间安心学习，能让他们获得平等的发展机会，这不仅能促进他们自由而全面的发展，也能为他们的人生创造更多的可能性，这些学生最终都有可能被培养成新技术应用型人才。

二、完善新技术应用型人才培养相关的法律法规

政府对高职教育的支持、社会对高职教育的认可，都需要落实在制度和保障措施之中，而立法则是确保这些措施能转化为现实的根本保证。自近代职业教育产生以来，职业教育的目标设置、培养模式、组织结构等不断优化调整，始终与当代的社会发展有着密切的联系，可以说是社会需要创造了职业教育，而职业教育也无时无刻不服务于社会发展。随着经济活动对人才素质的要求不断提高，人才规格也在悄然发生转变，尤其是在新技术应用推广的时代背景下，致力于培养新技术应用型人才的职业教育立法就显得更为紧迫而必需。

（一）借鉴国外职业教育立法经验

在近代以来欧美等国的职业教育发展历程中，职业教育立法始终与职业教育的发展密不可分，相关法律法规的制定、实施为确立职业教育在教育体系中的地位、规范职业教育办学活动、促进职业学校规范化办学等方面都起到了重要的推动作用。欧美国家在职业教育立法方面往往注重形成体系化的法律法规，且在长期历史进程中修订、完善，经受了实践的考验。早在工业革命时期，德国就于 1869

年出台了《企业章程》并在 1889 年颁布了《工业法典》，初步建立了图纸职业培训模式，还对培训者应掌握的相关知识和技能做出了规定，与当时的工业化生产需要相结合。英国分别于 1889 年、1890 年出台了《地方税收法》和《技术教育法》，对技术教育制度、职业教育资金来源和职业学校管理模式等方面做出界定。工业革命时期的职业教育立法适应了工业化快速推进背景下社会对中等职业教育的旺盛需求，奠定了职业教育立法的基础。第二次世界大战后，世界各国普遍面临着人才供给不足的难题，为此美国议会相继通过了《国防教育法》、《地区发展法》和《人力资源开发和培训法》等法律，提出要重点培养尖端技术人员，针对失业人数较多的区域开展短期职业培训，帮助失业者找到符合自己预期的工作。这些法律更加注重职业教育与社会经济发展之间的关联性，强调应用能力的培养，将理论学习与实践操作相结合，重点培养高素质的职业技术人才。日本在第二次世界大战后也颁布了一系列的职业教育法律法规，如 1985 年出台的《职业能力开发促进法》，让职业训练范围不再局限于学校之内。《职业能力开发促进法》对企业在职业教育发展中的作用做了阐述，规定了企业承担的职责，与日本经济结构转型的时代背景相契合，满足了日本经济结构转型的现实需要，在一定程度上促进了日本战后经济社会的飞速发展。20 世纪末以来，为满足信息技术和高科技应用产业的快速发展，职业教育的发展也必须从内外部做出调整和改革。美国在 1994 年出台了《2000 年目标：美国教育法》，设置了一系列与之相关的核心课程，推动职业教育深度改革，满足了经济转型的需要。

纵观发达国家职业教育立法的历程可发现，职业教育立法为职业教育的持续发展提供了坚实基础，总结起来存在以下几点特征。首先，职业教育立法为职业教育的健康持续发展创造了条件，职业教育立法与社会发展需要同步进行，为国家社会经济转型提供帮助。其次，各国在职业教育立法的实践中，结合本国的法律传统建立了完善的职业教育法律体系，如英美法系和大陆法系[①]。再次，各国在建立职业教育法律体系的同时，坚持了立法程序、立法内容的严谨性与科学性，确保了各法律条文之间能相互关联，共同组成了法律体系。最后，企业在职业教育发展中的推动作用得到了重视，且以法律条文的形式加以规定。例如，在德国的"双元制"职业教育体系中，企业占主导作用，而学校则起辅助作用。此外，企业的培训行为也得到了相应的规范，制定了一些实施细则。发达国家职业教育立法在长期的职业教育实践中形成且不断与时俱进、自我完善，适应了特定时代对职业教育的期许，能为我国（高等）职业教育立法提供借鉴。

（二）建立健全中国特色的职业教育法律体系

要吸收借鉴发达国家在职业教育立法方面的经验、结合中国国情来转化为中

---

① 孙午生，2019. 职业教育立法比较及其考鉴[J]. 教育文化论坛，11（4）：94-99.

国特色，需要厘清两种立法逻辑，运用一定的艺术手法将其转化为中国话语。在建立职业教育法律法规时，要坚持系统性和确定性两项原则。系统性原则是指职业教育立法要在修订后的《职业教育法》的基础上，把重点放在建立完整的职业教育法律法规上。其中，不仅包括职业教育法律的最基础法律——《职业教育法》，也包括国家层面的专题法、单行法等相关的配套法律法规，以及地方政府出台的相关办法及实施细则。职业教育法律体系应以宪法为根本指导，以《职业教育法》为核心，建立起结构严谨、层级分明、内容翔实的法律体系（图 7.2）。确定性原则是指在这个法律体系之中，各项法律法规应当做到责权分明，表达清晰、无歧义，明确界定中央政府、地方各级政府及社会团体在职业教育中扮演的角色和应承担的职责。对职业教育经费来源、使用情况、预算及结算等内容均要在相关的法律法规中加以明确界定，避免使用含混不清的表述方式。总而言之，职业教育法律法规的制定要清晰明了，为职业教育的发展提供具体明确的法律支持。

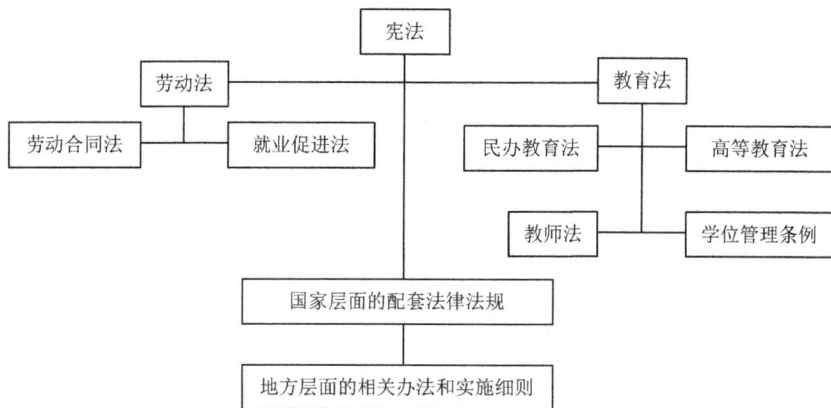

图 7.2　职业教育法律体系

（三）完善职业教育法律体系的措施

在职业教育的完善与社会主义法治建设的背景下，我国职业教育法律体系不断趋于完善，但与社会经济发展趋势相比却还有显著的滞后性。在新时代，面对职业教育发展的新需求，结合发达国家在职业教育立法方面的经验，探索适合我国职业教育发展的法律体系，具有重要意义。

1. 健全职业教育法律体系

世界主流的职业教育法律体系主要有德国法和美国法两种形式，它们都是由基本法及一系列单行法组成的。我国可以参考这些法律条例，紧跟世界潮流，根据职业教育发展的需求来制定相应的实施条例和细则，逐步完善法律体系。这需要从两个方面来完善。一方面，要加强水平层面的法律契合度。从内部来看，目前我国法律条文之间没有很好地衔接起来，不成体系，如《中华人民共和国义务教育法》、《中华人民共和国高等教育法》和《职业教育法》之间的衔接不充分，对一些情况没有涉及，因此无法很好地为职业教育及培训活动提供指导。健全职业教育法律体系，既要做到《职业教育法》和其他法律之间的衔接，也要注重职业教育法律和教育法律体系之外的法的连接。另一方面，加强垂直层面的法律契合度。不仅中央政府没有出台相关的职业教育行政法规，而且地方政府制定的职业教育法规较为零散，没有很好地结合起来。因此，在制定职业教育法律法规时，立法机构要协调中央政府和地方政府的现有法律法规，注重修订和增加法律条例，最终形成以《职业教育法》为主、以相关法律法规为辅的职业教育法律体系。完整、有序、结构合理的职业教育法律法规能为职业教育的发展奠定坚实的基础，也有利于新技术应用型人才的培养。

2. 完善职业教育立法的内容

进一步明确各部门承担的职业教育职责，借助法律建立起职业教育管理体制，制定职业教育标准体系及执行的准则，规范职业教育发展方式。通过立法手段把职业与行业整合在一起，明确特定行业所需的职业技能，并选择部分符合条件的企业试行"双元制"。移植"双元制"的关键在于将德国经验与我国职业教育培养方式结合起来，探索具有中国特色的职业教育法律法规。在法律内容上，要明确相关主体的职责，坚持权利和义务的平等，建立职业教育管理体制。对学生接受职业教育、教师奖罚机制、学校管理方式、经费使用情况等内容做出明确规定，明确惩罚措施，建立起职业教育标准体系和执行办法。此外，还要明确各主体的责任，在问责时能精准追究。在立法时应对职业教育法律法规的责任做出专门规定，明确法律责任的适应情况，防止各法律责任主体借助法律手段有组织地不负责任。

3. 职业教育立法的法制化

目前我国职业教育在立法时存在部门立法的情况，没能充分关注到职业教育发展的公共利益。为避免陷入偏狭的境地，立法机关要理性、依法制定职业教育法律法规，通过法律法规来构建交流平台，行政管理人员、立法专家、民众代表可以通过这个平台来交流、对话，就法律制定和执行的一些问题展开协商。在听取和汇集多方面意见、建议的基础上，强化职业教育立法的程序合理性，增强职业教育法律的权威，赢得社会公众的拥护。这正如哈贝马斯所说的那样，"当处于后形而上学世界观的环境中，法律若是想要具有合法性，必须要经过特定过程，即那些处于权利平等社会的公民进行商谈，形成共同的意见和意志，最后产生法律"①。

---

① 哈贝马斯，2003. 在事实与规范之间：关于法律和民主法治国的商谈理论[M]. 童世骏，译. 北京：生活·读书·新知三联书店.

第四节　搭建外部支持系统

高职院校新技术应用型人才培养目标的实现，同样离不开高职院校外部支持系统的作用。有利的舆论环境、社会资源的注入、多方面的合作能构建外部支撑，无形之中影响高职院校人才培养结果。

一、营造有利于新技术应用型人才培养的舆论环境

（一）舆论环境作用于高职院校新技术应用型人才培养的机制

随着信息技术的应用推广，我国的互联网普及率大大提升，网络走进了人们的生活，已经成为人们生活方式的一部分。人们借助互联网这一信息交流平台来发表意见，表达自己对社会公共事务的看法，互联网已经成为社会真实意见的表达平台。借助网络手段，不同利益群体能够发出自己的声音，维护自己的合法权益，尤其是弱势群体能够拥有平等表达意见、维护自身基本权益的发声平台，不同利益群体的利益诉求都可以被表达和释放，在互联网平台得到协调。我国已经进入"大众麦克风时代"，这为我们重新审视互联网对舆论环境的作用提供了新的思路。

1. 舆论实质是一种普遍存在的社会监督工具

在传播学看来，舆论是一种有目的的社会控制手段，它背后有着一套价值观念和权力运作机制。舆论实质是一种普遍存在的社会监督工具，每个社会成员都能感受到不同程度的精神力量约束，这种约束已经在长期的社会化学习和生活中被认可、内化和遵守，成为社会成员无形之中的准则，在做出行为选择时不自觉地成为价值的指引。一方面，人们在舆论的约束作用下形成了一定的观念和行为秩序，这种集体意识构成了社会公共领域的准则。舆论让传统和现代、过去和现在、个体和社会、文化和心理、制度和观念等多方面都交织、融合在社会的运作过程之中，构成了社会的组成部分。另一方面，舆论也是部分社会成员的价值观念的集合，它属于特定社会群体。作为一种思想观念和意识形态，舆论有时候不一定与社会发展趋势完全适应，当舆论落后于社会发展水平时，就会演变为保守势力，阻碍社会的进步。在较为封闭、内部流动较少、交往范围较窄的社会中，舆论往往会停滞不前，走向社会前进、发展的相反方向。如果没有一股强大的外部因素注入并做出干预，社会舆论将持续维持在低水平、低层次，很难有根本性的转变。在"互联网+"时代，舆论对人和社会的影响及作用是无处不在的。作为社会公众对政治、经济、文化等活动的意见表达和利益诉求，社会舆论已经成为社会公共事务的重要影响因素，政府在制定公共政策时也往往将舆论作为参考因

素之一。社会舆论虽然没有强制性的约束作用，但它的影响却是春风化雨、润物无声的，对于个体世界观、人生观、价值观的形成和行为选择都有一定的监督和制约作用。大众传媒被称作"政府的第四部门"，在当下的社会公共领域发挥着重要作用，也扮演了越来越重要的角色。政府是人们利益的代表者，因其立法、司法、行政等权力而拥有强制性的权力，这种强制性的权力是有形的。大众媒体代表了社会公众的参与，它们的使命在于传达社会公众的声音。相较于政府权力而言，大众媒体是一种新兴的、无形的社会力量，它无所不在却又极为重要，在潜移默化之中影响广大民众的生活方式，以其独特的传播方式渗透在社会公共生活的每一处，对社会公众的思想观念、行为方式都有着约束作用。

2. 社会舆论渗透在高职院校新技术应用型人才培养的全过程

对高职院校来说，社会舆论在很大程度上决定着高职院校新技术应用型人才培养目标的确定、培养方案的制定、培养方式的选择等。社会舆论看似在高职院校之外，但却无时不在、无处不在地渗透在高职院校新技术应用型人才培养的全过程。社会舆论环境决定着高职院校在新技术应用型人才培养过程中的价值观念和行为方式，而社会舆论环境的好坏也在一定程度上影响着人才培养的最终结果，对人才规格有着潜在影响。若能正确地引导高职教育舆论的方向，创造有利于高职教育改革创新的舆论环境，必能有利于高职人才的培养，并能促进新技术应用型人才培养目标的达成。

（二）创造有利舆论环境的措施

舆论环境对高职教育的作用是潜移默化的，体现在人才培养的全过程，通过对相关要素的影响而作用于培养结果。这种影响体现在多方面，包括观念、政策、利益主体、政府与高职院校的关系等，因此，创造舆论环境的着力点也应放在这些方面。

1. 通过社会舆论引导教育政策中的价值导向

正如学者戴维·伊斯顿（David Easton）所说的那样，公共政策为社会整体作具有权威性的价值裁定及分配[1]。这一界定指出了政策含有价值分配的作用，此处所指的"价值"不但囊括了物品、资金和设施设备等实在的物质层面，也包含知识、权力和社会声誉等内容，价值不仅是显性的，也是隐性的。高职教育政策体现为条目繁复的文件，但它是政策主体——政府的价值外化，体现了政府对高职教育的价值引导作用。一项高职教育政策的出台可以体现政府对高职教育中某项问题的价值选择和价值判断，政府决定着高职院校要采取什么行为，同时也决定

---

① EASTON D, 1953. The political system, an inquiry into the state of political science[M]. New York: Knopf.

着高职院校不能采取某些行为，这背后的导向因素就是高职教育政策的价值导向，它通常以政策文本的形式出现。高职教育政策文本体现了政府公共权力的立场，是政府价值观念、价值评判标准的外化，是开展高职教育活动的依据。价值是一种主体与客体关系的表现，高职教育政策的价值体现了政策的客体和政策制定者、执行者及其他职业教育政策利益相关者在实践基础上形成的某种效用关系。当人们需要对高职教育政策做出评判时，就需要一定的价值立场，也就是根据主体的定位来确定价值来源、价值取向，进而做出价值选择。所谓教育政策的价值选择，就是教育政策的制定者——政府从其自身立场出发，在一定价值判断基础上做出的集体选择①。就目前来看，高职教育政策中存在工具理性和价值理性两种截然不同的价值取向。高职教育政策的工具理性要求高职教育人才培养的目的要与社会需要之间紧密结合，高职人才培养的首要目的是满足社会对技术型应用人才的需要。这实质是把教育的社会功能提高到所有功能之上，把教育服务与社会经济发展的价值提高到其他价值之上，忽视了教育的本体性价值。教育是有目的、有计划地培养人的活动，人是教育的出发点，也是教育的重点，没有人的教育就不成教育。不同于其他活动，教育有其自身的规律，教育本身就有着自己的本体价值——培养人，这是教育不受外界影响的价值。因此，高职教育应把培养人看作根本的价值取向，坚守高职教育的价值理性。两种价值取向同时存在于教育政策的制定、执行、判断过程中，二者的交织、碰撞也为人们思考高职教育政策助推高职教育发展的措施提供了条件。在实际情况中，应充分注重高职教育政策的价值理性和工具理性矛盾，注重在两种价值取向之间寻找平衡。

2. 通过社会舆论影响不同利益主体的诉求

高职院校新技术应用型人才的培养涉及不同利益主体，在不同利益主体的共同作用下，人才培养目标、手段逐步走向优化，并向理想目标迫近。从微观到宏观的利益相关者分别包括社会、政府、行业企业、高职院校和个人，他们在社会舆论的影响下形成了对高职院校新技术应用型人才的期许，并体现在校企合作共同育人的教育、培训活动之中。社会对高职院校新技术应用型人才的期望是服务于社会经济发展，促进社会和谐发展，促进社会经济转型的实现。政府代表了公共意志，提出新技术应用型人才的目标是顺应时代发展趋势，让新技术应用型人才与工匠精神相融合，实现我国从制造大国向创造大国的转型。行业企业要求高职院校培养更多适应行业产业未来发展趋势的应用型、创造型人才，能为行业企业的转型发展提供人力保障。高职院校希望通过新技术应用型人才的培养来实现自身的内涵式发展，在激烈的竞争中抢占先机，让学校自身能获得更广阔的发展前景。作为教育客体的高职学生，他们的价值诉求在于能提高自身的综合素养，

① 刘复兴，2003. 教育政策的价值分析[M]. 北京：教育科学出版社.

毕业后能找到适合自己的工作。不同利益主体的诉求结合在了高职院校新技术应用型人才的培养环节，这种关系是在社会舆论的影响下形成的，而社会舆论也需要对不同利益主体的价值诉求进行协调，让他们能形成一致意见，在平等协商之中更好地促进新技术应用型人才培养目标的实现。

3. 通过社会舆论重塑高职院校与政府之间的互动关系

舆论一般体现为在一定时期内社会公众形成的较为一致的观点和看法。在互联网基本普及的时代背景下，舆论往往能汇集成一股强大的力量，其规模、强度、效果都在短时间内得到扩大，甚至可能因其部分群体的极端行为而干扰社会正常秩序的运行，助长人们的恐慌与不安。社会舆论的强制性作用是无形之中的，它虽然没有通过法律条文来得到强制力量，却能通过影响政府的决策行为来重新塑造政府与高职院校之间的关系。政府只有重视社会舆论作用的力量，将高职教育政策看作促进高职教育事业发展的方式，才能让高职院校新技术应用型人才培养的目标得以顺利实现。社会舆论软环境构建了高职教育政策执行的土壤，政府在其中的作用无可替代。如果主动构建好社会舆论和高职教育政策之间的关系，社会公众的关注和参与就能为高职教育的持续发展提供源源不断的动力；反之，就可能阻碍高职教育的发展和政策的执行。随着改革开放和社会改革的深入，社会结构的转型已经让广大社会民众有机会、有能力参与到公共事务之中，他们的主体意识、权利意识大大增强，对政府和政策的关注也更多，也开始对政府出台、执行政策持审慎和质疑态度。政府和高职院校之间不再是"命令—被命令"关系，政府只有注重高职教育政策舆论环境的构建及引导，提高政府执政能力建设，才能为高职院校的发展创造有利的环境，防范高职教育政策执行中的偏差及可能的危机。

二、吸纳多方社会资源的投入

（一）优化高职教育资源投入结构的原则

我国高职教育资源投入结构单一化严重，就其来源来看，包括财政拨款、学费收入、银行贷款、捐赠收入、校办企业、企业/社会团体/个人的收入等途径，但政府财政拨款是主要来源，其他教育资源来源的作用较小，且不同教育资源渠道的稳定性、风险性和拓展性不一样，见表 7.2。

表 7.2　我国高职院校主要融资渠道比较分析

融资渠道	稳定性	风险性	拓展性
财政拨款	高	零	低
学费收入	高	零	低

续表

融资渠道	稳定性	风险性	拓展性
银行贷款	中	高	中
捐赠收入	低	零	高
校办企业	低	高	高
企业/社会团体/个人的投入	中	零	高

从高职教育资源投入结构来看，促进多主体共同参与并发挥其作用，是一种势不可当的趋势。在这一过程中，应坚持如下原则。

1. 坚持需求与能力相结合

高职院校通过提高教育质量、提高学生综合素质来提高服务社会的能力，从而满足社会发展需求。优化高职教育资源投入结构，应将社会需求和服务能力相结合。2016年，国务院教育督导委员会办公室印发《高等职业院校适应社会需求能力评估暂行办法》，要求高职院校开展适应社会需求能力的评估，将社会需求和高职院校培养学生能力相结合[①]。高职院校借助评估活动向社会展示其办学情况，以评促教、以评促管，增强学校办学活力，提高新技术应用型人才培养的能力，更好地服务地方经济社会发展。相应地，政府、企业及相关主体应结合社会需求和社会适应能力来对高职院校办学工作进行评估，把评估结果作为下一年度的经费拨款的参考标准。

2. 坚持公平和效率相结合

高职院校教育资源投入要考虑多方面、多层次的公平，包括区域公平、校际公平、校内公平等。各区域、高职院校之间的差异性决定了高职院校接受教育资源的能力和渠道都有较大的差异，因此，在高职教育财政投入的支持力度和额度方面，要对区域、校际、专业等因素做综合考量，确保高职教育经费投入的公平性及学生平等接受教育的权利，适当给予部分高职院校补偿，让教育公平落在实处。同时，也要充分考虑效率。在制定教育经费投入的政策与具体措施时，要把高职毕业生就业质量与教师综合能力提升、办学规模、社会满意度、学校社会影响力等因素结合起来，让高职教育经费能促进学校的综合发展。

3. 坚持规模和结构兼顾

2015年教育部出台的《高等职业教育创新发展行动计划（2015—2018年）》

---

① 中华人民共和国教育部，2016. 国务院教育督导委员会办公室关于印发《高等职业院校适应社会需求能力评估暂行办法》的通知[EB/OL].（2016-03-14）[2023-11-13]. http://www.moe.gov.cn/srcsite/A11/moe_764/201603/t20160323_234947.html?gs_ws=weixin_635943486825283843&from=singlemessage&isappinstalled=1.

明确指出建立高职教育多渠道筹资机制，提高经费保障水平，建立完善以改革和绩效为导向的专科高等职业院校生均拨款制度。因此，在制定高职教育生均拨款制度时不应单单以规模为唯一的标准，而应结合人才培养质量、高职院校内涵式发展的因素，在扩大高职院校办学规模的基础上将专业发展能力和人才培养结合起来，通过提高高职院校人才培养质量、服务社会能力、产出效益等来获得财政拨款。在确定高职院校拨款情况时，政府应将结构与规模相结合，不但要促进办学规模的扩大，也要促进办学结构的优化，让教育经费能更直接地作用于新技术应用型人才的培养活动之中。

4. 坚持政府和社会共同参与

在现有的高职教育资源投入结构中，政府扮演着主导作用，通过落实法律责任来引导高职教育资源投入结构的优化调整。高等教育法规定了社会、企业和个人捐赠等社会资本的介入是高职教育资源投入结构中的重要成分，与政府财政支出相辅相成。要改变高职教育资源投入结构单一化的局面，多渠道筹集教育经费，应高度重视社会资本的作用，促进多元主体的参与热情。这样，不仅能为高职教育办学规模的扩大提供保障，也能为提升新技术应用型人才的培养质量提供坚实的经济基础。

（二）构建灵活的教育资源调控机制

根据世界各主要国家高等教育经费投入结构的考察可知，当前全球存在多种教育经费投入模式，如以政府举办、个人投资为主。有国家和私人共同投入的，也有政府、企业、社会、团体、个人共同投资完成的。不同的投资主体相应决定了管理模式的制定[①]。高职院校新技术应用型人才的培养所需教育资源需要多方提供，仅仅由政府财政支出提供是远远不足的，需要建立以政府为主导、多方主体共同参与的教育资源投入机制，在加大政府对高职院校财政支持力度的同时，也鼓励和引导社会、企业、个人积极投入到高职教育之中，拓宽高职教育的资金来源，助推新技术应用型人才的培养。

1. 发挥政府在高职教育资源调控中的主导作用

首先，应明确中央政府、省级政府和市级政府在高职教育经费投入中的职责。国际经验表明，国家不论是通过教育投资还是教育政策的方式给高职教育经费投入的支持，都能对高职院校的发展提供重要的推动作用。目前我国高职教育的举办者大多是省级政府，少部分是市级政府，地方政府在高职教育过程中的作用越来越突出，但仅仅依靠省级、市级政府的作用是远远不够的，中央政府也应承担

---

① 郎益夫，2007. 中国高等教育投资模式研究[M]. 哈尔滨：哈尔滨工程大学出版社.

相应的高职教育经费投入责任。通过立法手段确保各级政府对高职教育经费投入的责任，中央政府、省级政府、市级政府应承担何种责任要与财政状况相结合，合理划分责任。从发达国家的办学经验来看，中央政府应被纳入高职教育经费投入的主体之中，按照一定比例来承担经费投入的责任。

其次，政府要大力鼓励行业企业参与到高职教育资源投入之中，可以通过设施设备投入、场地支持、资金注入等形式参与，确保行业企业参与高职教育资源投入的稳定性和持续性。

再次，政府要加强对高职教育资源使用的监督、管理和指导，防止教育资源的滥用和浪费，以免造成不必要的损失。政府要牵头成立高职教育资源监管和指导委员会，委员会成员可包括政府部门负责人、行业企业代表、经济专家、高职院校负责人等。委员会可以提意见，参与到监督监管过程中，对高职教育资源的使用状况做监督和指导，确保资源使用的公正、公开、有效，从而提高高职教育资源的使用效率，提高多方主体的参与热情，让高职教育资源能真正有效地作用在高职院校新技术应用型人才的培养之中。

最后，政府可以对行业企业相关骨干人员开展多种培训，提高他们参与经费投入、使用、监管等过程的积极性。

2. 鼓励多主体承担高职教育资源投入责任

已有研究表明，我国高职教育资源投入结构已从单一的国家财政投入逐步向国家、社会、学校和个人等多主体参与的多元资源投入结构转变。一般来说，高职教育资源根据其来源包括财政、银行、学校和社会捐赠等，仅仅依靠政府的力量是远远不够的，需要对高职教育资源的来源进行分摊，多渠道投入到高职院校新技术应用型人才的培养之中。发达国家经验表明，中央政府和地方政府按比例投入教育经费，构成了高职教育资源的主要来源，而学生学费、科研产出、投资基金、社会捐赠等也是不可忽视的资源来源。目前，我国高等教育经费中近70%源自政府拨款，远超过发达国家的比例，表明我国高职教育资源来源单一。因此，要发挥政府在高职教育资源投入中的主导作用，建立政府、行业、主管部门之间沟通协调的制度，对各类主体之间的责、权、利关系做出明确规定，有效调动各类主体参与到高职教育资源投入中的积极性和主动性。提高政府在高职教育资源投入中的积极性。企业应结合自身发展状况的特殊性来制订培训计划，校企合作建立实训基地，为在校生提供实践教学平台，为高职院校新技术应用型人才的培养提供场地、师资、经费支持。鼓励社会组织和个人积极投资高职教育，以社会捐赠、企业投入和个人投入等方式参与到高职院校办学活动之中。大力拓宽社会及个人捐赠的方式，通过出台法律法规等方式完善社会及个人对高等教育的捐赠规定，让社会和个人能明确捐赠资金的使用状况，放心捐赠。争取社会团体、个人的多方面捐赠，确保捐赠资金能公平、公正、有效使用。此外，也要积极动员银行向高职院校提供学校建设所需的资金贷款，缓解学校在大力发展中的后顾之忧。通过多渠道、多主体共同筹措资金，不但能缓解政府财政支出的压力，也能鼓励社会成员对高职教育的关注和参与，扭转高职教育发展的传统观念，为高职院校新技术应用型人才的培养提供坚实的资金保障，解决后顾之忧。

3. 高职院校应多方筹措资金

高职院校与行业产业之间有较强的联系，能通过人才的科技创新及应用把科研成果转化为经济效益，成为高职教育资源的一大渠道。2016 年国家科技大会上获得科技进步奖的大部分成果来自高校，其中高职院校又占了很大的比重，足以表明高职院校技术应用的潜能无限。高职院校打开思路，通过科技开发、校办企业、行业投资、提供服务等方式来拓宽教育经费的来源，不仅能充实教育资源，也能让学校与社会的关系更为密切，为社会服务的同时也壮大自己。同时，高职院校也可通过开办人才培训班、科技成果转让等方式与地方企业展开深度合作，将科技成果应用于行业企业发展之中，获得一定的经济收入。校友捐赠也是高职院校办学经费的来源之一，高职院校要成立委员会对校友捐赠进行管理、监督，让校友捐赠落到实处，真正成为学校教育资源的一部分。高职院校发挥自主性，拓宽教育资源来源，能补充教育资源的缺口，改善教育资源投入的结构，为新技术应用型人才培养保驾护航。

三、促成学校、社会、家庭的协同合作

《国家职业教育改革实施方案》（国发〔2019〕4 号）提出，"深化产教融合、校企合作，育训结合，健全多元化办学格局，推动企业深度参与协同育人，扶持鼓励企业和社会力量参与举办各类职业教育"。2022 年修订的《职业教育法》再次强调了产教融合、校企协同育人的重要性，提出"国家鼓励发展多种层次和形式的职业教育，推进多元办学，支持社会力量广泛、平等参与职业教育。国家发挥企业的重要办学主体作用，推动企业深度参与职业教育，鼓励企业举办高质量职业教育"。2022 年 12 月，中共中央办公厅、国务院办公厅印发《关于深化现代职业教育体系建设改革的意见》提出"打造市域产教联合体"，"成立政府、企业、学校、科研机构等多方参与的理事会，实行实体化运作，集聚资金、技术、人才、政策等要素，有效推动各类主体深度参与职业学校专业规划、人才培养规格确定、课程开发、师资队伍建设，共商培养方案、共组教学团队、共建教学资源，共同实施学业考核评价"，进一步明确了校企协同育人的运行载体。

（一）高职院校协同育人的主要模式

在高职教育的发展历程中，整合多方力量作用在人才培养之中，已成为人们广泛接受的共识。在当前新时代高职教育大发展的时期，经由多元化的人才培养

主体开展协同合作育人，创新人才培养的方式，已逐步成为高职院校达成新技术应用型人才培养的目标、实现高职教育改革创新的时代要求和必然抉择。目前国内高职院校在办学过程中形成了几种协同育人模式，能为新技术应用型人才的协同合作育人活动提供一定的借鉴。

1. 工学交替式，即半工半读式

工学交替式培养方式是学校和企业一同探讨制订人才培养计划和方案，注重"学"与"用"相结合。一个完整的培养过程可划分为几个阶段，对应人才培养的几大关键能力，在人才培养的过程中注重把校内学习和工作实践相结合，内容上则注重理论知识和实践经验相辅相成。在这种培养模式中，企业与学校分别承担了部分教学实践活动，因此对企业和学校教师的综合素质要求较高。企业和高职院校都要对人员的组织、协调、调动做出相应的变化，同时也需要有严密的管理和保障机制。

2. 定岗实习式，即"2+1"结合式

高职院校在深度开展教育教学改革的过程中形成了"2+1"结合式培养模式。这种培养模式可分为两个阶段：学生前两年在学校接受基本知识的学习，打牢知识结构；最后一年在企业参与实习。在这种培养模式中，企业和高职院校可以充分发挥自己的优势，实现强强合作。但是，实习过程中的学生管理工作的难度较大，这对高职院校来说是一个不小的挑战。此外，企业的经营管理状况也对人才培养的质量起着直接的影响作用。

3. 订单培养式

订单培养式的培养模式是指高职院校和用人单位根据自身需要达成共识，双方签订培养协议，协商制订人才培养计划，并制订教学计划。这样能发挥学校和企业的资源优势，让学生能及早为进入工作岗位做准备，毕业后学生直接到相关岗位工作。招生和就业同步，教学和劳动同步，学生能更快度过岗位适应期，一定程度上能减少企业的用人成本。

4. 项目驱动式

高职院校和企业根据具体项目展开合作，共同培养人才，这就是项目驱动式人才培养模式。高职院校和企业合作的基础是项目，而项目的具体内容则要求双方协商后制定，专业定位、培养方案、教学计划等都要根据项目运营的情况来确定。这样的人才培养模式针对性较强，在实际开展的过程中也更为顺畅，是较为可靠的培养模式。但同时，如何寻找同时适应企业和高职院校的项目、项目能否顺利开展，对企业和高职院校而言都是不小的难题。

5. 产学研结合式

20 世纪 80 年代，我国在结合德国"双元制"职业教育模式基础上形成了产学研结合式的人才培养模式。企业和高职院校在人才培养过程中各自有不同的任务，高职院校侧重理论知识教学，而企业则侧重技能培训和实践操作，二者相互补充、相互协作，能对培养计划和培养方法做灵活处理，有很强的适应能力。但同时也存在企业和高职院校合作关系不稳定、相关管理制度和保障机制不健全、产学研成效不显著等问题。

6. 现代学徒制

现代学徒制适应现代职业教育规模快速扩张的背景，已得到了广泛应用。在高职院校和企业深度合作的前提下，学校教师和企业骨干技师合作开展教学活动，侧重于实践技能的传输。《教育部关于开展现代学徒制试点工作的意见》（教职成〔2014〕9 号）提出要推行建设现代学徒制试点单位。现代学徒制的推广和实施能有效促进行业企业参与到高职院校人才培养的过程之中，让专业设置与产业需求之间更好地结合，提高人才培养的质量。

（二）高职院校协同育人的策略

协同育人理念体现在高职院校新技术应用型人才的培养过程中，是高职院校新技术应用型人才"产学研创"概念体系中的核心概念之一。政府发挥高职院校新技术应用型人才培养的主导作用，学校、企业、行业、中介机构、科研机构之间形成协同创新的关系，这样可以达到两方面的目的：一是培养、使用人才；二是研发新技术、创造新知识。两方面的目的互相结合、互相成就。在高职院校新技术应用型人才培养过程中，如何体现"协同育人"机制的作用，如何形成多元主体的合力，成为更为重要的命题。

高职院校新技术应用型人才的培养是系统工程，多元主体的共同参与、协同创新，能实现"1+1>2"效应，产生非线性整体效果。在高职院校新技术应用型人才培养过程中，应从主体要素、制度要素、文化要素三方面开展，注重各要素之间的协同作用。

1. 发挥主体要素的作用，让高职院校、企业、行业、政府部门、研究机构和社会机构等都能各尽其力

高职教育多主体之间的协同育人是指高职院校和行业协会、相关企业、家庭之间相互合作，共同参与到专业建设、培养方案制订及具体的教学活动之中，多方主体在生产、教学和科研等活动中开展深度合作，充分整合社会资源，让高职院校培养的学生能符合社会需要，最终实现社会、行业、企业、学校、学生、家

长之间的互利共赢。企业需要符合自身发展所需岗位的专业技术人才，因此希望学校培养的人才能符合新技术应用的关键能力；行业整合了该领域内多家企业的诉求，希望学校的专业设置和课程规划能为行业的整体性改革提供人力支持；高职院校希望通过新技术应用型人才的理念走上跨越式发展，在学校评估中脱颖而出；学生希望在校期间多了解行业企业对人才的要求，提高实践技能、增长见识；社会和政府行政部门能引导和协调各主体，实现多元主体利益的共识。因而，"协同"是育人的基础，只有多方主体的协同合作才能让新技术应用型人才从理念变成现实。"育人"是供应的前提，只有参与培养过程的多元主体达成共识，协同育人的机制才能长期有效地执行，真正为新技术应用型人才的教育改革做出贡献。

2. 发挥制度要素的作用，丰富影响协同育人的政策文本、相关法律法规

高职院校新技术应用型人才的"产学研创"协同育人的不同主体之间既有利益共同点，也有不同点，但围绕新技术应用型人才的培养目标能达成共识。不同主体间的协同不会自发形成，需要建立一定的契约关系，确保有强制性的保障。在这一过程中，政府部门处于主导地位，应颁布相关法规，从而促进校企合作、促进科技成果转化为经济效应、促进实践教学平台建设。除法规外，还要创设良好的舆论环境，让不同主体有较好的协同育人平台。协同育人有两个层面，既包括高职院校和企业、行业、政府部门、研究机构、社会组织等不同主体间的外部协同育人，也包括学校内部的协同育人，即各专业、院所之间实现教学资源共享，促进校内教学资源的流动、共享。

3. 发挥文化要素的作用

根据协同育人主体的层次不同，可以把协同育人文化划分为校园文化、企业文化、行业文化、社会文化等不同文化类型。从协同内容来划分，协同育人文化可分为物质文化、制度文化和精神文化等。高职院校新技术应用型人才的协同育人并非多种要素的简单相加，而是对不同要素的整合、共融，而让多种要素能走向融合的根本动力在于文化的力量。相比于主体要素和制度要素，文化要素虽然看似无形，但却是根本性的、决定性的力量。文化要素深藏在主体要素和制度要素之中，对各主体的行为有潜移默化的影响作用，它是无形的驱动力量和深层次的影响要素。如果不同的协同育人主体能自觉生发出崇高的使命感和高度的社会责任感，把这种精神指引力量融合在教育过程之中，就能逐步形成高职院校新技术应用型人才培养理念的共识，最终让高职院校新技术应用型人才培养事半功倍。

结　　语

近年来，新技术应用型人才培养在我国受到了越来越多的关注，虽然新技术应用型人才培养的实践和理论研究取得了一定的突破，但对于职业院校新技术应用型人才培养的研究方面系统性还不够，现有的研究多是针对某一院校或某一专业开展的，对职业院校新技术应用型人才培养的指导意义有待加强。本书采用定量研究与个案研究相结合的方式，既重视从整体上把握高职院校新技术应用型人才体系建设的现状，又深入一所高职院校开展调查，了解当前高职院校培养新技术应用型人才的具体实践经验。本书力求通过定量调查对高职院校新技术应用型人才培养的总体水平进行探讨，同时结合个案研究深入推进、逐步挖掘，以更全面、深入地呈现学生、教师及管理者、企业等视角下的新技术应用型人才培养特征及具体路径，提出构建高职院校新技术应用型人才培养体系的基本思路，以期对高职院校新技术应用型人才培养的探索有一定的创新价值与实践意义。

首先，通过"产业跟随"建立新技术应用型人才培养联动机制，推动校企互通，实现产学结合。高职院校需要分析企业主导下职业教育的专业发展与人才定位，真正体现"产学结合"，着眼于新技术革新的产业转型与发展，使企业的新技术产品深入学校课程与创新实践，让企业全方位参与、指导学校的专业建设和课程规划。

其次，通过新技术应用型人才培养创新孵化平台建设，促进"产业互助"，实现"产学研"结合，将"研"融入课程，以企业研发需求为主导，将技术实践与产业发展相结合，把求新、求变作为高职院校专业课程改革的思路和方向。在实践平台建设上，应以新技术应用为导向，打造智能化、信息化、数字化项目，为企业、行业提供全过程孵化服务。

最后，通过树立新技术应用型人才培养引领创新创业目标，实现"产业领跑"，凸显"产学研创"优势。作为产教融合的第三阶段，"产学研创"需要高职院校发展方向与区域特色、支柱产业的转型需求深度对接，将学以致用、用以创新的理念贯穿专业建设和人才培养方案改革始终，整合优势技术资源，利用创新人才培养及输出彻底实现从"产业跟随"向"产业领跑"转变。

本书虽然比较系统地阐述了产教双创双融合驱动高职院校新技术应用型人才培养的理论，但受作者研究水平以及资料缺乏的限制，在许多内容上尚不完善，还有待进一步深入地研究。

参 考 文 献

阿兰·柯林斯，理查德·哈尔弗森，2013．技术时代重新思考教育：数字革命与美国的学校教育[M]．陈家刚，程佳铭，译．上海：华东师范大学出版社．

陈昌曙，2012．技术哲学引论[M]．北京：科学出版社．

陈凡，张明国，2002．解析技术："技术—社会—文化"的互动[M]．福州：福建人民出版社．

陈俊，2013．技术与自由：马尔库塞技术哲学思想研究[M]．北京：中国社会科学出版社．

成有信，1982．论教育和生产劳动相结合的实质[J]．中国社会科学（1）：163-176．

杜威，1981．杜威教育论著选[M]．赵祥麟，王承绪，译．上海：华东师范大学出版社．

冯平，2009．先验主义路向（上、下）[M]．北京：北京师范大学出版社．

姜大源，2002．职业学校专业设置的理论 策略与方法[M]．北京：高等教育出版社．

姜义林，2010．高职教育课程开发理论与实践[M]．北京：高等教育出版社．

克鲁普斯卡雅，2006．克鲁普斯卡雅教育文选：下卷[M]．卫道治，译．北京：人民教育出版社．

列宁，1959．列宁全集：第三十六卷[M]．北京：人民出版社．

刘海明，2018．新经济背景下创新创业能力的评价与提升：以高职院校为例[J]．生产力研究（4）：127-131．

刘海明，2019．实施双创战略促进区域科技进步：以温州众创空间的发展为例[J]．科技管理研究（8）：55-60．

刘海明，2020．产教深度融合：高职院校推进区域产业转型升级的战略选择[J]．高等工程教育研究（6）：129-135．

刘海明，2021．高职学生参加产业学院意愿及影响因素分析：基于学生视角的实证研究[J]．教育发展研究（19）：77-84．

刘海明，2021．高职院校新技术应用型创新创业生态系统构建研究[J]．科技管理研究（1）：29-36．

刘海明，谢志远，刘燕楠，2018．高职教育人才转型的战略思考：推进产教融合，服务产业发展——兼谈高职院校"新技术应用"人才培养方略[J]．高等工程教育研究（2）：182-188．

刘苹，何深，阮俊，等，2010．高职课程开发理论、方法与案例[M]．北京：中国轻工业出版社．

刘易斯·芒福德，2009．技术与文明[M]．陈允明，王克仁，李华山，译．北京：中国建筑工业出版社．

皮埃尔·布迪厄，2012．实践感[M]．蒋梓骅，译．南京：译林出版社．

施良方，1996．课程理论：课程的基础、原理与问题[M]．北京：教育科学出版社．

石伟平，2001．比较职业技术教育[M]．上海：华东师范大学出版社．

吴军，2016．智能时代：大数据与智能革命重新定义未来[M]．北京：中信出版集团．

吴言，2008．从"职业导向"走向"工作世界导向"[J]．职业技术教育（31）：1．

吴致远，2007．技术的后现代诠释[M]．沈阳：东北大学出版社．

杨永福，何泽华，朱桂龙，2000．产业技术结构分析[J]．中国软科学（3）：106-109．

袁顶国，朱德全，2006．基于回归生活世界的课程论变革[J]．高等教育研究（12）：66-70．

约瑟夫·C．皮特，2012．技术思考：技术哲学的基础[M]．马会瑞，陈凡，译．沈阳：辽宁人民出版社．

张华，2000．课程与教学论[M]．上海：上海教育出版社．

张香兰，2007．简论基于过程哲学的课程思维方式转变[J]．课程·教材·教法（5）：14-16．

赵志群，2003．职业教育与培训学习新概念[M]．北京：科学出版社．

钟登华，2017．新工科建设的内涵与行动[J]．高等工程教育研究（3）：1-6．